AF347144

BARBEY D'AUREVILLY

(de sa naissance à 1909)

FERNAND CLERGET

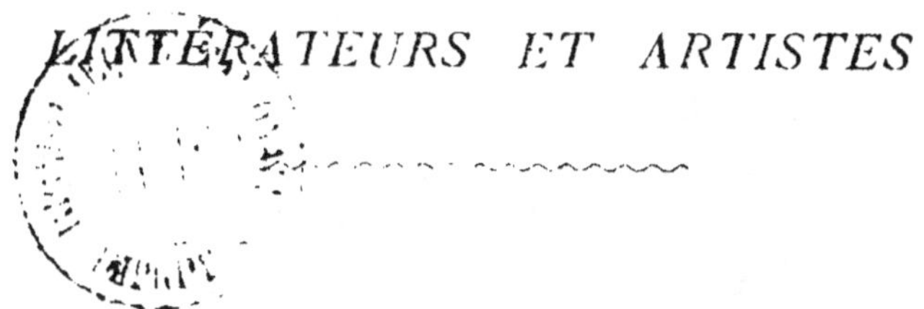

LITTÉRATEURS ET ARTISTES

BARBEY D'AUREVILLY

(de sa naissance à 1909)

Avec un Portrait et un Autographe inédits
de Barbey d'Aurevilly

PARIS

H. FALQUE, ÉDITEUR

86, Rue Bonaparte, 86

MCMIX

IL A ÉTÉ TIRÉ DE CET OUVRAGE :

*10 exemplaires sur Hollande, numérotés de 1 à 10,
et signés par l'auteur.*

Mille respects et mille excuses —
Impossible d'aller dîner ce soir chez mademoiselle
Annette. Je suis un peu souffrant, fatigué, avec
d'horribles lettres à écrire. Je ne puis bouger, —
quoique j'aimasse mieux passer la soirée entre
le frère et la sœur.

L'ami des deux

Jules Barbey d'Aurevilly

Œuvres de Barbey d'Aurevilly

Aux Héros des Thermopyles, ode. — Sanson, Paris 1825.

Revue de Caen, avec Trebutien. — Caen 1832.

Amaïdée (1834). — Edité en 1890.

Germaine (1835). — Voir: *Ce qui ne meurt pas*.

Premier Memorandum (1836-1838).— Publié en 1898-1899.

Second Memorandum (1838-1839). — Publié en 1902 et 1906.

L'Amour impossible. — Duprey, Paris 1841.

La Bague d'Annibal. — Trebutien, Caen 1843.

Du Dandysme et de G. Brummel.— Trebutien, Caen 1845.

Les Prophètes du passé. — Trebutien, Caen 1851.

Une Vieille Maitresse. — Cadot, Paris 1851.

L'Ensorcelée. — Cadot, Paris 1854.

Poésies. — Hardel, Caen 1854.

Troisième Memorandum (1856). — Edité en 1883.

Rythmes oubliés (Trois). — Trebutien, Caen 1856-1857.

Quatrième Memorandum (1858). — Edité en 1883.

Etude sur les Misérables. — Paris 1862.

Les Quarante Médaillons de l'Académie française. — Paris 1864.

Le Chevalier des Touches. — Paris 1864.

Cinquième Memorandum (1864). — Edité en 1906.

Un Prêtre marié. — Achille Faure, Paris 1865.

Les Diaboliques. — Dentu, Paris 1874.

Gœthe et Diderot. — Dentu, Paris 1880.

Une Histoire sans nom. — Lemerre, Paris 1882.

Les Ridicules du temps.—Rouveyre et Blond, Paris 1883.

Ce qui ne meurt pas. — Lemerre, Paris 1884.

Une Page d'histoire. — Lemerre, Paris 1885.

Le Théâtre contemporain, tome I. — Frinzine, Paris 1887.

      —   —   tome II.— Quantin, Paris 1888.

Pensées détachées. — Lemerre, Paris 1889.

Le Théâtre contemporain, tome III. — Quantin, Paris 1889.

Les Vieilles Actrices. — Chacornac, Paris 1889.

Polémiques d'hier. — Savine, Paris 1889.

Dernières polémiques. — Savine, Paris 1891.

Le Théâtre contemporain, tome IV. — Tresse et Stock, Paris 1892.

Le Théâtre contemporain, tome V. — Tresse et Stock, Paris 1896.

Poussières, poésies. — Lemerre, Paris 1897.

Rythmes oubliés. — Lemerre, Paris 1897.

Léa, nouvelle de la Revue de Caen (1832), éditée en 1907.

Lettres à une Amie. — Mercure de France, Paris 1907.

L'Esprit de J. Barbey d'Aurevilly. — Mercure de France, Paris 1908.

Lettres à Trebutien. — Blaizot. 1908.

LES ŒUVRES ET LES HOMMES.

Les Philosophes et les Ecrivains religieux. — Amyot, Paris 1861.

Les Historiens politiques et littéraires. — Amyot, Paris 1861.

Les Poètes. — Amyot, Paris 1862.

Les Romanciers. — Amyot, Paris 1865.

Les Bas-Bleus. — Palmé, Paris 1878.

Les Critiques ou *les Juges jugés.* — Frinzine et Cie, Paris 1885.

Sensations d'art. — Frinzine et Cie, Paris 1886.

Sensations d'histoire.—   —   — 1887.

Philosophes et Ecrivains religieux, 2e série. — Frinzine et Cie, Paris 1887.

Les Historiens, 2e série. — Quantin, Paris 1888.
Les Poètes, 2e série. —   Lemerre, Paris 1889.
Littérature étrangère..—   —   — 1891.
Littérature épistolaire. —   —   — 1892.
Mémoires historiques et littéraires. -   —   — 1893.
Journalistes et Polémistes. —   —   — 1895.
Portraits politiques et littéraires. —   —   — 1898.
Philosophes et Ecrivains religieux, 3e série. — Lemerre,
  Paris 1899.
Le Roman contemporain. —   Lemerre, Paris 1902.
Romanciers d'hier et d'avant-hier —   —   — 1905.
De l'Histoire. —   —   — 1905.
A côté de la grande histoire. —   —   — 1906.
Femmes et Moralistes. —   —   — 1906.
Poésie et Poètes. —   —   — 1906.
Voyageurs et Romanciers. —   —   — 1908.

————✳————

A MADEMOISELLE LOUISE READ,

Respectueux hommage,

F. C.

BARBEY D'AUREVILLY

I

Le troisième esprit religieux de cette dynastie littéraire : Chateaubriand, Lamennais, Barbey d'Aurevilly, est né à Saint-Sauveur-le-Vicomte, dans la Manche, le 1er novembre 1808. Voici l'extrait des registres de la paroisse, concernant sa naissance :

« Du mercredi 2 novembre 1808, Julle-Amédez Barbey, né d'hier du légitime mariage de monsieur André-Marie-Théophile Barbey et de dame Ernestine-Eulalie-Théose Ango, son épouse, a été baptisé par M. Dubost, vicaire de ce lieu, et nommé par monsieur Henri Lefevre de Montréselle, ancien capitaine d'infanterie, assisté de madame Louise Lablairie Lucas, veuve de monsieur Barbey, grand'mère de l'enfant, soussignez. »

Le père, Théophile Barbey, d'une vieille souche cotentine, avait épousé la fille d'un grand bailli de la région, Ernestine Ango, descendante du fameux capitaine Ango de Dieppe. Les Barbey possédaient plusieurs terres, dont celle d'Aureville ou Aurevilly ; au 18e siècle, ils avaient obtenu le droit de noblesse.

L'enfance de Jules se passa entre les enseignements
traditionnels d'une famille attachée à l'ancien régime, et
des courses libres, avec son frère Léon, plus jeune d'un
an, dans cette campagne verdoyante où s'échelonne
agrestement Saint-Sauveur, près de la Douve, à l'abri de
collines dont l'une est couronnée par un antique manoir.
Les deux enfants se plaisaient aussi sous les ormes
d'Aurevilly, dans les landes du voisinage, et plus encore
au bord de la mer, dont Barbey d'Aurevilly écrira plus
tard : « Ma mer, que je pourrais orthographier *ma mère,*
car elle m'a reçu, lavé et bercé tout petit. »

Jules fit ses premières études avec un professeur du
collège de son bourg natal. Ses vacances, il les passait
chez son oncle, le docteur du Méril, maire de Valognes.
Il voyait là des nobles appauvris par la Révolution, mais
restés tout droits dans leurs vieilles idées, qui lui conti-
nuaient les exemples un peu secs, royalistes et catholiques, du foyer paternel, et dont il se souvint par la
suite, en ses romans et ses nouvelles. Mais il leur
préférait la compagnie de son cousin Edelestand du Méril,
plus âgé que lui de sept ans, qui le pilotait en des
promenades où il apprit à mieux connaître la région, en
des lectures où il s'émerveilla devant Byron et Chateaubriand, Walter Scott et Robert Burns.

Lorsque la guerre de l'indépendance grecque fit
flamber l'opinion en occident, l'adolescent, qui manifestait

un goût très vif pour la carrière militaire, exhala ses
velléités guerrières de la seizième année dans les neuf
strophes d'une ode : *Aux Héros des Thermopyles*, où il
invoquait les mânes glorieux de la Grèce antique et
s'exaltait devant les cris de liberté des modernes
Pélasges, jusqu'à cette fin, dont le classicisme s'exprime
romantiquement :

> Mais si la Grèce, un jour asservie à des maîtres,
> Se courbe sous un joug honteux,
> Guerriers républicains, imitez vos ancêtres
> Et périssez comme eux !

Tout frémissant de ce premier essai, il le dédia
« A monsieur Casimir Delavigne, comme un tribut d'admiration », et le lui adressa, le 12 octobre 1824, avec
une préface où, modestement, il réclamait l'indulgence
en faveur de son jeune zèle. Deux jours après, le poète
des *Messéniennes* lui répondit : « ... Dans votre élégie, je
trouve de l'harmonie et de la chaleur ; et je pense qu'on
ne peut trop vous encourager à cultiver un art où vos
premiers essais donnent de si hautes espérances. »
L'année suivante, l'élégie ou ode fut publiée chez
Sanson, à Paris, avec la préface, la dédicace, et la lettre
de Casimir Delavigne.

Le seul portrait de Barbey d'Aurevilly vers ce temps-
là, est une miniature faite à dix-huit ou vingt ans, où se
distingue, au front et aux yeux, le port superbe du

visage qu'il aura dans sa vieillesse. La figure est maigre,
et, quoique de face, indique un profil taillé à angle aigu ;
le menton aussi est un peu sec ; mais le front, doucement arrondi sous les cheveux bouclés, est large et haut,
gonflé d'une sève de réflexion qui fait équilibre ou
opposition à l'arête combative du profil, et les yeux,
grands sous leurs sourcils déjà accentués, donnent
l'impression que, plus tard, l'écrivain signala dans la
dédicace d'une épreuve de cette miniature, gravée à
l'eau-forte :

> Ce portrait n'est pas un chef-d'œuvre.
> Mais cependant ne croyez pas qu'il ment.
> C'étaient bien là mes yeux innocents de couleuvre,
> Avant que je fusse un serpent !

Le futur serpent (si jamais il le fut, lui qui, au
contraire, en écrasa un bon nombre), n'était alors qu'un
bon élève, préférant dans les classiques Corneille à
Racine, marque voratrice dont le véhément polémiste a
sans cesse fortifié le relief. Envoyé au collège Stanislas,
à Paris, un peu avant dix-neuf ans, il y fut remarquable,
et manifesta un fort penchant vers la philosophie. C'est
là qu'il connut Maurice de Guérin. Leur liaison, formée
de confidences, puis de l'échange de lettres et de poésies,
se resserra par la différence de leurs tempéraments :
Maurice sentimental et maladif, doutant de lui-même,
Jules remuant et fort, affirmatif. Cette amitié, nourrie

encore des vives émotions intellectuelles qui enflam-maient les esprits à la veille de 1830, devait continuer après leur sortie du collège.

En juillet 1829, Jules, bachelier ès-lettres, revint à Saint-Sauveur. La carrière à choisir, c'était la fin de l'insouciance rêveuse et gaie. Son père voulait faire de son premier-né un rejeton de la souche terrienne des Barbey ; ne s'entendant pas avec lui sur ce point, il l'envoya à Caen, apprendre le droit.

L'étudiant montra les mêmes aptitudes que l'élève de Saint-Sauveur et de Stanislas. Il travailla courageuse-ment, seul, dans sa chambrette de la place Malherbe ; il fréquentait toutefois quelques salons royalistes, où sa mise déjà recherchée le faisait remarquer. C'est alors qu'il vit Brummell. Il rencontra aussi un homme doué de qualités supérieures : G.-S. Trebutien, un modeste libraire qui, en vendant fort peu ses livres, avait étudié les langues orientales, traduit des contes du levant, fouillé les textes de la France du moyen-âge. Jules Barbey délaissa parfois le droit pour la boutique du libraire, son aîné de huit ans, et ils commencèrent là, par des causeries variées qu'échauffèrent bientôt les échos de la Révolution de 1830, une amitié qui fut longue d'années et fertile d'efforts.

Les journées de juillet 1830 exaltèrent le jeune enthousiasme de l'étudiant. Une renaissance surgie des barricades enflamme toujours les âmes vaillantes, et l'âme de Jules Barbey, très combative, s'élança d'abord d'un bond, vers le libéralisme triomphant. L'arrivée de Léon, son cadet, à la faculté de droit, le projeta plus avant encore, par cet effet des oppositions qui transforment la tolérance même en sectarisme. Léon, resté fortement royaliste et catholique au foyer de famille, mérita l'approbation des salons caennais par ses pamphlets, ses épigrammes contre Louis-Philippe, l'usurpateur du trône bourbonnien. Alors, Jules voulut proclamer ses préférences libérales; il prépara, avec Trebutien, un organe de combat : *la Revue de Caen*, dont le premier numéro parut le 30 octobre 1832.

« Paris, depuis quarante ans », disait le programme, « absorbe toutes les forces vitales de la France et réduit les provinces à une déplorable nullité... C'est de cette centralisation politique et littéraire, c'est de cette tyrannique tutelle de la capitale que nous voulons nous affranchir... Notre mission, la voici : poursuivre le mouvement social commencé en 89 et continué en juillet 1830... Que les communes nouvelles se lèvent, comme se levèrent au 12ᵉ siècle les vieilles communes françaises, lorsque le beffroi de la cité les appelait à l'indépendance et à l'affranchissement, et inscrivons sur nos chartes d'émancipation : Unité politique, Variété communale. »

C'est la décentralisation qu'après trois quarts de siècle nous réclamons encore, et elle est là, toute frémissante comme aujourd'hui, avec sa logique base fédérative : la commune. *La Revue de Caen* n'eut qu'un second numéro ; elle disparut avec son vibrant programme et la première nouvelle de Jules Barbey : *Léa*, qu'elle avait publiée.

Léa est bien à sa place dans le romanesque de ce temps. Faible, languissante, elle n'a pour lui parler d'amour que la bizarre rêverie d'un être aussi imprécis qu'elle-même. Cette nouvelle servit au jeune auteur à exprimer ses doléances superficielles, qu'il traduisait aussi parfois en plaintes poétiques.

Jules Barbey se remit au droit, soutint sa thèse le 22 juillet 1833, et s'en revint au vieil hôtel familial.

La satisfaction des études terminées fut courte pour lui. De nouvelles et vives discussions avec son père l'obligèrent à rechercher en lui-même ce qu'il était, ce qu'il voulait ; après la carrière des armes, interdite âprement par le royaliste du drapeau blanc et des fleurs de lys, il se reconnut un penchant réel vers la carrière des lettres, envisagée par lui comme un autre moyen de briser des lances et de tournoyer sous le regard lumineux des femmes. Il n'obtint qu'une opposition très nette de son père. Quelques ressources lui venant d'un legs du chevalier de Montressel, son oncle et son parrain, et dont son père lui remit le reliquat, lui demandant quittance du reste (M. Barbey s'endettait pour la duchesse de Berry), il s'en alla vers Paris, au soleil d'août 1833.

Il y retrouva Maurice de Guérin, et prit l'air de la capitale. Effleurant les milieux littéraires, il leur préféra les salons du faubourg Saint-Germain, et échangea quelques-unes de ses aspirations libérales contre des pensées, des allures un peu exagérées, qui furent les débuts de son romantisme d'homme et d'écrivain. Il collabora, avec Trebutien, à la *Revue critique de la philosophie, des sciences et de la littérature*, que fondait le philologue Edelestand du Méril, son cousin (1834). C'était froid et sec, pour lui. Son imagination s'évadait en élans poétiques, et cette année même il écrivait à Trebutien : « ... Moi aussi j'ai eu des quarts d'heure de poésie depuis que je vous ai vu. Je vous apporterai trois pièces de vers qui ont eu l'applaudissement de mon frère : l'une est adressée à une jeune fille de quatorze ans, une autre n'est que des stances sur la vie, écrites dans un rythme que j'ai inventé (vous savez combien je suis sévère sur le rythme) et dans un moment où la vie me noyait dans de poignantes amertumes ; et enfin une troisième que je crois antique de pureté, d'altitude et de simplicité fière : une réponse au mot d'une femme : oh ! pourquoi voyager !... »

Il composait aussi un long poème en prose : *Amaïdée*,

inspiré par son amitié avec Guérin, et commençait
la Bague d'Annibal, où se voient l'ironie et le scepticisme qui constituaient encore l'erreur de sa jeunesse.
Il écrivait un roman : *Germaine*, qui ne parut qu'en sa
vieillesse (*Ce qui ne meurt pas*). Et chaque jour lui
enlevait un de ses factices enthousiasmes pour l'avenir
libéral, lui rendait une des croyances foncières dues à
son origine et à sa famille autant qu'à sa nature fortement solitaire.

Amaïdée. — Ce petit livre, roman superficiel et
poème en prose plus prose que poème, met en présence
Altaï, qui est l'auteur, Somegod (*quelque dieu*), qui est
Maurice de Guérin, et Amaïdée, une femme tombée qu'ils
veulent relever. Les premières pages, décrivant la
pauvre maison du poète Somegod et son décor au bord
de l'océan, offrent de l'allure, de la couleur. Sur le
rivage de cette mer immense, Somegod « s'en allait
lentement et sans but, courbé déjà comme un homme
plein de jours et d'expérience. » Tout cela est en
longueurs ; pourtant, l'écriture en est plus active que
celle d'autres essais mélancoliques du romantisme.
« O Byron ! » s'écrie naturellement l'auteur, qui a le
culte du lord-poète comme de son précurseur en poésie
et en fashion. Dans son exaltation, plus volontaire que
réelle, plus influencée aussi, il trouve des définitions
sinon exactes, du moins remarquables: « Les poètes

passent dans la vie les mains oisives, ne sachant les poser que sur leurs cœurs ou à leurs fronts, d'où ils tirent seulement quelques douces paroles que parfois la justice de Dieu fait immortelles. » Somegod, le panthéiste, parle longtemps à Altaï, le philosophe, le voyageur consumé par les passions. Altaï est venu avec une femme, et les deux amis s'en entretiennent, en des discours vagues mais parfois éclairés de lueurs, avec des phrases enjolivées autour de quelques aperçus philosophiques. Amaïdée, qui connut aussi des souffrances, montre en son fixe regard le reflet morne de la douleur, « ce rude sculpteur intérieur qui, si souvent, brise le bloc qu'il voulait tailler. » Altaï veut sauver cette âme éprise de « nobles paroles. » Mais Amaïdée en est encore à croire qu'on ne se guérit des hommes que par un homme. Des descriptions, une invocation à la nature, de l'ardeur, quelquefois de la vigueur, ornent ou soutiennent la maigre liane romanesque du récit. Somegod explique en une sorte de chant la poésie qui est en lui ; il n'est « que le martyr de ses pensées . » Amaïdée, à la fin, s'ennuie, et s'enfuit. « On ne relève pas une femme tombée, » conclut Altaï. — Cet ouvrage fugitif offre un certain charme, mais à peine d'action ; il est aussi bien de ce temps d'abus idéal, que de la jeunesse imprécise et des lectures sentimentales de Jules Barbey. On y distingue cependant son tempérament affirmatif et son penchant philosophique.

Fixé définitivement à Paris à la fin de 1835, après quelques voyages en Normandie, le jeune écrivain, que sa vie mondaine a presque dépouillé du legs Montressel, songe à tirer profit de sa plume. Il continue *Germaine*, son roman, et le 30 décembre annonce à Trebutien : « ... Buloz a promis de lire... Le cuistre est fort prévenu en ma faveur. » Mais le directeur de la *Revue des Deux Mondes* refuse le manuscrit, et son auteur ne réussit pas davantage chez les éditeurs. Il se décourage, s'impatiente, rejette hors de lui le reste de ses velléités libérales, redevient aristocrate et couvre sa détresse sous une ironie acharnée. Le 13 août 1836, il décide de noter sa vie, sa pensée, dans un memorandum écrit à l'intention de Maurice de Guérin.

Premier Memorandum (1836-1838). — « Quand je serai las de me regarder, inscrit l'auteur au début, je fermerai ce livre et tout sera dit. Pourquoi ne se débarrasse-t-on pas aussi facilement de soi-même, cet inexorable quelque chose qui est malgré lui-même, car le suicide nous en débarrasse-t-il entièrement ? Qui le sait ! Le sommeil sans rêves que souhaitait Byron n'était pas une réponse à l'angoissée question de Shakespeare. La lâcheté humaine s'est accroupie derrière Dieu. » Il va donc procéder à une tenace et inquiète auscultation de son être intérieur ; il souffre et veut mesurer sa souffrance ; son indifférence religieuse, momentanée ainsi que le fut son enthousiasme libéral, ses doutes, ses défaillances, il veut les vaincre par le travail. Des voyages, des incidents n'entravent pas son examen psychologique. Il va en Normandie, chez ses parents après trois ans de brouille, au séminaire de Coutances où est entré son frère Léon, et revient à Paris avec son ennui, ses dégoûts, ses tristesses plus sonores que profondes. Guérin lui a lu le journal de sa sœur Eugénie ; il s'est plu quelques jours à en savourer l'arome intime. Les femmes seules ont le don de lui faire supporter la vie, l'occupent et le préoccupent. Mais une douleur intime et profonde est en lui, et il retombe en ses mélancolies, dit de ses rêves abolis : « Il est des ruines que personne ne voit achever de tomber, des chutes silencieuses. » Lorsque son frère est entré au séminaire, sans l'attendre, lui qui demandait seulement un délai de quelques jours, le temps de l'avoir revu, il s'écrie : « ... Nous appelons les absents, nous sonnons de notre cor d'ivoire, et en vain ! Ce cor qu'ils connaissaient si bien et qui avait pour eux, disaient-ils, de si poignants appels, cette voix amie qu'ils proclamaient irrésistible et qui les eût ramenés du bout du monde, ils l'entendent qui demande, qui crie, qui meurt d'appeler, et ils ne viennent pas ! » La passion peuple cette âme tourmentée, cerne ce cœur bondissant, exalte cet esprit

fier. Il se croit, il est alors détaché du sol natal, il vante
la capitale dont le mouvement et le bruit règnent sur les
soubresauts du sentiment : « ... Cette vie de Paris
convient si bien à l'ennui des passions trompées !... C'est
vraiment la patrie des êtres dont la destinée de cœur est
perdue. » Cependant il se rend compte de la fragilité
ordinaire des préoccupations parisiennes : « L'inutilité de
la vie est pire encore que la vieillesse, » et les fantaisies
mondaines ne comblent pas le vide de son cerveau
construit pour de plus robustes exploits : « L'isolement
me tue, », avoue-t-il, et bien qu'il attribue encore son
désintéressement à des causes psychologiques : « Quelle
fatigue que d'avoir une âme ou quelque chose qui y
ressemble !... » il rejoint bientôt la vérité et conclut :
« Cette vie me pèse. Pas de liens, pas de foyer ; une
tente de nomade qu'on plie en quelques heures et qu'on
emporte. C'est triste, passé vingt-cinq ans. »

Ce *Premier Memorandum* s'achève le 6 avril 1838.
Maurice de Guérin lui écrit le 16 avril : « ... Vous
m'avez laissé tout ému et l'âme pleine d'un feu que
j'aime, la dernière fois que vous êtes venu. Qu'il fait
bon disputer avec vous sur les sujets où vous prétendez
n'avoir que de l'ignorance, et qu'il y a de charme à voir
l'ardeur de votre âme échauffer le paradoxe dont vous
voulez vous couvrir ! » — Et le 24 du même mois :
«... Vous portiez, la dernière fois que vous êtes venu, la

plus forte empreinte d'ennui que je vous aie vu depuis longtemps ; et c'est si rarement que vous sortez sans masque lorsque vous avez quelque douleur !... Quand serez-vous donc aux affaires ? Il n'y a pas d'autre moyen de vous sauver de vous-même. » Auparavant, Jules Barbey s'est abandonné aux distractions ; il a promené son ironie, ses costumes de dandy, ses causeries spirituelles et ses triomphes amoureux dans les salons du faubourg Saint-Germain. Délivré de son court et superficiel enthousiasme libéral, il se voue à l'aristocratie, et commence à signer Jules Barbey d'Aurevilly. Contre la gêne qui le presse, il fait un peu de journalisme, écrit au *Journal officiel de l'instruction publique*, que dirige son condisciple de Stanislas Amédée Renée. Contre les exaltations et les dépressions morales qui ont assailli son oisiveté de mondain, il trouve un soulagement dans le romanesque récit qu'il entreprend et qu'il nomme *l'Amour impossible*. Puis il recommence, en un nouveau memorandum, encore écrit pour Guérin, la notation de sa vie tourmentée.

Second Memorandum (1838-1839). — Le 13 juin, il débute en affirmant : «... Le scepticisme et l'indolence ont anéanti tout ce qui palpitait en moi autrefois. » Ils n'ont pas anéanti ce qui fut bon, ce qui fut sérieux, car bientôt il ajoute : « ... Pensé à Trebutien, et je ne sais pourquoi je me rapprocherais de cet homme avec plaisir.»

C'est justement parce que c'est un homme, et que Barbey d'Aurevilly, parvenu à trente ans, va en être un autre : à cet âge, on recherche, pour la traversée de la vie, ceux-là qui vous comprennent bien, qui vous aiment fortement, et qui seuls peuvent réaliser avec vous la bonne et rare amitié des natures supérieures. Barbey d'Aurevilly, par des anecdotes, révèle son ironie ; sa vie est très active ; il inscrit volontiers quelques petites férocités (le « serpent ! ») : influence des salons, du dandysme, qui n'est qu'une transition dans ses manières ; il énumère quotidiennement beaucoup de riens, beaucoup trop : son *Memorandum* en est tellement surchargé que les belles pensées s'y égarent, perles dans des graviers. L'angle de sa vision d'artiste est tournée obstinément vers le rare, l'inédit, l'original : « J'ai tellement la haine du commun que la vérité m'ennuie et me dégoûte du moment qu'elle se répand. » Il constate son amour de l'indépendance, quand il dit, à propos du journalisme auquel il tente de se plier : « Je me suis dompté, et ce n'est pas petite chose que cela, avec un caractère comme le mien. » Il aime à rappeler ses désirs adolescents de la carrière des armes, et les veut adapter à la lutte littéraire : « La polémique m'assouplirait au journalisme, tant j'ai d'instincts de guerre en moi ! » et il ajoute : « Quand du talent on ne peut pas faire une action, je ne l'estime que peu de chose : juste ce qu'il vaut. » Les femmes, les fleurs, la toilette, la mode, reviennent sans cesse en son existence peu remplie. Il prononce des jugements brefs, en deux ou trois lignes, sur les livres qui paraissent, les pièces qui sont jouées, d'un coup de plume qui semble un coup de sabre : « Critique de chair et d'os que je suis, » dit-il. Et comme il se voit bien, par instants ! « Qu'ai-je fait aujourd'hui, avoue-t-il ; la même chose que tous les jours, composée de mille choses dont le profit n'est peut-être pas bien sûr. » Cela dominera toute sa vie, comme cela domine la vie de tous les passionnés. Il dit encore, avec une noblesse qui n'a rien de commun avec celle de naissance : « J'ai des remords d'intelligence ; qu'ai-je fait et que suis-je ?... Qu'est-ce que je laisserais d'achevé, si je mourais ? et j'aurai bientôt trente ans !... J'ai touché à beaucoup de faits et d'idées, mais il faut creuser, systématiser, organiser, *idéer* enfin pour son compte. » Il veut régler ses lectures, se mettre en ordre, choisir une méthode : il se voit arrivé au point où l'œuvre personnelle à fonder exige de l'homme toutes ses énergies. Moment précieux, qu'il montre bien ; l'être humain double le cap périlleux où la jeunesse s'effondre, où l'âge mûr apparaît, grave et chargé de responsabilité ; la vocation s'éclaire, se précise, se définit. Des nuances de notation lui plaisent encore ; lui qui a la rage de peindre, il dit « que les poètes ne sont que la flûte de

Dieu. » Sans doute, puisque tous nous ne sommes que des instruments variés de la divinité. Il déplore encore sa solitude spirituelle : « Quelle crucifixion que l'isolement ! C'est mon mal éternel et acharné. » Mais le journalisme le soustrait à ce mal, et aussi son existence pleine de menus faits, qu'il énumère décidément trop, au détriment des réflexions. En voici une cependant, qu'il faut noter avec la date : « Le mariage a toujours une certaine pruderie... et c'est cela, plus encore que l'habitude, qui fait préférer à une charmante jeune femme qu'on a épousée par amour, une vieille maîtresse devant laquelle on se permet tout et que le sans-gêne ne choque pas. » Ces quelques lignes ne renferment-elles pas toute l'idée de son futur roman : *Une vieille maîtresse ?* Il révèle aussi un des secrets de sa nature littéraire, plus emportée que mesurée, lorsqu'il donne ce bon conseil à ceux qui soignent trop leur art : « Il ne faut pas se regarder faire, car alors l'ambition du détail, la recherche du trait, arrête et tient en échec, mais il faut marcher devant soi et toujours, sans même se relire, si besoin est, et un jour ou l'autre on s'aperçoit que l'embarras de la forme était ce que l'on prenait pour un empêchement de créer. » L'aristocrate qu'il est redevenu ne s'aveugle point sur la faiblesse de la cause choisie par lui : « Les bourgeois sont les plus forts et gouvernent. » dit-il, en achevant son *Memorandum* (22 janvier 1839).

Quelques mois auparavant, Barbey d'Aurevilly était entré au *Nouvelliste*, fondé sous le patronage de M. Thiers. Il y rédigeait la chronique théâtrale. Quelques-uns de ses articles politiques furent discutés ; la presse, dès lors, lui plut davantage. Cependant il paradait encore dans les salons, où il connut Roger de Beauvoir. Le 8 octobre, il avait vu pour la première fois Eugénie de Guérin, venue à Paris pour le mariage de Maurice. Eugénie, « figure tuée par l'âme, » observe le *Second Memorandum*, fut touchée par l'esprit du jeune écrivain ; elle le dit être « un beau palais dans lequel il y a un labyrinthe », paroles qui le frappèrent.

Le journaliste continuait ses polémiques, qui assuraient sa vie et lui permettaient d'exercer sa fougue batailleuse. Il y dépassait quelquefois la mesure, et notait dans son *Memorandum*, le 17 janvier : « L'expression m'a entraîné, cavale dangereuse qui m'emporte parfois sur sa croupe et à laquelle je briserai plutôt les jarrets que de ne pas l'arrêter. » Mais il ne parviendra jamais à les briser, et ce sera même un des caractères qui le mettront en relief. En politique, d'ailleurs, son opinion n'est pas encore fixée ; il erre entre l'ironie mondaine et le scepticisme philosophique.

Il écrivait *l'Amour impossible*, quand, le 19 juillet 1839, il eut la douleur de perdre Maurice de Guérin. Il rassembla les lettres, le journal, les vers, les poèmes en prose de son ami, et les porta chez des éditeurs. Le tout fut refusé, naturellement. Mais George Sand, intéressée à Guérin par un ami commun, voulut voir Jules Barbey, lui demanda une note qu'elle jugea excellente et donna textuellement, en présentant *le Centaure*, le 15 mai 1840, dans la *Revue des Deux-Mondes*.

La mort de ce jeune poète, de cet ami intellectuel, resté le fidèle confident des intimes pensées de Barbey d'Aurevilly, lui fut un glas sonnant sur sa jeunesse évanouie. A trente-deux ans, l'homme entrait de plain-pied dans la vie des réalisations, secouant le reste de sa fugue libéraliste, opérant le retour, non encore définitif mais déjà évident, vers le passé royaliste et catholique de sa race et de son éducation première.

II

Barbey d'Aurevilly n'aborde pas son œuvre d'un mouvement décisif. Après la préparation de sa jeunesse, il va, pendant une dizaine d'années encore, ébaucher seulement ses conceptions romantiques et critiques en formation. On pourrait croire même qu'il continuera quelque temps de se débarrasser de sa gangue en divers écrits dont la forme et les sentiments factices tiendront beaucoup plus de place que la profondeur des pensées ; mais, rentré dans sa vocation, instruit déjà par le monde fréquenté et par l'âge, il donnera suffisamment de vigueur à son style et d'affirmation à ses opinions, pour que les travaux de cette deuxième période soient vraiment l'ébauche ferme et claire de l'œuvre future. Ce qui donne aussi l'impression d'une jeunesse qui persiste, c'est la publication tardive de manuscrits datant déjà de plusieurs années, tels que celui de *l'Amour impossible*.

L'Amour impossible (Duprey, Paris 1841). — L'ennui d'une âme forte égarée dans les distractions mondaines, la simulation énervante d'un scepticisme sentimental, les langueurs empruntées à certains romans de ce temps, l'influence évidente de *Lélia*, et les tourments plus réels d'un cœur qui battait énergiquement sous des prétentions à l'insensibilité, toutes les écumes

d'une existence oisive ou papillonnante, Barbey
d'Aurevilly s'en est délivré dans ce roman, qui parut
sans bruit au commencement de 1841. Un critique y vit
« une tragédie de boudoir, » et plusieurs prétendirent
que c'était une rivalité au roman de George Sand. La
marquise Bérangère de Gesvres est un bon portrait de
coquette, qui s'ennuie et n'attirerait pas des esprits
supérieurs dans son monde : donc Barbey d'Aurevilly
voyait que ce monde est superficiel et vain, et son
ironie, sans déchiqueter à fond, savait déjà le prémunir.
Raimbaud de Maulévrier est un fat indolent, indifférent,
élégant et fugace. Ils se mentent et mentent à leur
entourage, qui le leur rend bien. C'est un milieu frivole,
qu'un moraliste dirait mauvais. Il s'agit de manèges plus
que d'amours. Ces deux désœuvrés sont faux l'un avec
l'autre. Croient-ils s'aimer ? Alors cela se réduit à un
sentiment charnel déguisé sous la comédie des coquetteries. Les présomptueux ne connaissent pas l'amour.
Et ceux-là ne sont qu'un tableau cruel, mais fidèle, de
leur race éperdue. L'auteur, doué de l'intuition psychologique, les marque par ce jugement : « Couple réduit
à insulter l'objet de ces amours qui ne duraient pas, et à
rire entre soi des ridicules vus le matin dans le tête à tête ;
affreuse comédie qu'ils se donnaient entre quelque baiser
vide, quelque sombre et vaine caresse, par dédom-
magement du bonheur manqué et de l'enthousiasme

impossible... » Barbey d'Aurevilly montre, dans ces portraits si réels d'un monde vaniteux et léger, de l'observation aiguë ; il avait deviné la misère morale de ces gens brillants ; il avoua d'ailleurs, le 14 mai, dans une lettre à Trebutien : « ... C'est un mélancolique adieu à cette vie de dandy qui a tant dévoré de choses dans la contemplation de ses gilets ! » Il n'y eut guère que la *Revue des Deux Mondes* (1er juin) qui signala ce livre : « *L'Amour impossible*, disait-elle, est un petit roman très spirituel, très raffiné... Le style, le langage, le costume et les mœurs de cette nouvelle sont du dernier moderne : la mode y joue un grand rôle, le jargon n'y est pas étranger. L'auteur fait preuve d'assez de fonds et de talent propre, pour devoir se débarrasser au plus vite de ce qu'il y a d'étrange et de passager dans ces dialectes... Il peut, en étant plus simple, prétendre à des succès durables... Il amuse, il intéresse, il impatiente quelquefois par excès de trait et d'esprit, il n'ennuie jamais. » Mais l'auteur obtint son meilleur succès dans les salons du faubourg Saint-Germain.

Barbey d'Aurevilly, qui habitait alors 10 *bis*, rue Ville-l'Evêque, entra au *Globe* le 1er avril 1842. Il y fut peu employé. Les éditeurs aussi le décourageaient. Il signa Maximilienne de Syrène quelques chroniques fugitives, sur l'élégance, dans le *Moniteur de la Mode*.

En 1843, il eut l'espoir de collaborer au *Journal des Débats*, où Victor Hugo l'avait recommandé. En octobre, *la Bague d'Annibal* fut éditée à Caen, par les soins de Trebutien.

La Bague d'Annibal (1843). — C'est un joyau des années romantiques. Écrit avant *l'Amour impossible*, il procède des mêmes causes : ennui, scepticisme, tourmentes vraies, insensibilité factice. Le ton est d'un poème en prose. Badinage et mélancolie s'y allient curieusement. Joséphine d'Aley, type de mystérieuse, ce sphinx qui tourmente les poètes, est une diseuse de riens, une prude adroite, semblable d'ailleurs à son monde. « Le monde, s'écrie soudain Barbey d'Aurevilly, oh ! tenez-vous loin de lui, vous tous qui avez un cœur à déchirer et une fierté à faire souffrir… Il n'y a pas une pauvre marguerite de ma jeunesse sur laquelle il n'ait bavé son venin ; il n'y a pas une de mes joies qu'il n'ait empoisonnée à la source… Mais l'orgueil était la colonne où je m'adossais. » Autour de Joséphine, un vieux conseiller demi-fat, demi-sentimental, se montre jaloux du jeune Aloys. Celui-ci est fier, replié, ironique ; mais il aime comme un fou cette femme sans pensée. Cependant il lui résiste, parce qu'il la juge inférieure. Elle aussi se défend, ou plutôt défend sa réputation : elle pense au mariage. C'est lui qui l'emporte comme froideur, et, dépitée, elle épouse le vieux conseiller. « La bague d'Annibal avait une pierre, et, sous cette pierre, il y avait une goutte de poison. C'est avec cette goutte de poison que se tua Annibal. Eh bien ! il y a des bagues sans pierres qui renferment un poison plus subtil que celui d'Annibal, car c'est un poison invisible. Seulement ce poison-là ne tue pas les grands hommes, mais une petite chose : il tue l'amour. » Quand il écrivait cela, Barbey d'Aurevilly était tout à la manie du dandysme, et c'est bien de lui qu'il entendait parler quand il disait de son personnage : « ... Une éternelle ironie dictait ses paroles, ironie si profonde que, dans la mollesse de sa voix et la courtoisie de son langage, rien n'en trahissait le secret... Pourtant les autres sentaient une insultante puissance qui se jouait d'eux à travers ces paroles gracieuses. » Le byronnisme, dans ce passé de quelques années, hantait le jeune écrivain, mais il n'en tirait que des manières mondaines et peu d'effets littéraires. La presse s'occupa quelques jours de *la Bague d'Annibal*, et n'en parla plus ; seuls les salons, croyant y démasquer le scandale d'une aventure vraie, s'en entretinrent un certain temps.

C'est alors que Barbey d'Aurevilly écrivit son Essai sur le dandysme, avec une biographie de Brummell, qu'il présenta inutilement à la *Revue des Deux Mondes* et au *Journal des Débats,* où il était cependant entré, non sans difficulté. Le fidèle Trebutien s'offrit encore

pour éditer cette étude, dont, le **19 septembre 1844**,
l'auteur data la préface de Passy, villa Beauséjour ; il y
montrait clairement que Brummell n'aveuglait pas son
jugement, car il disait de son livre et de son héros tout
ensemble : « ... C'est la statuette d'un homme qui ne
mérite guère que d'être représenté en statuette ; curiosité
de mœurs et d'histoire, bonne à mettre sur l'étagère de
votre cabinet de travail... »

L'écrivain avait donc conservé l'ami agissant et
précieux des trois années vécues à Caen. Il était le lien
vivant qui rattachait Trebutien aux lettres, et qui devait
perpétuer ce nom d'un homme intelligent et d'une âme
généreuse. Il lui écrivait souvent, et ses lettres à
Trebutien sont la meilleure part de sa correspondance.
Lorsque le modeste bibliothécaire de Caen voulut éditer
le *Dandysme*, Barbey d'Aurevilly ne manqua pas de lui
raconter son engouement de vie mondaine, le vide qu'il
y avait reconnu peu à peu, son désir d'en secouer les
futilités et de n'en garder que la distinction nécessaire à
tout esprit hautement indépendant ; à travers le dandysme, élégance de second ordre, il remontait volontiers
au byronnisme dont le décor littéraire lui semblait
supérieur : « ...Je suis peut-être le seul en France,
écrivait-il le 7 novembre 1844, qui sache, à une virgule
près, ce qu'a écrit cet homme. J'ai la prétention de
connaître Byron jusque dans les lignes les plus négli-

gemment tracées, les moins littéraires, comme je connais
sa personne morale dans les moindres replis. » C'est le
mois suivant que parut l'étude sur Brummell, éditée
à Caen, par Trebutien, en in-16 tiré luxueusement à très
petit nombre.

Du Dandysme et de Georges Brummell (1845).
— Quelques pages finement paradoxales défendent la
vanité contre le monde et les moralistes : « Cette
recherche inquiète de l'approbation des autres, » insinue
l'auteur, est utile à la société. Puis il aborde le dandysme,
forme particulière de la vanité anglaise, et passe au
grand vaniteux Brummell, qui, dit-il avec une clairvoyance qui rassure, « n'était propre à être rien de plus
qu'un dandy. » Longuement ensuite il dissèque,
explique et commente le dandysme : « C'est toute une
manière d'être, entièrement composée de nuances,
produisant toujours l'imprévu, se jouant de la règle et
pourtant la respectant encore, avec toutes les souplesses
qui font la grâce. » Le dandysme existait dans la
société anglaise au temps et autour de Brummell, qui en
fut l'expression même. En passant, l'auteur prend aussi
la défense de la frivolité, ce qui est presque nécessaire
avant de conter l'existence d'un frivole. Brummell, dès
sa jeunesse, s'annonça par « le soin de sa mise et la
langueur froide de ses manières. » Un peu plus tard, il
gagna l'amitié du prince de Galles, le futur George IV,

autre dandy, et donna le ton aux mondains de Londres. Il conquit, naturellement, l'élément féminin, auquel certains dehors brillants suffisent, mais il n'en fut pas l'esclave : « Les femmes, qui sont, comme les prêtres, toujours du côté de la force, sonnèrent les fanfares de leurs admirations... Elles furent les trompettes de sa gloire : mais elles restèrent trompettes... Brummell n'eut point de ces butins et de ces trophées de victoire... Aimer, même dans le sens le moins élevé de ce mot, désirer, c'est toujours dépendre, c'est être esclave de son désir. » La vanité seule accaparait le dandy : « Nulle illusion de cœur, nul soulèvement des sens... » La vie de Brummell est, en réalité, sans intérêt d'actes et de fonctions ; elle ne réside qu'en ses goûts, ses allures, exhibés avec quelque indépendance, en ses reparties, en ses apparitions dans les salons londoniens : existence factice, inutile au sens sérieux. Moins fortuné que ses rivaux en dandysme, il faisait son luxe plus ingénieux qu'éclatant, y atteignait même la simplicité et disait : « Pour être bien mis, il ne faut pas être remarqué. » Et l'auteur ajoute que les dandys peuvent être « les lazza-roni de salon. » Malgré son ironie, il est vague, en somme, ce Brummell, qui « aimait mieux étonner que plaire. » Mais le monde se contente de si petites nuances, que cet Anglais sans fond, rien qu'en entremêlant la grâce et l'impertinence, triompha dans les salons pendant

une vingtaine d'années. Puis il perdit sa fortune au jeu,
quitta brusquement l'Angleterre en 1816, vécut à Calais,
et vint ensuite à Caen, avec le titre de consul ; il finit
dans la misère, la folie, et fut enfermé au Bon Sauveur
de Caen, où il mourut. Brummell, et les gens qui lui
ressemblent, par l'abus des manières élégantes, sont des
maniaques sans intérêt ; mais leurs exagérations même
ne sont pas inutiles dans l'embellissement de l'aspect
humain : une des choses qui distingue l'homme de la
bête, c'est le costume, par conséquent la mode, et par
conséquent, si l'on veut, le dandysme. Voilà à quoi
servent les Brummells ; leurs allures excentriques, que
partagea un peu Barbey d'Aurevilly, lequel heureusement
eut quelque chose de mieux, sont de celles qu'il ne faut
pas railler à la légère. « Lorsque son livre parut,
l'auteur, a-t-il dit lui-même, n'était pas un dandy, mais
il était à cette époque de la jeunesse qui faisait dire à
lord Byron, avec sa mélancolique ironie : Quand j'étais
un beau aux cheveux bouclés !... et, à ce moment-là, la
gloire elle-même ne pèserait pas une de ces boucles ! »
Plus tard, Paul de Saint-Victor, étudiant Barbey
d'Aurevilly, écrira : « Son style violent et exquis,
superbement raffiné, énergique et délicat à outrance, est
d'une couleur qu'il est impossible de confondre avec
aucune autre. L'empreinte qu'il laisse sur l'imagination
ressemble à la morsure de l'eau-forte. Dans un pêle-mêle

de mille phrases, on reconnaîtrait une des siennes, à son
allure et à son accent, à sa façon d'agiter l'image et de
porter la pensée. Ce talent de si grand vol et de si large
envergure, le petit livre *Du Dandysme* le recélait déjà
tout entier. Il était tassé, quintessencié, concentré dans
cet opuscule taillé à facettes, comme le génie des
Mille et une Nuits dans sa buire de bronze. »

Brummell à peine paru, Barbey d'Aurevilly commence
un roman qui sera le plus important ouvrage de ses
débuts. Il s'y livre avec ardeur, s'y exalte, écrit à
Trebutien : « Cité d'Antin, 22 février 1845... Toute la
journée se passe étendu sur des coussins devant un feu
du démon, travaillant jusqu'au moment où les nerfs de
ma tête deviennent des tire-bouchons anglais et où
j'avale du laudanum pour pouvoir dormir. Et qu'est ce
travail, direz-vous ?... Il s'agit de faire sauter, dès le
début, la réputation de George Sand. Vous allez voir
bientôt paraître dans *le Constitutionnel* un roman par
feuilletons... Je suis à peu près à moitié de ma besogne.
L'idée du livre est heureuse. Comme bien d'autres, je la
porte depuis longtemps dans mon esprit. Elle retentit
à tant de situations très communes que je la crois destinée
à être aussi populaire qu'*Adolphe*, mais je lui donne des
formes dramatiques, amples et variées... Le roman a
pour titre : *Une Vieille maîtresse*. » Quelque temps
après, il annonce au vicomte d'Yzarn Freissinet :

« Monsieur, Je n'habite plus Paris, j'habite ce volup-
tueux Passy, gagné, il y a quelques jours, sans tambour
ni trompette. Je me suis épargné l'angoisse des adieux...
Je m'occupe de mettre hors de ma tête ce roman que
vous m'avez fait l'honneur d'accepter. Je vis tout dans
les bras maigres de Vellini la malagaise et je me suis
imposé la loi de ne revenir qu'après avoir écrit le mot *fin*
au bas de la première partie de ce diable de roman. Je
touche à peu près à ce bienheureux mot... »

Le 15 mai, il mande encore à Trebutien : « Je touche
à la fin de la première partie de mon fameux roman, la
Vieille Maîtresse... C'est de la passion, s'il en fut, que ce
roman, écrit dans les circonstances les plus douloureuses
de ma vie, les plus chargées d'abattement, et qui m'a
relevé et rappelé à la vie des sensations fortes comme le
plus pénétrant des spiritueux. » Trois mois plus tard, il
note allègrement au vicomte d'Yzarn Freissinet :
« Pavillon de la Muette (Passy), 16 août 1845... Votre
fille adoptive la Vellini se porte bien et c'est ma seule
maîtresse. Elle vous baise filialement les mains avec ses
lèvres roulées et rouges. J'espère qu'elle aura fait son
entrée dans le monde quand vous reviendrez et j'ai mis
votre nom à sa destinée comme un porte-bonheur
certain... » Et il ajoute, à propos de *l'Epoque* où Granier
de Cassagnac l'a introduit : « ...Vous lisez trop les
journaux dans votre vallée pour ignorer le grand

évènement, la fondation de *l'Epoque*, cette babel **mons-trueuse** qui va s'élever pour faire probablement comme l'autre. Je suis un des ouvriers de cet audacieux et très périssable monument. On m'y donne un pan de mur, en politique, à construire. Comme j'aime l'audace et les choses gigantesques, j'ai accepté de me jeter vivant dans cette dévorante collaboration... »

Barbey d'Aurevilly n'avait fait que traverser le *Journal des Débats*. Il publia quelques nouvelles chroniques sur la mode au *Constitutionnel* et à la *Sylphide*. Mais l'année 1846 le tira de ces fantaisies, car il revint alors aux croyances catholiques de son enfance, et y puisa l'énergie et le caractère.

Plusieurs ont jugé mystérieuse cette conversion. C'est qu'ils voient une conversion, dans la simple reprise d'une route religieuse quittée seulement quelques années pour connaître la saveur des aventures. Barbey d'Aurevilly, par son tempérament, son éducation, est traditionnaliste. Pendant une très courte période, celle dont l'acte le plus expressif fut la *Revue de Caen*, il tomba dans ce qui constituait, pour lui, son erreur de jeunesse. D'ailleurs, il ne s'ouvrit pas intimement au progrès social : il n'en fut qu'effleuré, puisqu'il n'admit que la variété communale : une seule des nombreuses réformes à accomplir, et qu'il s'en tint à l'unité politique : dont le dernier mot est l'autocratie. Quelques déceptions suffirent à éveiller l'individualiste en lui, et quand l'individu se fut dressé contre la foule démocratique, l'être fier, altier, l'aristocrate enfin s'affirma, et cet esprit était trop entier pour revenir jamais sur ce retour véhément d'opinion. Ses goûts d'élégante causerie lui firent préférer, entre toutes réunions humaines, celles des salons où achevait de s'user la noblesse. Et qui dit le monde de la noblesse dit au moins des habitudes religieuses. Il fut donc, par l'exemple de ces simulacres de foi autant que par sa nature traditionnaliste, repris doucement, tranquillement, lentement, par ses croyances d'enfant ; puis, cœur prompt et caractère absolu, du jour où il reconnut clairement en lui ces croyances, elles furent, à son image, transcendantes, autoritaires, et vigoureusement sincères. L'incident de la rencontre de l'éloquent Raymond Brucker, chroniqueur fantaisiste, récemment converti, qui l'influença, ne fut que la légère poussée sous laquelle s'effondrèrent les restes de l'erreur, comme l'application de la main d'un homme suffit à faire tomber l'arbre scié à la base.

Au milieu de 1846, Barbey d'Aurevilly fit partie d'une société catholique, fondée pour relever l'art religieux en décadence ; il partit en voyage, le long de la Loire et du Rhône, faire de la propagande, et s'occuper aussi d'une affaire industrielle dans laquelle on avait voulu l'intéresser.

A son retour, vers la fin de l'année, la société catholique, installée rue de Tournon, décida de s'appuyer sur une publication mensuelle : la *Revue du Monde catholique*. Il fut un des directeurs de cet organe, dont le premier numéro parut le 4 avril 1847, et y débuta, par la philosophie et l'histoire, dans sa polémique catholique intransigeante. Il continuait en même temps la seconde partie d'*Une Vieille Maîtresse,* mais concentrait ses efforts passionnés vers l'absolutisme papal, défendait les jésuites avec ardeur, (1) se jetait témérairement au plus rapide courant des disputes contre l'athéisme. « ...Je suis affamé de choses religieuses comme un homme qui n'a pas mangé depuis longtemps, écrivait-il, le deuxième jour de la Pentecôte, au vicomte d'Yzarn Fressinet. Mettez-vous donc aussi à ce régime pour que le mot de La Rochefoucauld soit encore plus vrai. Allons, à vous ! Justifions les grandes maximes ! Que je vous rencontre dans toutes mes voies ! Je ne puis m'isoler de vous, même dans la vérité. Allons au ciel bras dessus bras dessous. Si vous restez dans votre hamac de sceptique, vous balançant nonchalamment d'une idée à l'autre, vous êtes perdu, et moi je manque un camarade de vertu qui pourrait la rendre amusante. Eh ! eh ! qu'en dites-vous ? C'est une expérience à tenter. — Elle intéresserait au plus haut point toutes les femmes de votre famille

---

(1) *Clément XIV et les Jésuites.* Philosophes et Ecr. rel. 3ᵉ série.

qui voudraient vous voir meilleur probablement. Quant à moi, qui jusqu'ici suis l'opprobre et le fléau de la mienne, je lui garde pour ses vieux jours, l'immense joie de mon *renouvellement intérieur*. Voyez, je parle déjà cette langue. » L'ironiste, on le voit aussi, respirait encore.

Mais sa foi devient plus grave. C'est l'exemple de l'abbé Léon, son frère, qui décide ce progrès moral. Le 14 août, il écrit à Trebutien : « Je viens de voir mon frère, l'abbé d'Aurevilly... Je suis allé le voir dans ce pays perdu et charmant comme bien des choses perdues, et j'ai eu une de ces émotions qui font croire à l'immortalité de notre âme. Savez-vous qu'il y avait neuf ans que je ne l'avais vu? que je ne l'avais pas vu depuis qu'il est prêtre ?... Je l'ai entendu prêcher... Pas un mot moderne, pas un souffle des préoccupations littéraires ou politiques de ce temps-ci qui infectent nos meilleurs prédicateurs... Il est le prêtre dans toute la santé de ce robuste mot. »

C'est vers cette époque que Barbey d'Aurevilly, sans interrompre sa *Vieille Maîtresse*, devenait, grâce au succès de ses polémiques, rédacteur en chef de la *Revue du Monde catholique*. Il donna plus de vigueur dogmatique à cette publication. s'y montra inexorable envers les ennemis du catholicisme et surtout les libre-penseurs. La Révolution de février 1848 ne le déconcerta pas ; au mois de mars, il en écrivait à Trebutien : « Nous voilà en face d'une société à refaire, d'un pouvoir à refaire, d'une tour de Babel à élever. Gare la confusion des langues et bien d'autres confusions. Du reste, sombre ou radieux, l'avenir crée des devoirs aux hommes qui ont en eux quelque force, qui la sentent et qui croient en Dieu. Nous n'avons pas de démission à donner quand on n'a eu de *charge* que celle de ses misères personnelles. Donc, préparons-nous pour bien faire, quoi qu'il puisse advenir. Je ne suis pas un enthousiaste, mais un homme résolu à se mêler à un mouvement dont Dieu, qui a toujours quelque *grand dessein d'ordre*, fera sans doute sortir quelque chose... J'ai assisté au combat, à la victoire, à tout, et je puis vous assurer que nous ne nous doutions guère où nous allions. »

Barbey d'Aurevilly voulut se mêler à l'action publique ; le club des ouvriers de la fraternité l'élut même président. Les adhérents étaient des catholiques. Le club s'effondra dès sa première réunion, comme on vit tant d'essais surgir et crouler en ce moment d'ébullition sociale et populaire, et la *Revue du Monde catholique*, après une campagne de treize mois, disparut en avril.

Cette année-là, Barbey d'Aurevilly connut Paul de Saint-Victor, avec lequel il vécut fraternellement quelque temps, et Blanc de Saint-Bonnet, dont les livres conservateurs l'enthousiasmèrent. Il termina sa *Vieille Maî-*

tresse en janvier 1849, et, le 3 mars, en écrivit la
dédicace au vicomte d'Yzarn Freissinet, y notant ces
réflexions qui révèlent quelques rouages de son cerveau :
« ...En tout les premiers moments sont si beaux qu'on a
peut-être tort d'achever les livres qu'on commence...
J'ai l'inquiétude des ambitieux et des coquettes... Ces
obscurs replis entortillés et redoublés de l'âme humaine,
que tous les penseurs du monde déroulent et détirent,
chacun de son côté, et qui se rétractent tant sous leurs
efforts... Je ne rêve plus grand'chose maintenant, même
la gloire... »

Il avait alors le projet d'écrire des romans s'accom-
plissant en terre normande. Déjà, la seconde partie
d'*Une Vieille Maîtresse* se passait dans le Cotentin. Mais
c'est une série spécialement cotentine qu'il voulait or-
donner ; il s'en entretenait, en décembre 1849, avec
Trebutien, et lui demandait des documents : « Il est un
livre surtout que je veux recommander à vos bontés
paternelles... Ce livre contient, réunis par un nœud,
plusieurs romans d'invention et d'observation, dont les
mœurs et l'époque sont celles de la guerre des chouans
de notre pays... Je sais beaucoup sur cette époque et sur
mon pays en général ; mais comme je tiens à savoir le
plus possible, et surtout à faire œuvre normande, je
m'adresse à vous pour tous les renseignements que vous
voudrez bien me donner. »

4

Vers le même temps, il publia dans *l'Opinion publique*, où M. Hervé l'avait introduit, deux articles sur Joseph de Maistre et sur de Bonald, qu'il nommait des *Prophètes du Passé*. Son intransigeance lui suscita des difficultés. « On était à cette époque, rappellera M. Hervé plus tard, dans un état de fièvre chaude républicaine... Cette frénésie, qui amena les sanglantes journées de juin, avait ravagé l'intelligence publique... La publication des *Prophètes du Passé* avait pour but de jeter un seau d'eau froide sur ce monde de névrosiaques hallucinés, en leur opposant les idées et les doctrines des plus grands penseurs du commencement du siècle. » Une troisième étude, sur Chateaubriand, ne passa pas ; c'est de ce temps que date l'hostilité mesquine et venimeuse qu'Armand de Pontmartin distilla jusqu'au lendemain de la mort de Barbey d'Aurevilly.

Le polémiste écrivit dans *la Mode*, feuille légitimiste, où il amplifia encore son attitude royaliste et catholique. Un de ses articles : *le Sacerdoce et l'Epée*, proclamant nécessaire la guerre civile et déclarant que l'épée seule doit agir en certaines circonstances, souleva des clameurs dans le camp opposé et gêna même ses coreligionnaires timorés. Le 12 juillet, à la tribune de l'Assemblée, Jules Favre discourut contre le polémiste, citant ses termes les plus violents et s'écriant : « Quel est donc, messieurs, le barbare, quel est donc l'homme sans cœur et sans entrailles qui a écrit ces lignes?... « Barbey d'Aurevilly riposta dans *la Mode* du 20 juillet, et provoqua au duel Jules Favre, qui lui opposa un refus.

Le parti de Barbey d'Aurevilly le tint prudemment à l'écart; il en profita pour commencer *l'Ensorcelée*. En 1850, Trebutien se chargea d'éditer *les Prophètes du Passé*, et en novembre, *Une Vieille Maîtresse* fut acceptée par un éditeur plus hardi que ses confrères. L'année suivante, le belliqueux chroniqueur donna un article à *l'Univers*, puis entra à *l'Assemblée nationale* grâce à Granier de Cassagnac. Mais, là comme ailleurs, ses alliés d'opinion lui refusèrent tout pouvoir ; ils l'écartaient même littérairement en faveur de Nisard, et cette année-là, il faisait savoir au vicomte d'Yzarn Freissinet : «... Je ne puis rien à *l'Assemblée*... Ils me corrigent mes articles, les hachent, en suppriment des passages, éteignent l'expression quand elle veut flamber, si bien que, souvent, je me cherche dans ces mutilations éparses et que je ne me trouve plus. C'est odieux, cela. Ils me *nisardent*, excellent mot que je vous recommande, quand vous voudrez vous servir du synonyme de châtrer... Plaignez-moi d'être à *l'Assemblée*. Plaignez-moi de n'avoir pas dans notre parti un journal qui me veuille et m'accueille sur le pied de ma valeur, car enfin, je sens ce que j'ai dans les veines peut-être ! Ah ! ce n'est pas trop profit d'être royaliste et royaliste décidé !

Il faut que j'aie cette effroyable opinion chevillée bien avant dans le cœur, pour ne pas me l'arracher comme un empêchement même de vivre et ne pas me jeter dans les bras des partis qui soutiennent les leurs ! »

Barbey d'Aurevilly, à côté de ce journalisme hérissé d'épines, continuait *l'Ensorcelée*, et s'occupait avec Trebutien de l'édition des *Prophètes du Passé*, qui parurent chez Louis Hervé, en in-16, fin mai 1851, y compris les études refusées par *l'Opinion publique*.

Les Prophètes du Passé (1851). — Dans son Introduction, le polémiste royaliste et catholique fait un procès à la philosophie. « Elle n'est, dit-il, qu'une tentative de haute stratégie intellectuelle, » ce qui est vrai, si l'on ajoute au mot tentative le mot résultat. Il pense qu'elle ne conduit nullement à la vérité absolue, et que Dieu doit être « à l'origine de tout raisonnement. » La philosophie qui veut monter à Dieu en partant de l'homme commet une erreur capitale. L'auteur remarque que la vérité et l'erreur n'agissent pas simultanément, mais qu'elles se partagent les siècles en de grands courants successifs. Aujourd'hui, la philosophie moderne triomphe encore : « L'homme se préférant à Dieu. » On ne fut pas assez sévère à ses débuts, et Léon X commença d'oublier de frapper : « Si l'on avait brûlé Luther lui-même, » au lieu de ses écrits, tout aurait mieux marché. C'est donc le meurtre qui a raison ? Dès lors, pourquoi reprocher aux révolutionnaires d'avoir massacré leurs adversaires ? Ce regret farouche entraîne avec lui cette fanatique déclaration : « L'inquisition est de nécessité logique dans une société quelconque. » Notre société actuelle devrait donc martyriser, écarteler, pendre, décapiter et brûler vif ce qui reste de noblesse, de clergé, et des cours royales et impériales ?... Après la réforme, observe l'auteur, le cartésianisme a continué de propager l'erreur, jusqu'à notre temps ; cette erreur est devenue le panthéisme, où Spinosa, « ce vieux solitaire de la pensée, » s'est creusé une cellule particulière. Or, « les principes mènent les hommes, et les plus brutes d'entre eux, la chaîne de la logique au cou ; » par conséquent, réforme, cartésianisme, panthéisme, ce fut « la société changée de fond en comble. » Cependant, rappelle Barbey d'Aurevilly, « du concept de l'homme on ne va pas au concept de Dieu. » Cette philosophie enseigna logiquement une seconde erreur : la croyance à la liberté humaine, dont nous subissons maintenant l'extrême conclusion : le socialisme. L'auteur est pour l'autorité contre la liberté, pour Dieu contre l'homme. Et pourtant, si nous n'avons aucune liberté, nous n'avons aucune responsabilité : pourquoi donc Dieu nous punit-il ? « Quant à l'entre-deux, termine l'aristocrate qui dédaigne bien légèrement tout ce qui n'est pas du sectarisme, y a-t-il un front assez obtus d'impénitence finale et de stupidité pour s'élever encore en faveur de l'entre-deux ? » — Il y a moi. — « Le juste milieu, comme mot et comme chose, dit-il enfin, ne s'est-il pas irrémédiablement perdu dans un vaste mépris ? » — Je le reprends, je le ramasse. Voici deux plateaux d'une balance. Qu'est-ce que ces deux objets inertes, qui n'ont pour eux que leur poids mort, qui sont l'un près de l'autre sans se douter : ces *extrêmes*, qu'ils peuvent être bons à quelque chose ? Je m'en empare, je les sépare, je mets entre leurs deux résistances qui s'annulaient en pure perte, un support, un juste milieu, un entre-deux : et j'obtiens une balance. L'entre-deux, c'est l'âme, la vie, le mouvement : c'est le principe essentiel. Que ferez-vous de cette barre de fer et de ce lourd pavé, si vous méprisez l'entre-deux ? Loin de le mépriser, je le nomme point d'appui, et grâce à ce juste milieu tant dédaigné des extrêmes, j'obtiens un levier, et un résultat : **j'agis**. L'entre-deux, le juste milieu, c'est *l'ordre*, qui renferme à la fois l'autorité divine et la liberté humaine, ou, plus véritablement, qui leur permet d'exister, de fonctionner, elles qui, sans lui, ne seraient que des extrêmes immobiles et inertes, de vains mots ! — Où Barbey d'Aurevilly a hautement raison, c'est quand il insiste sur la nécessité de voir et vouloir Dieu à l'origine de tout, et qu'il nous transmet avec une fière rigueur le respect des traditions. — L'auteur, abordant *les Prophètes du passé* :

« ces hommes qui cherchèrent les lois sociales là où elles
sont, dans l'étude de l'histoire et la contemplation des
vérités éternelles, » nous entretient d'abord de Joseph
de Maistre, dont l'esprit ne se basait que sur « la révé-
lation historique, la tradition ; » il considérait le monde
du haut du catholicisme, et de ce point de vue immuable,
prédisait, en 1797, le retour de la monarchie ; mais,
quand il vit la Restauration liée à la Révolution, il en
prédit aussi la ruine ; il mourut en 1821, disant : « Je
meurs avec l'Europe, » jusqu'à la fin l'homme du vieux
temps, à qui « le péché originel suffisait » pour deviner
l'avenir. — De Bonald, qui fit peser « un regard profond,
concentré, sur la société de son temps, » avait aussi la
foi absolue, dont, plus précis, il faisait une loi scientifique, un système ; il avait annoncé dès 1794 les chan-
gements européens qui se sont accomplis au 19ᵉ siècle ;
il n'avait pas davantage confiance dans la Restauration,
affirmant que le passé ne doit pas être renié : bon principe, mais bon pour tous et non seulement pour les rois
et leurs fidèles. — Chateaubriand, c'est l'homme de
transition, faiblissant à ses instants de libéralisme ;
« mais toujours, quand il revint à l'histoire, la prédiction
ne lui a pas manqué ; » le *Génie du Christianisme* fut
une apparition devant l'Europe : c'était un livre du passé,
par conséquent de l'avenir (le passé engendrant l'avenir:
tout l'ouvrage de Barbey d'Aurevilly s'appuie sur ce

principe) ; mais l'auteur du *Génie* crut plus tard à la nécessité de la monarchie constitutionnelle : d'où, la chute de ce grand esprit qui, en 1831, prévoyait le socialisme. — Dans Lamennais, l'auteur n'accepte que ses premiers écrits : *l'Indifférence* a une « splendeur vraiment prophétique... on y distingue le peu de vie qui palpitait encore dans la Restauration, les signes de mort... et elle annonce la dissolution prochaine de l'Europe ; » les *Progrès de la Révolution* sont une prophétie encore plus développée, prédisant même l'abolition du catholicisme ; mais Lamennais est maudit dans ses autres publications, faibles, non viables, même sans littérature. Justement, ce sont celles-ci qui vivent encore, et la postérité commence à leur reconnaître un sublime accent littéraire ; il ne leur manque plus que la force de conversion, qui va s'affirmer demain peut-être. — En vérité, Chateaubriand, ému par notre étonnante Révolution, fut logique en s'avançant vers le libéralisme ; Lamennais, grandissant au milieu du large mouvement social de 1830, fut logique encore en fraternisant avec ce libéralisme ; Barbey d'Aurevilly, survenant parmi un matérialisme déjà lourd et grossier, fut logique toujours en se rejetant en arrière, hautement, sans tolérance, sans arrangement, faisant un inutile mais suprême effort contre ce libéralisme tombé dans le seul culte de l'argent et des appétits. Les circonstances font à moitié les hommes.— Barbey d'Aurevilly inscrit de nouveau, dans son Epilogue, la base de son ouvrage : « On ne peut étudier le monde qui n'est pas encore, qu'en étudiant le monde qui fut. » — En somme, ce livre est de ceux qui nous enseignent à replacer Dieu au sommet et à la source de toutes nos pensées, de tous nos arts, de toutes nos sciences.

III

Barbey d'Aurevilly, en 1851, affirme sa maturité, atteinte du jour où il commença d'écrire *Une Vieille maîtresse*. Il a quarante-trois ans. Son développement a donc été lent ; il en sera plus vigoureux et plus durable. *Les Prophètes du Passé* sont le dernier de ses ouvrages préparatoires ; ils sont aussi la fin du philosophe, et même leur auteur n'atteindra plus l'expression intransigeante qu'il y donne à son royalisme, à son catholicisme : le politique signe, là aussi, et malgré tous efforts futurs, son abdication. L'ébauche des onze dernières années restera une ébauche, l'ossature de l'œuvre future, dont *les Prophètes* forment l'épine dure et rigide. Sur ce passé recouvert, se dresse enfin, avec toutes ses facultés, dans toute sa vocation, le littérateur. Celui-ci apparaît au public spontanément, sans l'apparence d'une transition, car c'est dans ce mois de mai qui vit divulguer *les Prophètes du Passé*, et même une quinzaine auparavant, que parut *Une Vieille maîtresse*, en trois volumes in-8, chez Cadot.

Une Vieille Maîtresse (1851). — Après 1830, deux douairières, un soir, s'entretiennent d'un prochain mariage. L'une est madame d'Artelles, un peu sanglée dans ses idées ; l'autre, madame de Flers, plus souple devant les faits, est la grand'mère d'Hermangarde, fière et majestueuse comme son nom, mais douce et belle : la jeune fille éthérée des romantiques, fiancée à un libertin repenti, monsieur de Marigny. Madame d'Artelles expose des craintes au sujet de Marigny. Elle lance aux informations son ancien cavalier servant, monsieur de Prosny, viveur incorrigible, égoïste vieillard, qui n'obtient rien de Vellini, la vieille maîtresse de Marigny. Madame de Flers, large de pensée et de jugement, interroge elle-même son futur gendre, qui lui raconte longuement, avec une sincérité véhémente et colorée, en un récit mouvementé, impressionnant, dramatique même, l'histoire anecdotique et psychologique de ses dix ans d'amour avec Vellini, espagnole plutôt laide, mais un démon, originale, nerveuse, fougueuse : une svelte et vibrante statuette de bronze à reflets infernaux. Presque tous ces personnages ont de longues racines dans le passé ; il semble qu'on ne voie plus d'eux que leurs cimes desséchées, se saluant comme des augures, hautes encore mais vides et stériles, ne comprenant rien à la société nouvelle et achevant de s'y éteindre sans s'y mélanger : tableau vrai pour cette époque et peint par quelqu'un qui a bien observé ses modèles, qui les portraiture en réaliste physique, sinon toujours moral. Les deux douairières n'ont pas été instruites par la Révolution, ni Prosny qui se croit encore au 18e siècle, ni Hermangarde qu'une éducation aristocratique a isolée de bonne heure en tous ces vieux préjugés. Marigny, malgré des idées aussi de l'ancien temps, est plus vivant, mais égaré dans la vie sensuelle ; c'est un type à angles vifs, en marge de son rang social : ses allures et ses paroles critiquent même dédaigneusement les aristocrates ses pairs ; il est actif, mais sans but ; cet esprit aventureux, ce Marigny passionné et ironique, sincère et hautain, illusionnné, intelligent, pittoresque, fougueux, c'est Barbey d'Aurevilly lui-même. Marigny et Vellini sont deux personnages du plus évident romantisme. Quant à cette noblesse d'alors où se déroule le roman, quel monde insipide, nul, criminel, avec ses hommes occupés seulement de toilette, de vice, de jeu, de débauches, de duels, avec ses femmes vaniteuses, vindicatives, fausses, parjures, et riant de l'adultère : cette honte de fraude et de fourberie, qui fait, parmi ces coupables, deux victimes : la touchante madame de Mendoze et Hermangarde. Et même, à part quelques esprits distingués, dans cette noblesse dégénérée, sait-on encore parler ? « L'abâtardissement des races s'est surtout marquée en France dans l'esprit de conver-

sation, » observe l'auteur. — La seconde partie du livre
se passe dans le Cotentin, à Carteret. L'auteur décrit
quelques plans de ce coin de terre, les grèves, la mer.
Les nouveaux mariés ne songent qu'à s'aimer dans cette
solitude, sous l'aile protectrice des deux douairières.
Madame d'Artelles est convaincue de la guérison morale
de Marigny, en le voyant tout à sa femme ; elle en
informe Prosny, qui, de Paris, lui oppose des doutes
tenaces, l'assure qu'il croit encore au pouvoir de la
Vellini, bien qu'elle s'offre des distractions, ce qui lui
fait dire cyniquement : « Voilà la vie ! on n'oublie pas,
mais on remplace. » Marigny et Hermangarde veulent
rester seuls, l'hiver, dans leur « nid d'alcyon ; » les
douairières regagneront donc sans eux la capitale. L'auteur se plaît à parler de ce pays, qui est le sien, de cette
mer qu'il aime, de son beau rivage : « cet éclatant et
triple hyménée de la terre, du ciel et de l'océan. » Il
peint Carteret, si pittoresque et original en face de
Jersey, au pied d'une énorme falaise, et les habitants,
« descendus des pirates qui faisaient pleurer Charle-
magne, et qui vinrent conquérir, sur de légères barques,
le sol dans lequel ils ont mordu comme une ancre qui
ne doit plus jamais se lever. » Madame de Flers, avant
de s'éloigner, conseille sa petite-fille ; elle lui montre
d'abord que « tous les grands sentiments sont ce
grandes croyances, » et en arrive à lui déclarer : « Il y

a l'amour, et la politique de l'amour. » Cela est vrai
pour les intrigants, mais en réalité, l'amour n'existe
qu'en dehors de l'intrigue, et la politique de l'amour
signifie simplement que l'amour n'y est pas, ou qu'il n'y
est plus. D'ailleurs, Hermangarde écoute et ne peut
comprendre : « N'y a-t-il pas des âmes qui, par leur
grandeur, leur simplicité et les plus adorables réserves,
sont fatalement, en bonheur, des maladroites sublimes? »
Ici, l'auteur, qui s'était souvent dépeint dans Marigny,
s'abandonne ; il rejette hors de sa voie ce Marigny,
dont, jusqu'ici, on pouvait espérer de grandes choses, et
qui n'est plus rien désormais qu'un type romantique,
lequel doit s'achever en personnage de roman. Les
douairières s'en vont, l'auteur ajoute à sa description
du pays l'impression désertique, un peu sauvage, de ses
landes, de la lande de la Haie d'Hectot, où, soudain,
Vellini apparaît. Elle cherche à revoir Marigny, le revoit ;
il lui résiste ; mais, dès lors, on le reconnaît tel qu'il
est, un homme sans fond, sans vocation, sans objet ; le
travail l'eût probablement sauvé, son inutilité doit le
perdre. Barbey d'Aurevilly fait connaître et parler des
paysans, des marins, réels dans leur simplicité et leur
ruse, des gens de natures diverses dont il traduit vraiment l'intime sentiment ; telle cette petite pauvresse,
qui a « le farouche et profond regard de la détresse, de
la curiosité et de l'ignorance. » Marigny et Hermangarde

s'aiment encore ; n'ont-ils pas l'isolement pour fortifier leur union ? « L'amour n'a sa largeur et la naïveté puissante de ses mouvements, que dans une solitude, immense, profonde, complète. » Toutefois, Vellini est là, installée sur ce rivage, parmi ces riverains de la mer que l'auteur fait vivre si vrais, avec leur parler, hommes et femmes d'aspect simple, rudes, fins, friands de récits, instruits de légendes, attardés à des superstitions. L'espagnole écrit à son ancien amant une lettre ardente, digne de l'histoire de leurs amours contée dans la première partie ; il va la rejoindre dans une maison de paysans. Ils se reprennent. Hermangarde, en éveil, les surprend, et voilà fini le bonheur des époux. Vellini, « qui n'admettait pas qu'il y eût dans l'âme humaine quelque chose qui dût l'emporter sur l'amour, » Vellini s'empare de Marigny comme de sa chose ; c'est son bien, elle est son épouse naturelle. Et c'est, ma foi, vrai ! puisqu'ils sont si bien faits l'un pour l'autre ; contre ce résultat, le mariage tel qu'on le comprend, tel qu'il est souvent fondé, a tous les torts. On lui croyait des philtres, à l'espagnole : « Le philtre, c'était elle-même ! » Marigny, dont la meilleure qualité est d'être sincère, écrit, avoue tout, dans une lettre à madame de Flers, l'appelant à son aide. « Il était mécontent de lui comme toutes les âmes qui se jugent et ne se domptent pas. » Et il ne pouvait rien contre le douloureux renoncement d'Hermangarde : « Ceux qui aiment sont les vrais croyants ; on ne leur impose pas par des mensonges. » Or, madame de Flers meurt avant l'arrivée de cette lettre, les époux à jamais étrangers reviennent à Paris, où Marigny est repris définitivement par l'espagnole. Le dernier chapitre termine avec souplesse le roman, rentre habilement dans la vie quotidienne ; l'âme assombrie s'éclaire, un poids s'enlève du cœur qu'il oppressait ; on reprend contact avec l'extérieur, devant l'opinion carrée des marins de la côte et celle, plus arrangée, de madame d'Artelles et du vieux Prosny, et l'on se plaît avec l'auteur songeant mélancoliquement : « Si notre cœur ne pensait plus, peut-être, qui sait ? serions-nous immortels ! » — Les adversaires de Barbey d'Aurevilly reprochèrent au catholique des peintures sensuelles ; eux qui sont partisans de la liberté jusqu'à supporter tant d'écrits ignobles, comment peuvent-ils trouver exagérées ces peintures limitées, dont les quelques incidents un peu vifs sont voilés par de gracieuses périphrases ou même seulement suggérés par quelques adroites interruptions ? Mais les amis de l'auteur lui en firent aussi des reproches, et Trebutien même le désapprouva : on comprend mieux ces catholiques, si timorés en face des arts et des lettres. Baudelaire, plus tard, dans *l'Art romantique*, observera justement : « Ce culte de la vérité, exprimé avec une effroyable ardeur, ne pouvait que déplaire à la foule. D'Aurevilly, vrai catholique, évoquant la passion pour la vaincre, chantant, pleurant, et criant au milieu de l'orage, planté comme Ajax sur un rocher de désolation, et ayant toujours l'air de dire à son rival, — homme, foudre, dieu ou matière : — Enlève-moi ou je t'enlève !... ne pouvait pas non plus mordre sur une espèce assoupie dont les yeux sont fermés aux miracles de l'exception. » Le vicomte d'Yzarn Freissinet remercia, le 10 mai, l'auteur, pour la dédicace de « ... Vellini, cette trilogie composée de femme, de démon et d'animal, **création profondément neuve et cependant profondément vraie.** » Vraie, à titre exceptionnel. Mais, telle qu'elle est, nul ne peut oublier cette fine et nerveuse statuette d'un sculpteur génial. Ce roman, toute couleur romantique réservée, est aussi vivant, aussi neuf qu'il le fut à son apparition. On ne lui reproche pas ses longueurs, surtout de dialogues : non parce que le long dialogue est bien de ce temps et qu'il faut l'admettre, mais parce que cela aide, ici, à bien pénétrer les personnages. Ce livre plaît, intéresse, passionne. Le récit des amours de Marigny et Vellini est à détacher, par son parfait romantisme, ainsi que la lettre de Vellini (deuxième partie); le romantisme n'a jamais atteint cette véhémence de passion sans verser dans l'absurde ou dans l'ignoble, et Barbey d'Aurevilly se maintient, au contraire, à ce sommet romanesque sans nulle défaillance : ces deux fragments sont la plus forte expression des romans exaltés de ce temps. A côté, les quelques tableaux du Cotentin sont à retenir aussi, mais pour le talent descriptif qu'ils révèlent.

Une Vieille maîtresse occupait encore l'opinion littéraire, lorsqu'un mois ou deux après, son auteur acheva *l'Ensorcelée*, le premier de ses romans sur la chouannerie. Le Coup-d'Etat survint ; le 9 décembre, Barbey d'Aurevilly en écrivit à Trebutien : « ... Pendant que nous causions romans, le président Bonaparte écrivait, avec la baïonnette et le canon, une page d'histoire... Il se rencontre un homme qui ne parle pas, mais qui agit, dans la nation la plus parleuse de la terre, devenue bavarde, comme les vieilles gens, et cet homme réussit... L'autorité, défaite par les légitimes, doit peut-être, dans les vues de Dieu, être refaite par les pouvoirs illégitimes. »

Le 6 janvier suivant, *l'Ensorcelée* parut en feuilleton dans *l'Assemblée nationale*. Son auteur, malgré le succès qui venait, n'obtenait pas la guérison de son tourment moral, qui même était plus certain et plus fort depuis qu'il se masquait moins d'ironie : « ... L'attitude de l'esprit, écrivait-il à Trebutien le 29 juillet, une certaine manière de porter la tête, une parole vibrante, tout cela fait bien des illusions ! mais il n'en est pas

moins vrai que j'ai eu des isolations dans la vie dont
personne ne s'est jamais douté, et dont la pièce de vers
que vous aimez (*Saigne, mon cœur*) fait foi... » Ce même
mois, il commença de rédiger la politique au *Public ;* sa
polémique fut de plus en plus vibrante et batailleuse, et
il s'y rallia au prince-président. « ... Les légitimistes
m'ont appelé transfuge, fait-il savoir à Trebutien, le
8 septembre. Oui, messieurs, je suis le transfuge de la
bêtise et de la lâcheté de mon parti. Vous avez sur le
front le signe de la bête, qui est le signe de la mort. »
Et il continua sa propagande napoléonienne. Il entra
au *Pays* le 6 novembre ; toutefois, on ne lui confia que
la rédaction bibliographique. Ses articles, hebdomadaires,
furent, comme toujours, très hardis ; on lui refusa même
le premier, on lui en corrigea d'autres. Il s'évada parfois
de ces chaînes pour recourir à la poésie ; Trebutien
voulut, ici encore, se faire son éditeur, et le 15 août
1853, Barbey d'Aurevilly lui adressa cette dédicace :
« A mon très cher ami et éditeur Trebutien. — A qui
dédier ces vers qui devraient peut-être rester inédits ?...
En vous les offrant, je ne vous les donne pas, je vous
les restitue. Vous qui savez éditer comme Benvenuto
Cellini ciselait, vous avez taillé mes cailloux comme on
taille des diamants, et, par-là, vous avez fait vôtres, et
presque précieuses, ces quelques pierres brutes, noires
et couleur de sang, dans lesquelles, sans vous, la lumière

n'aurait jamais joué. »

La collaboration au *Pays* continuait, mais difficile, et dans une de ses lettres à Trebutien (25 août), le chroniqueur se plaignait vivement : « ... Je suis dans des boutiques pareilles, et il faut que j'y reste, et je n'ai pas cinq cents francs par mois de revenu pour m'en aller et me désouiller de l'atmosphère de lâchetés et de bêtises dans lesquelles je vis ! Le gouvernement s'étiole dans la mollesse des mœurs de ce temps, et il croit faire de la politique en appliquant le procédé du chloroforme à toutes les questions... » On voit que le partisan de l'inquisition était encore debout. Heureusement, il appartenait assez à la littérature, désormais, pour que ces phrases ne fussent plus que des phrases. Il commençait son *Chevalier des Touches*, se liait avec des écrivains, entr'autres Charles Baudelaire, vers la fin de 1853. Paul de Saint-Victor, son ami de quelques années déjà, traçait de lui, de son œuvre, ce raccourci qui renferme au moins tout le d'Aurevilly romantique : « L'Eglise militante n'a pas de champion plus fougueux que ce templier de la plume, dont la critique guerroyante est une croisade perpétuelle. Mais le polémiste intraitable est en même temps un écrivain de l'originalité la plus fière... On peut séparer en lui l'artiste du croisé, l'homme d'invention et de style de l'homme de lutte et de paradoxes... Il y a un roman anglais, intitulé *A outrance;* ce pourrait être la devise du talent de

M. d'Aurevilly. Jamais peut-être la langue n'a été poussée à un plus fier paroxysme. C'est quelque chose de brutal et d'exquis, de violent et de délicat, d'amer et de raffiné. Cela ressemble à ces breuvages de la sorcellerie, où il entrait à la fois des fleurs et des serpents, du sang de tigre et du miel. »

En octobre 1854, *l'Ensorcelée* parut, en deux volumes in-8, chez Cadot, avec, à la suite, une nouvelle : *Ricochets de conversation : le Dessous de cartes d'une partie de whist*, qui devait rentrer plus tard dans le cadre des *Diaboliques*.

L'Ensorcelée (1854). — L'auteur, dans une Introduction, expose son projet d'une série de romans dont les personnages et les scènes appartiennent au Cotentin : « La guerre de la chouannerie, dit-il, est un des épisodes de l'histoire moderne qui doivent attirer avec le plus d'empire l'imagination des conteurs... Des circonstances particulières ont mis l'auteur en position de savoir sur cette guerre des détails qui méritent vraiment d'être recueillis. » Il répond ensuite à certains critiques qui lui ont, légèrement ou fourbement, reproché, à lui catholique, d'écrire des livres passionnels, et prend en même temps une précaution contre les roquets à venir : « Quant à la manière dont l'auteur a décrit les effets de la passion et en a quelquefois parlé le langage, il a usé de cette grande largeur catholique qui ne craint pas de toucher aux passions humaines, lorsqu'il s'agit de faire trembler sur leurs suites. Romancier, il a accompli sa tâche de romancier, qui est de peindre le cœur de l'homme aux prises avec le péché, et il l'a peint sans embarras et sans fausse honte. Les incrédules voudraient bien que les choses de l'imagination et du cœur, c'est-à-dire le roman et le drame, la moitié pour le moins de l'âme humaine, fussent interdits aux catholiques, sous le prétexte que le catholicisme est trop sévère pour s'occuper de ces sortes de sujets... A ce compte-là, un Shakespeare catholique ne serait pas possible, et Dante même aurait des passages qu'il faudrait supprimer... On serait heureux que le livre offert aujourd'hui au public prouvât qu'on peut être intéressant sans être immoral, et pathétique sans cesser d'être ce que la religion veut qu'un écrivain soit toujours. » — Le roman débute par une description du pays. On y voit l'aspect sombre et périlleux de la lande de Lessay, peinte en nuances nombreuses et sobres, à l'heure mélancolique du crépuscule : on y aime la vie que lui confère l'auteur, mis en scène lui-même et faisant connaissance d'un franc et brave fermier, avec lequel il va continuer sa route. Tout cela est d'une couleur grise, active, épandue en une plénitude savamment ordonnée ; tableau, gestes et paroles forment un juste accord. Les deux voyageurs attardés commencent la traversée de la vaste lande, dans la nuit d'automne et un froid brouillard. Au milieu de cette nuit sombre et glaciale, de cette lande solitaire et redoutée, le cheval de l'herbager est déferré. Si loin de toutes maisons, que faire ? Et n'est-ce pas un sort jeté par ces bergers bohémiens qui se louent ici et là, sans demeure fixe, et que l'on soupçonne de sorcellerie ? Cette lande, dans les ténèbres, est souvent leur refuge ; si grande et si muette, elle a, dit-on, étouffé le cri de bien des victimes ; là aussi, se réunissaient jadis les chouans, pour leurs conseils secrets... Et voilà le récit amené. Les voyageurs repartent, à pied ; minuit sonne dans le lointain, quand ils approchent de la lisière, et une autre cloche sonne lugubrement neuf coups. Pourquoi neuf coups, à minuit ? « C'est la messe de l'abbé de la Croix-Jugan, » explique le fermier... Et voici le principal personnage nommé, dans le mystère et l'anxiété. Le préambule s'est déroulé lentement, mesuré, souple et fort ; la déduction vers le roman s'est avancée pas à pas, dans le décor approprié de cette lande, une nuit d'octobre, à brouillard, et dans le dialogue simple et vrai. Le tableau, nuancé, ferme, égal, offre les fines nervures de réflexions personnelles, telle : « Les sociétés les plus fortes vivent d'imitation, de tradition, de choses reprises à la même place où le temps les interrompit. » — Le fermier raconte l'histoire de l'abbé. L'an 6 de la République, un chouan vaincu, superbe dans le silence de son désespoir, se suicide en se tirant un coup de feu en plein visage. Recueilli, soigné par la pauvre Marie Hecquet, il guérit, mais reste affreusement défiguré. Ce chouan qui voulut et ne put périr avec sa cause, c'était un ancien moine, c'était l'abbé de la Croix-Jugan. Plus tard, quand se rouvrirent les églises, l'abbé reparut, sa face dévastée, enfouie sous le capuchon rabattu, faisant une étrange et profonde impression sur les fidèles de Blanchelande, surtout sur Jeanne de Feuardent, épouse de Le Hardouey. Nature tranquille et forte de normande, mais brûlée intérieurement par le sang dégénéré de la race paternelle, Jeanne était à la merci de la première émotion qui vibrerait le long de ses nerfs de charnelle et de mystique. « C'est quelquefois une si faible chose que le mystère d'organisation de la tête humaine, qu'une circonstance, une coïncidence, un hasard, la trouble d'abord et finit par l'asservir. » On voit vivre avec toutes ses vérités physiques et morales « cette population, si peu extérieure, occupée de travail et de gain, fidèle à l'esprit de ses pères, dont l'ancien cri de guerre était *gainage!* lourde à soulever par conséquent, et qui n'a pas, comme les populations du midi, de pente naturelle vers l'émotion et l'intérêt dramatique. » Barbey d'Aurevilly, de temps en temps, jette en marge du récit quelque vive pensée : « ... Nous sommes tous plus ou moins soldats ou chefs, dans la vie. » Il façonne en psychologue incisif un type d'ancienne fille de joie, la Clotte, dont la vieillesse encore droite, méprisante devant le mépris public, est exposée en toutes sortes de détails expressifs. Jeanne la visite souvent, cette infirme hautaine, qui l'accueille en amie, et qui montre aux autres « cette expression que les âmes fortes donnent à leurs visages quand elles résistent pendant des années au mépris. » La Clotte devine le trouble de Jeanne ; elle lui conte d'anciennes orgies de nobles, auxquelles avait assisté et résisté l'abbé de la Croix-Jugan. Jeanne, à ces récits, est possédée davantage par l'ascendant du farouche et solitaire abbé ; son mari devient soucieux : « La haine se pressent comme l'amour ; elle est soumise aux mêmes lois mystérieuses. » Pourtant l'abbé n'a aucune responsabilité dans cette possession. Mais les commérages lui cherchent des torts : « L'esprit humain se venge de ses ignorances par des erreurs. » Au centre de ce pays dont le calme couvre des orages, au milieu de personnages secondaires bien dessinés, s'érige en statue d'airain cet abbé qui inspire l'effroi : « C'était une de ces âmes tout en esprit et en volonté, composées avec un éther implacable, dont la pureté tue, et qui n'étreignent, dans leurs ardeurs de feu blanc comme le feu mystique, que des choses invisibles, une cause, une idée, un pouvoir, une patrie ! » — L'abbé visite aussi la Clotte, isolée comme une lépreuse ; il y rencontre Jeanne, et, chouan incorrigible qui s'est relié aux conspirateurs royalistes, il l'emploie à porter secrètement des lettres ;

quand sa cause est perdue, il se renferme chez lui, plus sombre que jamais. Jeanne, que souleva quelque temps l'espoir, retombe chair et âme au brasier intérieur qui la bouleverse, la consume. Elle n'est plus même l'affolée ; elle est l'ensorcelée. Elle consulte les bergers bohémiens, les tireuses de cartes ; son visage devient rouge de la fournaise du sang ; elle veut, elle voudrait tuer l'âme de Jehoël! La Clotte l'assure que Jehoël ne faillira pas : c'est un prêtre. « Les anges sont bien tombés ! s'écrie Jeanne. — Par orgueil ; aucun n'est tombé par amour. » Des bergers que pousse une rancune féroce informent Le Hardouey. D'ailleurs on glose dans le pays, les paysans au coin du foyer, les commères en leurs flâne-ries : « La flânerie est aux vieilles femmes ce qu'est dans le nez du buffle l'anneau de fer par lequel on le mène. » L'auteur montre les bergers et les pauvres en contact : « La misère unit ses enfants et de ses bras décharnés les rapproche dans la vie, comme sa fille, la mort, étreint les siens dans le tombeau. » Des mots de patois achèvent de fixer la physionomie du pays et de ses habitants. — Un matin, des lavandières, au bas d'un pré, trouvent Jeanne noyée dans la mare du lavoir. L'histoire de ce suicide est simple et dramatique, comme ces contes effrayants des grand'mères aux petits enfants, dans les veillées d'hiver. La population, devant cette catastrophe, se sent trembler aux frissons revenus des plus diaboliques croyances ;

d'ailleurs, « dans les plus grandes âmes, il y a comme un repli de faiblesse où dorment les superstitions. » La Clotte retrouve, en son obscure et tragique douleur, le don de la prière, dans une scène d'un pathétique poignant ; et cette vieille paralytique se traîne pendant quatre kilomètres, jusqu'à l'église, au cimetière, où l'on enterre la pauvre Jeanne, sans parents, sans même son mari, affolé, perdu, disparu. Elle, la Clotte, au bord de cette tombe ! et elle ose jeter l'eau bénite ?... Les assistants, en qui la brute reparaît soudain, renversent la malheureuse vieille, la lapident, la traînent dans les rues, en une rage hideuse, épouvantable. — Lui, l'abbé, le froid, le solitaire, le farouche, n'a pas bronché ; rien ne l'émeut ; il est rétabli dans ses pouvoirs de prêtre et se dispose à redire la messe. Le récit s'est déroulé en partie à l'église, au cimetière proche, parmi les cérémonies des offices, la foi et les curiosités des fidèles ; c'est encore à l'église qu'il se dénoue. Jehoël de la Croix-Jugan redit sa première messe, le dimanche de Pâques ; paysans et nobles de Blanchelande et des environs se pressent dans le temple, et la description de cette messe, de l'église ce jour-là, de l'assistance, de l'abbé, de ce qui se passe en l'âme des fidèles, rejoint le niveau, la coulée sobre et forte des premiers chapitres. Au moment de la consécration de l'hostie, l'abbé tombe mort, d'un coup de fusil parti du portail ouvert, tiré par Le Hardouey, qui disparaît. Cela finit avec les mêmes qualités de peintre que l'auteur a montrées au commencement, et les mots suprêmes sont dits entre l'auteur et l'herbager comme les paroles initiales furent engagées entre eux. — Cette légende horrifiante, sinistre, a, pour la grandir jusqu'à l'histoire et la soutenir jusqu'à la morale, un esprit et un décor religieux qui haussent la chaîne des anecdotes, qui élargissent assez le sujet pour en faire une forte instruction. Le dernier chapitre, montrant le spectre de l'abbé revenant parfois, à minuit, après neuf coups de cloche, essayer de finir sa messe interrompue, semble superflu, ajouté pour terminer en conte fantastique ; cependant, il peut servir à clore ce que cette histoire a de fantastique aussi. *L'Ensorcelée* est le roman, d'une seule pièce, unique et indivisible, de la possession amoureuse et mystique, et d'un autre mysticisme qui s'y heurte : celui du partisan altier et mort à toute autre chose que son parti ; c'est le livre d'amour et de mort de l'héritière minée, brûlée, finie, d'une race en voie d'extinction qui éteint en cette héritière une de ses antiques flammes. Ce n'est ni trop court ni trop long ; c'est une suite, très souplement fondue, de tableaux, de personnages et de dialogues justement expressifs, qui d'abord sont exposés sans les vigueurs du drame, et qui, dans la deuxième moitié, atteignent et ne quittent plus un pathétique gradué, poignant, sinistre. — Ce livre fut accueilli avec sur-

prise ; les lettrés y reconnurent un maître ; et je crois
que le seul Armand de Pontmartin, brandissant sa lance
de bois contre la préface du roman, susurra cette protes-
tation : « ... Je comprends très bien que, dans l'église,
du haut de la chaire, le prédicateur, maître de son audi-
toire, aborde la passion pour la combattre et la fasse voir
pour la faire haïr ou craindre... Mais dans un roman, ne
craignez-vous pas que les rôles ne changent, que la passion ne redevienne à son tour victorieuse et maîtresse,
qu'elle ne profite de cette *grande largeur catholique* pour
faire entrer en fraude bien des éléments de trouble et de
désordre ? » — Les partis sont pleins de gens qui les perdent par leur maladresse.

Barbey d'Aurevilly, après une accalmie dans les
difficultés que lui suscitait son journalisme transcendant,
se heurta de nouveau à la grogneuse et mercantile médiocrité qui dirige tout, en nos temps, et presqu'en tous
les temps. Il en informa Trebutien le 7 novembre :
« Mes affaires recommencent de chanceler et de dérailler
au *Pays*. Nous avons vendu notre cheval borgne contre
un cheval aveugle, comme on dit dans votre vallée, en
changeant de directeur. Maintenant la *juiverie* est souveraine maîtresse, et (vous allez rire) il ne m'est plus
permis d'être nettement chrétien que de *quatre articles
en quatre articles*. » Il continuait, entre temps, *le
Chevalier des Touches*, ou se libérait l'âme en des cris

poétiques, telle cette *Maîtresse rousse :* une flamme
d'alcool qu'il fit flamber un crépuscule, le 14 novembre.
En décembre, il refusa de monter la garde ; la garde
nationale n'entrait pas dans le cadre aristocratique de
ses opinions ; il préféra quelques jours de prison. A sa
sortie, il reçut la plaquette de ses *Poésies* éditée à trente-
six exemplaires, chez Hardel, à Caen, par les soins de
Trebutien.

Poésies (1854). — Les vers de Barbey d'Aurevilly
ne sont pas nombreux. Sa poésie s'exprime plus volontiers en prose, et tous ses livres de prosateur en offrent
l'expression, chaque fois qu'il est emporté par l'émotion
tragique, ou saisi par l'enchantement d'un paysage, surtout de la mer. De temps en temps seulement, cette
âme une comme l'acier, mais servie par un esprit
multiple, par des moyens variés de manifestation, s'est
livrée à la poésie que mesure le rythme, que suspend la
césure, que la rime subjugue. Tel que dans sa prose, il
s'y donne entier, poignant comme la douleur, planant
comme l'aigle, rapide, fougueux et gémissant comme le
vent de la mer. S'il souffre, il drape sa plainte et la
voile :

> Saigne, saigne, mon cœur, saigne plus lentement.
> Prends garde ! on t'entendrait... Saigne dans le silence
> Comme un cœur épuisé qui déjà saigna tant,
>   A bout de sang et de souffrance !

....

> Mais je ne permets pas aux hommes de la foule,
> Insolents curieux de tout cruel destin,
> De t'approcher, cœur fier, pour entendre en mon sein
> Dégoutter le sang qui s'écoule.

Las, mélancolique, mais le cœur bondissant vers l'aventure qui, pense-t-il, le guérirait, il répond à ces mots : *Pourquoi voyager ?* cette constatation rigide, écrite près de son frère, à Caen, vers 1835 :

> La coupe où nous buvons n'éprouve pas l'ivresse
> Qu'elle verse à nos cœurs.....................
>
> Tu ne la connais pas cette vie ennuyée
> Lasse de pendre au mât, avide d'ouragan.
> Toi, tu restes toujours sur ton coude appuyée,
> A voir stagner la tienne ainsi qu'un bel étang.
> Restes-y ; mon amour fut l'ombre d'un nuage
> Sur l'étang, — le soleil y reviendra frémir !
> Tu ne garderas pas trace de mon passage...
> Voilà pourquoi je veux partir !

Cette poésie est toute vibrante, rapide de pensée et d'images : c'est le poème des départs. *Les Nénuphars* sont une halte paisible, avec des loisirs pour une finesse un peu railleuse :

> Nénuphars blancs, ô lys des eaux limpides,
> Neige montant du fond de leur azur,
> Qui, sommeillant sur vos tiges humides,
> Avez besoin, pour dormir, d'un lit pur ;

> Fleurs de pudeur, oui! vous êtes trop fières
> Pour vous laisser cueillir... et vivre après.
> Nénuphars blancs, dormez sur vos rivières.
> Je ne vous cueillerai jamais !

Un soir où l'esprit embrasé opprime les sentiments du cœur, il chante *la Maîtresse rousse :*

> Je pris pour maître, un jour, une rude maîtresse,
> Plus fauve qu'un jaguar, plus rousse qu'un lion !
> Je l'aimais ardemment, âprement, sans tendresse,
> Avec possession plus qu'adoration !
> C'était ma rage, à moi ! la dernière folie
> Qui saisit, — quand, touché par l'âge et le malheur,
> On sent, au fond de soi, la jeunesse finie...
> Car le soleil des jours monte encor dans la vie,
> Qu'il s'en va baissant dans le cœur.
>
> . . . .
>
> Et toujours agrafée à moi comme une esclave,
> Car le tyran se rive aux fers qu'il fait porter,
> Je l'emportais partout dans son flacon de lave,
> Ma topaze de feu, toujours près d'éclater !
> Je ressentais pour elle un amour de corsaire,
> Un amour de sauvage, effréné, fol, ardent !
> Cet amour qu'Hégésippe avait dans sa misère,
> Qui nous tient lieu de tout, quand la vie est amère,
> Et qui fait mourir Sheridan !

Cette maîtresse rousse, « ce n'est nullement une femme, mais matériellement et positivement l'eau-de-vie, » écrira-t-il à Trebutien le 2 avril 1855. Mais dans sa

poésie comme dans sa prose, je l'ai dit, il est aussi
entier, aussi âprement sincère, et l'amour qu'il a du
sinistre zèbre d'éclairs sanglants l'harmonie déjà tourmentée de ses vers ; parfois même il s'abandonne pleinement aux figures spectrales de ses prédilections, comme
dans *l'Echanson* :

> Ne l'as tu jamais vu, ce pâle et noir génie
> Qui naît avec l'amour pour le faire mourir ?
> N'as-tu jamais senti se glisser dans ta vie
> Le poison qui, plus tard, doit si bien la flétrir ?
> N'as-tu jamais senti sur tes lèvres avides
> De l'échanson de mort le philtre affreux passer ?...
> Car le jour n'est pas loin peut-être où, les mains vides,
> Il n'aura plus rien à verser !

La poésie en vers ne suscita que rarement l'inspiration
de Barbey d'Aurevilly ; c'est le roman et la critique qui
forment ses deux grands aspects littéraires. Au commencement de 1855, l'idée de l'expiation dogmatique lui
suggéra le projet d'un nouveau roman : ce sera *Un
Prêtre marié*, dont l'action s'accomplira encore dans le
Cotentin, mais sans attaches avec la chouannerie. Il
continuait sa polémique ardue au *Pays*, son refus de
monter la garde et d'y préférer la prison, et son ascen-
sion dans la tour d'ivoire d'un catholicisme de plus en
plus rigoureux. Une lettre du 22 septembre 1855, parlant de son frère Léon dont la ferveur l'influençait

vivement, marque le degré de pratique cultuelle qu'il atteint alors : « ... J'ai écrit à l'abbé, qu'on m'a dit être évangélisant au Bon-Sauveur... Il y a des siècles qu'il ne m'a écrit, et pourtant je lui ai appris dans le temps que je n'étais plus un parleur creux de catholicisme et que la table sainte abandonnée avait revu le gardeur de pourceaux. »

L'année suivante, en janvier, Trebutien publia les œuvres d'Eugénie de Guérin, avec une notice de Barbey d'Aurevilly.

Un mois plus tard, Sainte-Beuve étudia brièvement son futur rival en critique. Ces deux extrêmes ne se pénétrèrent jamais. L'un est spontané, véhément, fougueux ; l'autre, réfléchi, retenu, mesuré. Sainte-Beuve disait, le 9 février : « M. Barbey d'Aurevilly, homme d'un talent brillant et fier, d'une intelligence haute et qui va au grand, a une plume de laquelle on peut dire sans flatterie qu'elle ressemble souvent à une épée. Cette plume, si appréciée de ceux qui s'attachent à la véritable distinction, le sera également de tous le jour où lui-même voudra bien consentir à en modérer les coups et les étincelles. La pensée, chez lui, naît tout armée, les images éclatent d'elles-mêmes : il n'a qu'à choisir et à en sacrifier quelques-unes pour faire aux autres une belle place, la place qui paraisse la plus naturelle. » Je rectifierai seulement par cette remarque : la

modération des coups et des étincelles, ce ne serait plus
Barbey d'Aurevilly, aussi bien que la méthode et la
prudence amoindries, ce ne serait plus Sainte-Beuve.

L'auteur de *l'Ensorcelée* écrit, le 26 février, du dé-
partement des Landes, à Charles Baudelaire : « Je ne
perds pas mon temps. Vous ne croyez pas au temps
perdu, et vous avez raison. J'ai un soleil fabuleux, un
air de soie, la masse d'argent des Pyrénées brillant sous
ma fenêtre, dans les lointains les plus clairs. Je fais
collection de paysages et d'impressions, pour plus tard.
Enfin, ma vie est presque heureuse... » Il passe quelque
temps en Normandie. De Caen, le 13 avril, il écrit au
vicomte d'Yzarn Freissinet : « ... Un homme absent de
Paris — probablement plus absent encore de **votre**
mémoire — n'a pas oublié, lui ! que vous, vicomte, faisiez
la pluie et surtout le soleil dans les salons où il ne va
plus. — Pour cela, il vous envoie le livre de diamant
que voici (1). Que votre soleil se mire dedans, et les
diamants de toutes les femmes que vous voyez seront
éclaboussés et ils en saigneront de jalousie... — Jules
Barbey d'Aurevilly, chez M. Trebutien, bibliothécaire de
la ville de Caen, place Royale, 23. » — En juin, ses
premiers livres sont l'objet d'une étude de Lerminier
dans *l'Assemblée Nationale*. En septembre, il se ré-

----

(1) *Reliquiæ*, d'Eugénie de Guérin.

concilie complètement avec son père, et en écrit à Trebutien : « Saint-Sauveur-le-Vicomte, 12 septembre 56... Mes parents m'ont reçu, comme vous le pensez, mon ami. Mon père, qui a une bonne vieillesse et que Léon m'a complètement ramené, est très aimable, très doux, très discret, d'une paternité vraiment touchante. Ma mère... ah ! ma mère, elle s'anime pour moi encore et cela me touche jusqu'aux larmes, mais, mon ami, ce n'est plus même un débris d'elle-même... Je n'ai plus retrouvé qu'une paralytique... Je ne puis m'apprivoiser à l'idée de ma mère ainsi. C'est là ce qui *encrêpe* mon voyage, lequel, sans cela, serait doux, — oui, assez doux, mais triste. J'ai trouvé le pays dépouillé de bien des poésies... La mer, au moins, je l'ai revue, belle, immaculée, identique à ce qu'elle était dans mon enfance ! Ç'a été une pure sensation... Je vous raconterai mes *errances* au bord de ses flots pendant deux jours — avec l'abbé, ou solitaire, car l'abbé n'a plus la folie des choses extérieures qui nous tient encore, vous et moi, tous les deux. »

Au retour, Barbey d'Aurevilly séjourna à Valognes, puis à Caen, où Trebutien lui demanda un nouveau memorandum, qui fut commencé le 28 septembre et achevé le 8 octobre.

Troisième Memorandum (1856). — Les premières notations sont pour son ami, pour l'amitié :

« Trebutien veut que je lui fasse un memorandum de
tous les jours que je passerai à Caen... Je recommence
donc pour lui ce que j'avais fait pour Guérin à une autre
époque... L'amitié est la vraie confidente d'un memorandum... Lord Byron, qui s'est tant exprimé et tordu l'âme
dans des memoranda, les adresse à lui-même (son meilleur ami, que je crois !) ou à Hobhouse, ou à sa sœur. Il n'y
en a pas un seul à une des femmes qu'il a aimées. » Il
conte les menus détails de son arrivée en diligence, son
entrée à Caen, chez Trebutien, « l'éditeur-artiste, » et
des causeries : tout un d'Aurevilly extra-naturel, qui
étiquette point par point ses journées, sème des réflexions
parfois remarquables, des pensées pures et hautes. Avec
Trebutien, il visite la Bibliothèque, prépare l'œuvre de
Maurice de Guérin, se promène et remue des souvenirs.
Les notes sont nombreuses, rapides, brèves, ornées de
quelques fugitifs portraits de gens rencontrés. Il ose l'in-
signifiance même de détails trop friables. Mais par instants la narration s'élève, jusque, par exemple, à la description fouillée de plusieurs tableaux, d'une verve et
d'un réel à la Diderot. Il parcourt la liasse volumineuse
de ses lettres à Trebutien : « Le meilleur de moi est
dans ces lettres, » dit-il. Sa pensée, que les ans et la
pratique des gens de son bord ont mûrie et modifiée,
l'amène à cette appréciation : « Trop d'aristocratie énerve
l'art, étiole le génie. Un homme l'a éprouvé, lord Byron.

La gloire est une critique profonde quand elle écrit ou
dit son nom avec son titre. Mais lord Byron aurait été
plus grand encore si elle avait pu l'oublier. C'eût été
Byron. Ce n'est que *lord* Byron. » Et lui aussi, est un
prophète, mais de l'avenir ! Le voilà qui constate : « S'il
y a de la force encore dans ce temps énervé, ce n'est pas
en haut, c'est en bas. » Il raconte sa visite au Bon Sauveur, où il a vu le chevalier des Touches, vieillard atteint
de folie : « un héros de la chouannerie sur lequel j'ai un
livre commencé ; » sa description des fous est très im-
pressionnante. J'aime la connaissance qu'il a de lui,
quand il observe : « En une foule de choses je ne me suis
développé que tard. » Il décrit quelques églises, quelques aspects d'architecture. Il prétend : « Tout doit être
normand pour moi et se rattacher à la Normandie. »
Mais il ne le fut et ne le sera guère que dans ses romans,
et que dans un élément de sa nature beaucoup plus large,
au sens humain, que le serait celle d'un écrivain strictement normand. Le ton se hausse peu à peu, et le *Memorandum* cesse quand on arrive à s'y intéresser comme à
un livre plus gravement pensé. « ... Quoique mon regret
de quitter Trebutien soit profond, dit-il, je quitterai Caen
comme j'y suis revenu et comme je l'ai habité, sans tristesse. Les souvenirs de quatre ans d'extrême jeunesse,
qui sont restés empreints en moi pendant tant d'années,
n'y sont plus empreints... J'ai vécu ici impassible comme

un homme qui voit son passé dans son intelligence mais qui ne l'a plus dans son cœur. »

Rentré à Paris, il continua sa critique littéraire au *Pays*, et son *Prêtre marié*. C'est l'année suivante (1857) que *le Pays* refusa son article sur *les Fleurs du Mal* ; il l'envoya à Charles Baudelaire, qui en fut charmé, malgré la conclusion draconienne du critique : «... Après *les Fleurs du Mal*, il n'y a plus que deux partis à prendre pour le poète qui les fit éclore : ou se brûler la cervelle... ou se faire chrétien ! » Vers le même temps, trois *Rythmes oubliés* furent édités à Caen, par Trebutien.

Rythmes oubliés (1856-1857). — C'est un sonnet : *Trente-Six ans*, où il célèbre cet âge, « heure de gloire de la beauté accomplie », et deux poèmes en prose. Les dix strophes du *Laocoon* montrent le grand-prêtre debout et majestueux, et ses deux fils devant l'autel, dans une lumière bleue safranée d'or ; sur la mer d'azur calme, glissent deux serpents souplement reployés, qui s'approchent, entourent de leurs replis le grand-prêtre et ses fils. Après la description, vient l'idée, très remarquable : « N'es-tu pas encore plus terriblement sculptée dans notre propre chair que dans l'airain des plus forts sculpteurs ?... Nos fils, à nous, Laocoon ! ce sont nos pensées, nos espérances, nos rêves, nos amours, devenus avant nous les victimes de la destinée !... Nous sommes tous pères de quelque chose qu'il faut voir, devant nous, mourir ! » — *Les Yeux caméléons* sont ceux de l'insomnie assise à nos chevets : regrets et mélancolie exprimés en phrases polies et douces, en un style élégant, égal, sans rien, presque, de la coupe rythmée qu'exige le poème en prose. — Barbey d'Aurevilly, dans son programme de critique du *Réveil*, inscrivit cette vérité : « Nous n'ignorons pas que toute critique littéraire, pour être digne de ce nom, doit traverser l'œuvre et aller jusqu'à l'homme. » Or, les *Rythmes*, comme les *Poésies*, ne sont que des poussières de l'œuvre de cet écrivain vigoureux, dramatique et fier ; on doit mentionner leurs éclats, mais les traverser vite pour rejoindre le foyer fulgurant d'où sont jaillies ces étincelles.

Barbey d'Aurevilly collaborait au *Réveil*, fondé par Granier de Cassagnac (2 janvier 1858). Il voyait vers ce temps-là : Amédée Pommier, et de nouveaux écrivains, Xavier Aubryet, Théophile Silvestre. Malheureusement, Trebutien se brouilla avec lui, pour quelques malentendus nés des exigences de la sœur de Maurice et Eugénie de Guérin. Toujours ferme aux principes affirmés dans *les Prophètes du Passé*, il écrivait, le 14 mai 1858, à Charles Baudelaire qu'avait troublé l'article sur *le Roi des Bohèmes* (Edgar Poe) : « ... Quant à mes opinions morales et littéraires, vous savez ce que je suis. Du point de vue de cette moralité, qui est pour moi le

sommet du haut duquel il faut embrasser et juger la vie,
j'ai regardé Poe. Je l'ai trouvé coupable, et je l'ai dit. »
Il fit, en 1858, un voyage dans le midi, et recueillit ses
observations dans un memorandum, écrit à Port-Vendres,
du 16 au 28 septembre.

Quatrième Memorandum (1858). — Dans ce petit
cahier, l'auteur des romans cotentinais se montre envahi
par la mélancolie ; le midi ne l'enthousiasme pas, et ses
regrets vont au pays normand. Il décrit Port-Vendres,
Collioure, les environs peu attrayants, ces villes pas
davantage, et les femmes, brisées par un labeur pénible ;
l'ennui le gagne, il le traduit par cette réflexion fort
aventurée : « J'en suis toujours à l'opinion que j'avais
l'année dernière, à pareille époque, à Saint-Jean-de-Luz
et en Biscaye : la création est bien plus monotone que
variée. Dieu est un grand poète monocorde. » La mer
elle-même est monotone comme ses rivages. Tout est
monotonie. Le *Memorandum* subit cette influence, et
bientôt son auteur gémit : « Tout ce que je vois me retourne le cœur vers cette patrie qu'enfant j'aspirais à
quitter avec une impatience fébrile. » Les notes, aux
derniers jours, sont écourtées ; on y voit une hâte de
finir. Cependant voici une psychologie d'un médecin de
campagne, fouillée, intéressante. Mais il y a trop de
bleu, trop de calme en ce midi ! Il est temps de fuir
d'une aile puissante vers le nord regretté, ce nord au-

quel, certes, Barbey d'Aurevilly appartient tout entier.

C'est à Port-Vendres, le 17 septembre, qu'il a écrit la préface d'une seconde édition de *l'Ensorcelée*. On y voit qu'il a encore intacte, l'intention d'écrire une suite de romans sur les chouans : « *L'Ensorcelée* est le premier d'une série de romans qui vont suivre et dont les guerres de la chouannerie seront le théâtre, quand elles n'en seront pas le sujet... L'auteur, après *l'Ensorcelée*, publiera *le Chevalier des Touches*, *une Tragédie à Vaubadon*, *un Héros de grand chemin*, etc., etc.. » Cette nouvelle édition parut en 1859, en in-18, à la Librairie nouvelle.

Le polémiste publiait au *Pays* des études très remarquées, sur les romanciers et les poètes. C'est vers ce temps qu'il refusa d'être décoré. N'avait-il pas la meilleure *illustration* ? Ses campagnes hardies, éclairées, où il tendait la main aux nouveaux venus, passionnaient de jeunes écrivains ; les critiques même étaient contraints d'accorder un commencement d'attention à cet outrancier qui, ayant cassé les vitres, n'en était pas mort comme un Gilbert ou un Moreau. Ce sont justement les Barbey d'Aurevilly qui, par leur vitalité, vengent les talents méconnus tombés en pleine jeunesse ; ils prouvent le tort de certains critiques vendus à l'influence des relations, de l'argent et des célébrités aussi brillantes que fausses, et ils le prouvent par le plus rigoureux moyen de succès ici-bas : la force, bonne, châtiant la force mauvaise. Parmi les chroniqueurs intelligents et justes de ce temps, Xavier Aubryet est à signaler ; il dédia ses *Jugements nouveaux*, en mars 1860, à Barbey d'Aurevilly, lui disant : « ... Vous êtes un de ceux qui ont gardé le plus fièrement la tradition des gentilshommes de lettres, dans un temps où la littérature pure, au lieu d'être le plus sûr des marchepieds, est le plus efficace des obstacles ; vous cherchez encore les joies de l'intelligence, quand on se détourne de tout ce qui n'est pas les joies de la matière. »

Dans cette première période de son œuvre littéraire, qui commence avec l'apparition d'*Une Vieille maîtresse*, Barbey d'Aurevilly est surtout romancier.

Il s'est libéré de quelques poésies, de quelques rythmes, la plupart écrits antérieurement ; ce sont des éclats fugitifs de sa sombre lumière, auxquels on peut joindre les rapides notations de ses deux derniers memoranda.

C'est le romancier qui impose sa maîtrise. Il publie *Une Vieille Maîtresse*, *l'Ensorcelée*, écrit *le Chevalier des Touches*, commence *un Prêtre marié*, *les Diaboliques*. L'évidence de cette maîtrise, formée d'un talent actif et large où vibrent les accents profonds du génie, se manifeste dès *Une Vieille Maîtresse* ; au travers des longueurs, comme au travers d'une forêt touffue et vaste, des types sont dessinés en pleine réalité, des paysages peints dans leur vérité durable, et le romantisme passionnel le plus échevelé est là, sans extravagance, sans bassesse, hardi, nerveux, frémissant, orageux. *L'Ensorcelée* est un livre moins véhément, mais plus fort ; ce récit tout d'une coulée, partout égal à lui-même, s'avance d'un mouvement sûr, entre des bords nettement tracés, et cependant, sous cette allure lente et calme, entre ces rives droites d'où la narration jamais ne s'évade, gronde et s'enfle et se tord un feu souterrain d'une sauvage puissance, révélé par les éruptions terribles de sentiments humains, d'actions humaines, dont le drame atteint parfois l'atroce, mais que l'auteur, avec un sang-froid d'artiste voulant imposer jusqu'au bout la forme précise qu'il a choisie, décrit sans que ses mots, sans que son style perdent rien de leur netteté, de leur adaptation exacte et volontairement mesurée. Les expéditions téméraires qui aboutissent à la délivrance du *Chevalier des Touches*, la sombre figure et la fin tragique d'*un Prêtre marié*, complètent la psychologie du romancier, intense, ardent, profond, dont l'âme est toute ruisselante du flot superbe qui donne naissance aux épopées.

A l'ombre de ces romans farouches, striés de pâles lueurs sentimentales ou religieuses, zébrés par les éclairs sinistres de passions infernales ou tout blancs et plus encore sinistres des châtiments célestes, Barbey d'Aurevilly achève de scinder en lui le littérateur : il donnera

jusqu'à la fin des œuvres de jaillissement personnel,
mais il va organiser cette critique de l'œuvre des autres,
commencée dès 1845 (au *Journal des Débats*, article sur
Innocent III), restée depuis éparse, et qui va prendre, à
partir de 1861, la consécration du livre.

IV

Tout écrivain combatif a du critique en lui. Blâmer des opinions adverses ou louanger des opinions similaires est faire acte de critique. Je dis acte, et non œuvre. L'acte peut être rare, irrégulier, fugitif ; l'œuvre n'existe qu'à la condition d'être continue, ordonnée, fondatrice d'un jugement autorisé ou d'une formule qui fait loi. En Barbey d'Aurevilly, le juge et le formulateur apparurent dès les débuts ; tous ses écrits en offrirent des indices, et *les Prophètes du Passé* les révélèrent distinctement. La lutte politique et religieuse déchaîna leur action persévérante. Depuis quinze ans, des articles variés dessinaient la forme de cette critique : les méthodes analytiques ne s'y reconnaissaient pas, et le fougueux auteur ramenait tout à une synthèse dont les éléments nombreux étaient cimentés par un principe intransigeant : la défense du catholicisme et du monarchisme. C'est avec ce principe choisi qu'il lutte et va lutter ; sa critique s'est dressée et se développera sous cet aspect éclatant : la polémique.

Il sait que le public reste vague et mécontent devant les œuvres fortes, qui le déroutent, qui ne l'amusent pas ; il publie, au *Pays* du 26 juin 1860 : « Les livres, dans lesquels l'attention est obligée de s'abattre comme un bec d'aigle pour les pénétrer et en prendre la moelle spirituelle, le public des lecteurs, débilité par l'ennui et les lectures vaines, n'en veut plus et il s'en détourne, tandis qu'il se jette avec un empressement avide sur les brouets clairets que l'esprit lappe en un tour de langue, même quand il est pressé. » Une telle superficialité de l'esprit public n'est pas un motif d'abstention pour Barbey d'Aurevilly : au contraire, cette âme avide de combattre s'avance avec joie contre le mur d'indifférence derrière lequel l'époque joue à ses poupées. D'ailleurs, les luttes d'idées pures, de principes supérieurs, ne s'opèrent jamais, à l'origine, qu'entre intellectuels largement ou finement éclairés ; de cette élite, la haute discussion se propage, gagne en étendue ce qu'elle perd en élévation, et peu à peu arrive à féconder ou à gouverner ce public, lequel souvent ignore de quel esprit et de quel lointain passé lui viennent les formules qui le passionnent, qui le civilisent, ou lui mettent les armes à la main. C'est évidemment l'espoir d'être un fondateur d'opinion dans son temps ou dans l'avenir, qui décida Jules Barbey d'Aurevilly à recueillir sa polémique, à commencer ce monument par le livre dont l'ensemble devait prendre presque un demi-siècle : LES ŒUVRES ET LES HOMMES.

Les Philosophes et les Écrivains religieux. — Le premier volume, paru au commencement de 1861, mentionnait en couverture : XIXe SIÈCLE. LES ŒUVRES ET LES HOMMES, par J. Barbey d'Aurevilly. 1re partie. *Les philosophes et les Ecrivains religieux.* Paris, Amyot, éditeur, 8, rue de la Paix, 1861. — Il était dédié à son frère. « Voici, déclarait la préface, le premier volume d'un ouvrage qui doit en avoir beaucoup d'autres si la vie, avec ses ironies et ses trahisons ordinaires, permet à l'auteur de réaliser, au moins en partie, l'idée qu'il a en lui depuis longtemps ». C'était de dresser l'inventaire intellectuel du 19e siècle. L'auteur pense qu'on doit la vérité à tous, morts et vivants, et surtout.« Il ne croit qu'à la critique personnelle, irrévérente et indiscrète, qui ne s'arrête pas à faire de l'esthétique, frivole ou imbécile, à la porte de la conscience de l'écrivain, dont elle examine l'œuvre, mais qui y pénètre et quelquefois le fouet à la main, pour voir ce qu'il y a dedans... Tout livre est l'homme qui l'a écrit, tête, cœur, foie et entrailles. La critique doit donc traverser le livre pour arriver à l'homme ou l'homme pour arriver au livre, et clouer toujours l'un sur l'autre ». — Certes, tout se commande dans la nature : je ne crois pas au chef-d'œuvre d'un être abject, ni à l'ignominie d'un grand artiste ; s'il est des exceptions à cette règle rigoureuse, elles comptent parmi ces monstruosités dont l'origine échappe à nos faibles regards. Mais en arrachant la critique aux scalpels de l'analyse, qui la dissé-

7

minait et l'égarait ; en conférant à la synthèse le droit
de scruter la conscience de l'écrivain, Barbey d'Aurevilly voulait aussi faire acte d'opinion personnelle. Nous
connaissons donc, avant même de le lire, les principales
qualités qu'il exigera des auteurs passés en revue ; avant
tout, ce sera la foi religieuse, et spécialement le catholicisme. Cette exigence éclate, incisive, mordante, par
à-coups acharnés et entraînants, dès les pages sur le
Saint-Thomas d'Aquin de Charles Jourdain. Pour qu'on
revienne à *la Somme*, ce fier livre, dit-il, il faut que
l'époque soit à bout d'imagination : « Quand le génie de
l'invention s'éteint, le génie de l'histoire s'éveille. »
Perpétuellement fidèle à sa ligne de vue, il blâme
l'auteur d'apprécier Thomas comme philosophe et non
comme théologien. Il attaque, en *Terre et Ciel* de Jean
Reynaud, ces ouvrages de notre temps, à gravité
d'emprunt, où « l'appareil des mots scientifiques cache
le vide de la pensée. » Il concède une valeur à Donoso
Cortès, un catholique : rarement fin, remarque-t-il
toutefois ; mais il atténue : « La finesse de l'esprit n'est
souvent qu'une ressource de sa lâcheté. » Dans Saisset,
il dégage et condamne le panthéisme devenant philosophie universelle ; dans Saint-René Taillandier, il
montre que la tolérance de tout, c'est au fond la haine du
christianisme, et dans Jules Simon, que la religion
naturelle équivaut presque à l'absence de la religion.

Un adepte d'Hégel, Vera, s'efforce de soutenir l'absurde méthode de la déification de la science et de l'homme. Caro, au sujet de l'illuminé Saint-Martin du 18ᵉ siècle, lui platt lorsqu'il rétorque le mysticisme, cette chute du sentiment religieux. Ainsi, toujours, Barbey d'Aurevilly va droit, dans l'œuvre, à la sincérité ou à l'absence de la foi en Dieu, et toujours aussi, son écriture active s'appuie sur une vaste érudition. Mais, rigoureux, il exige encore des solidités intellectuelles ; il écarte l'utopiste et faible abbé Mitraud : « Les peuples vigou- reux et purs ont des livres sévères comme de fermes législations ; mais quand ils s'énervent, l'utopie de leurs penseurs s'énerve aussi et tombe au niveau de la mora- lité générale. » Sa main robuste saisit le fugace, le doucereux Ernest Renan, ce critique en fugitive dentelle, murmurant prudemment qu'il ne faut pas sacrifier à Dieu nos instincts scientifiques. Son regard aigu traverse le compilateur Gorini, qui, en défendant l'Eglise, a flatté les historiens hostiles, dès lors satisfaits : « Les hommes sont si petits, ils tiennent si peu à la vérité et tant à leur personne, que, pour peu que vous leur disiez qu'ils ont du talent, ils vous pardonneront d'avoir dit qu'ils en ont mal usé. » Aux stériles hypothèses scientifiques de Doublet, il oppose cette dure réalité : « Dans cette vie, qui a un but sans doute, un but important et peut-être terrible, puisque c'est le tout de notre destinée, on a

moins le temps d'apprendre comment se font les choses
que le temps de les faire. » Il souligne le matérialisme
non formulé, mais certain, de Taine, et montre que
M. Havet est allé loin « dans ce clair-obscur étonnant,
plus étonnant que celui de Rembrandt, qui s'appelle
l'âme et le génie de Pascal ; » cependant, Pascal n'a
guère encore été compris et jugé ; ce qui lui donne son
originalité incomparable, c'est la peur de Dieu, « la
poésie de l'épouvante. » Le critique blâme Auguste
Martin de sa morale moderne, tirée seulement de l'homme, et dit, à propos de la publication par D.-L. Gilbert
des œuvres de Vauvenargues, que celui-ci resta assez
croyant pour se brouiller avec Voltaire, si la mort ne
fut venue. Il étudie Buffon à travers son biographe,
M. Flourens, et donne une large explication de la question des classiques grecs et latins, traitée par Saint-
Bonnet : l'enfant devrait être élevé d'abord chrétienne-
ment, avant d'aborder les classiques, — avis partagé par
le Père Daniel, naturellement. Le point de vue de
Barbey d'Aurevilly étant immuable, voici des reproches
même à Lacordaire, qui, dans sa Marie-Madeleine,
s'humanise trop, glisse sur la pente des goûts de l'époque, aide l'œuvre dissolvante des Renan et des Taine.
D'autre part, ses exigences de littérateur fortement
constitué refusent à Montalembert, au sujet de ses
Moines d'occident, le talent de suite et de clarté : livre

d'orateur, non d'écrivain. Il indique le ridicule de la philosophie positive de Blignières : une déification de l'humanité de plus, et la petitesse des procédés de Littré, la vanité, et aussi le péril pour notre société, de toutes ces soi-disant trouvailles sur lesquelles se jettent les esprits puérils, si nombreux, de notre temps, et l'opinion, entraînée par ces mauvais esprits vers la ruine générale. Voici encore une philosophie de Beauverger, qui fait s'écrier le critique avec raison : « Si, dans toute littérature, il y a de l'inutile et du superflu, il y en a surtout, en philosophie, dans des proportions effroyables. » Voilà, encore, le père Enfantin : le saint-simonisme n'est donc pas mort ? D'autres figures passent, fugitives : le père Ventura, mal informé de son temps ; M. Flourens, vulgarisateur scientifique ; Eugène Pelletan, dont *la Profession de foi du 19e siècle :* le progrès indéfini, révèle un mystique dans l'erreur ; Charles de Rémusat, qui rationalise à propos d'Anselme de Cantorbéry ; l'abbé Bouix, publicateur des œuvres de sainte Thérèse, celle qui trouva dans la prière toutes les facultés qui lui manquaient ; Moland et d'Héricaut, qui ont su garder sa tendresse et sa grâce à *l'Internelle Consolation* de Gerson. — Ce premier volume établit nettement la nature critique de Barbey d'Aurevilly. Le point de départ de ses jugements est d'une unité absolue ; c'est le dogme catholique. Incidemment, et tout ce qui croit encore en notre temps doit préférer cette incidence mieux en accord avec les idées contemporaines, il vous remet en face de Dieu avec une force d'athlète. Servi par une érudition littéraire et philosophique très développée, il possède encore une intuition générale qui lui permet de traiter d'ouvrages scientifiques, non directement, mais avec assez de clairvoyance enveloppante. La langue est vivante, soutenue, aux phrases en surgeons, souvent imagée, toujours active, et ne lâchant jamais son idée qu'au point final. Parfois, il écrit longuement à côté de l'ouvrage annoncé, mais pour un motif d'opinion commune plus grande que l'opinion spéciale à critiquer, de sorte que celle-ci y est englobée et expliquée quand même.

Voici, de ce temps-là, un des portraits à la plume de la comtesse Dash au *Figaro* : « Barbey d'Aurevilly est devenu une actualité, grâce au *Pays* et aux journaux qui se sont constitués ses adversaires. C'est une étrange figure à peindre ; il faut le bien connaître pour oser l'entreprendre : des contrastes frappants se rencontrent chez lui... Il est sévère, il est ironique, il est bon, il est facile, il est exclusif, il est doux, il est emporté, non pas à ses heures, mais dans le même moment, tout à la fois. Ce caméléon porte avec lui, dans son cerveau, une bibliothèque inépuisable. Parlez-lui de l'histoire, il la sait dans ses détails les plus secrets et les plus étendus.

Parlez-lui philosophie, sciences, religion, littérature, théâtres, géographie, métaphysique, ce que vous voudrez, il vous répondra, et dans quels termes ! Quelle conversation que la sienne ! Je n'en connais pas de plus complète ; elle réunit tout... Vous pouvez le voir longtemps, si vous êtes superficiel, sans vous douter de ce que renferment cette tête et cette mémoire... Il possède au suprême degré l'art de railler les gens sans qu'ils s'en doutent ou qu'ils aient le droit de s'en fâcher. »

Trebutien venait de faire paraître (en janvier) les œuvres de Maurice de Guérin, avec une préface de Sainte-Beuve. Barbey d'Aurevilly n'y était pas mentionné ; dominant cette mesquine omission, il parla superbement de Guérin dans une chronique au *Pays* du 1er février. D'ailleurs, les entraînements passionnels de sa seconde jeunesse avaient fait place à la robuste affirmation de sa personnalité ; debout sur un passé d'ouvrages déjà nombreux et très vivants, il plongeait son regard aigu dans l'avenir, voyait mieux l'œuvre dans tout l'absolu de ce mot, en ordonnait l'architecture avec une vaillance, une tenacité qui lui subjuguaient l'attention des lettrés et lui gagnait l'affection déférante des jeunes. C'est au cours de la même année qu'il publia le second volume des ŒUVRES ET LES HOMMES.

Les Historiens politiques et littéraires (Amyot, 1861). — Le catholicisme avait été sa mesure en face des philosophes et écrivains religieux ; le monarchisme est sa pierre de touche devant les historiographes et historiens. Il regrette les hommes éclairés commis à l'écriture de l'histoire sous la royauté, et ne dit pas que, tenus en tutelle, ils ne pouvaient guère que louer les rois et leur cour. L'histoire, maintenant, est écrite librement, avec tous les abus possibles ; mais cette liberté est une garantie d'impartialité. Il remarque judicieusement qu'elle apparaît surtout pamphlétaire ; cependant, valait-elle mieux quand elle constituait un sacerdoce ? Croyons qu'en histoire comme en tout, une forte éducation, sagement ordonnée de haut en bas, suffirait pour déconsidérer les mauvais historiens et laisser la place aux bons. Barbey d'Aurevilly sait voir les fautes des Bourbons, et les dire ; il blâme Capefigue, ce fantaisiste devant qui trouve grâce le 18e siècle frivole et débauché, et qui ne comprend pas « l'importance des mœurs dans la politique des gouvernements et dans la destinée des peuples. » Mais ce qu'il voit mieux encore, ce sont les exagérations des historiens démocratiques, tel Michelet, qui a fait de l'histoire l'esclave de ses passions révolutionnaires et de ses caprices poétiques ; il reprend son Richelieu, le rétablit fortement, grave ce viril portrait en de très belles pages ; il ne peut admettre sa glorification de la Révolution française. Il montre Henri Martin s'appuyant sur la science moderne pour

tout rapporter au druidisme, contre le moyen-âge chrétien : toujours la visée contemporaine ! et Amédée
Thierry avec la même vue étroite de notre temps, qui
écarte toute action surnaturelle, avec la bonne foi mais
non la grandeur de l'histoire ; il compare ses récits à
ceux de son frère Augustin, en un parallèle hautement
tracé. Et cette large critique est zébrée de mots, d'incidentes qui mordent ; le polémiste n'oublie rien, chacun
revient à son tour sous cette plume agile comme une
épée. Il loue Roselly de Lorgues d'avoir réhabilité
historiquement Christophe Colomb : « un révélateur du
Globe, envoyé à son heure et directement de Dieu, »
dont les scientifiques avaient ôté « le merveilleux, le
mystérieux, le religieux : ces choses synonymes. »
Voyant tout de haut, et surtout du haut de ses dogmes,
en aperçus variés et amples, il goûte la franchise de
Ferrari (*les Révolutions d'Italie, la Raison d'Etat*),
tout en le blâmant de mettre la fatalité à la place de
Dieu ; du talent, dit-il, mais « tout le style du monde
est incapable de faire illusion sur la pauvreté d'une
conception... Et la fatalité, c'est commode quand la loi
qu'on cherche, on n'est pas capable de la trouver. »
Souvent il est sévère même pour ses coreligionnaires.
Il reproche à de Chalambert, au sujet de la Ligue, de
n'avoir pas creusé la question des origines : « Le catholicisme était alors la société même, qui, comme tout être

vivant et normal, ne voulait pas être blessée. » Alfred
Nettement, dans ses études littéraires, lui paraît trop
mou : il n'a pas vu la cause de la mort rapide de la
Restauration, même en sa seule pensée, la littérature.
Mignet, sur Charles-Quint, n'est qu'un chroniqueur
bien documenté, et Pichot, traitant le même sujet, est
moins étoffé, moins sévère. En racontant Marie-Antoi-
nette, les Goncourt ont montré un sérieux dont leur
talent manquait. Nicolardot lui plaît lorsqu'il frappe, en
Voltaire, le vice du 18ᵉ siècle. Il montre ce que peut
produire l'impartialité, avec celle du libre-penseur
Dargaud, qui déplut à droite comme à gauche. Il loue
Audin, ce soldat de l'Eglise militante, sur sa galerie des
figures qui gouvernèrent la Réforme. Et sans cesse
Barbey d'Aurevilly accepte pleinement l'héritage catholique, quel qu'il soit, ce qui l'amène à couvrir la Saint-
Barthélemy, défense, dit-il, du catholicisme contre les
protestants soulevés. Si, comme il l'annonce, Audin est
le premier biographe du siècle, il l'en a récompensé, en
écrivant lui-même une biographie d'Audin, rapide, complète, vive, pittoresque, cordiale, et gonflée de cette
polémique acharnée qu'il verse, comme d'une urne
toujours débordante, en toute sa critique. Il y sème
aussi de l'esprit, mais de l'esprit sourcilleux ou de pointe
d'épée. Il note, devant Cousin fort occupé à raconter les
dames de la Fronde : « Quand les sociétés n'ont plus la

flamme qui crée les grandes œuvres, l'amour de l'archéo-
logie s'empare des esprits qui baissent ; » le solennel et
froid Cousin, ce comique sérieux, ne sait pas peindre :
« Entasser des mots ne caractérise rien ; bien souvent
on caractérise avec un seul trait. » — Dans ce volume,
comme dans celui des *Philosophes et Écrivains religieux*, l'opinion inscrite aux *Prophètes du Passé* commande tout. Il faut en prendre son parti. Ce combattant
est acharné et offensif comme la race normande. Sa
tendance, immuable, le porte aux idées plutôt qu'aux
formes, et, une fois campé devant les idées, il lance et
relance la hache de son blâme aux auteurs adverses, ou
dispense la louange aux auteurs de son camp. Cela
donné à son opinion volontaire, il sait regarder et voir
la valeur ou la non-valeur humaine et littéraire, chez
les uns comme chez les autres, et il ose le dire. Deux
qualités, chez les ennemis, trouvent grâce devant lui :
la sincérité parfaite, l'art véritable ; deux défauts, chez
les coreligionnaires, ne lui échappent pas : la mollesse
fuyante, le manque de littérature. Le ton hardi et
ardent du polémiste ne supporte ni amusements, ni
retards ; la ligne est rigide. L'homme se donnant tout
entier, et partant d'un principe moral unique, impose
au critique une attitude, une manière presque invariable : il aborde le sujet d'un auteur, le montre généralement traité à côté ou à rebours, expose ensuite où est la

vérité de ce sujet, soit que l'auteur l'ait rencontrée, soit qu'il lui en oppose une autre conforme à ses dogmes, et, enfin, revenant au critiqué, l'achève par touches et retouches nombreuses. Et c'est souvent, qu'il l'achève... au sens militant du mot.

La vaillance de cette écriture, son origine traditionnelle et ses couleurs modernes, sa force et son pittoresque lui gagnaient cependant la plupart des lettrés. « Le talent chez lui est si grand et si éclatant, publia Paul de Saint-Victor dans la *Presse*, qu'il attire ceux-là même qu'éloigneraient ses idées entières et altières. Le polémiste effraie souvent, l'artiste étonne et charme toujours. Au plus fort des coups qu'elle porte, l'épée maniée par cette main vaillante fait admirer les ciselures de sa poignée et la splendeur de sa lame. »

Mais le grand nombre des critiques se taisaient. Ils voyaient là s'établir une puissance, qu'appréhendaient et jalousaient leurs petites forces. Et puis, ils n'y comprenaient rien : ce polémiste apparaissait tout à la fois d'une partialité absolue avec ses dogmes et d'une impartialité étonnante avec sa passion de la sincérité et de l'art naturel. Cette bizarrerie déconcertait leur jugement routinier. Alcide Dusolier le fit voir excellemment, dans son étude : *J. Barbey d'Aurevilly* (Dentu éditeur, 31 mai 1862) : « ... Voilà peut-être le fin mot du silence des critiques ! y disait-il. M. d'Aurevilly ne *pense* pas comme la plupart d'entre eux... Mais ses amis religieux et politiques, direz-vous, pourquoi ne parlent-ils pas ? Ils n'ont aucune raison, eux, de cacher ce talent au public ? Si fait ! Et cette raison, c'est l'extraordinaire indépendance, c'est la franchise invincible de M. Barbey d'Aurevilly. Homme de conviction, logicien inébranlable, allant toujours tout droit et jusqu'au bout, dédaigneux des ménagements hypocrites, il frappe aussi fort sur les catholiques qui ont de lâches complaisances pour le progrès, que sur les athées et les panthéistes. »

C'est en ce temps-là que Barbey d'Aurevilly publia son *Etude sur les Misérables* : « ... ce roman-commode, dans lequel M. Victor Hugo a empilé, sans ordre, tous les divers écrits sur toutes choses qu'il n'a pas publiés depuis quinze ans et qu'il ne veut pas perdre. » Il ajoutait, généralisant : « Les livres forts et vrais ne font pas tant de tapage. Ils n'entrent pas, en faisant de tels cris et de tels renversements, dans l'imagination humaine. Ils s'y établissent comme la lumière dans nos yeux, par le fait souverain et doux d'une beauté qui est en harmonie avec tout ce que nous avons en nous de facultés. » Les passionnés du chef romantique le prévinrent, s'il continuait, qu'ils écriraient sur les murs de Paris : *Barbey d'Aurevilly, idiot.* Il continua, et l'inscription fut faite. — Ce fut encore avec Victor Hugo qu'il ouvrit son troisième volume des ŒUVRES ET LES HOMMES.

Les Poètes (Amyot, 1862). — Ce livre, dédié à Paul de Saint-Victor, offrait d'abord une préface sur la poésie, « cette chose mystérieuse et puissante, qui est en toutes choses. Il ne s'agit que de frapper juste... mais il faut la suprême adresse de l'instinct qui est le génie, ou l'adresse de seconde main de l'expérience qui est du talent plus ou moins cultivé. » Puis, Hugo est empoigné au sujet des *Contemplations* : du panthéisme, de la métempsychose, l'esprit mauvais de l'époque progressant vers l'absurde ; le Ronsard du 19e siècle possède « le vers moderne par excellence, dans sa grossièreté insolente et sa turgescence de Titan raté. » Voilà bien le soldat frappant comme un aveugle sur le camp adverse. On a trop vanté aussi *la Légende des Siècles*, parce qu'il n'y a plus de vraie critique, dit-il : « La critique vraie, c'est la justice, et la justice se compose également de sévérité dans la sympathie et de sympathie dans la sévérité. » De petites épopées n'en formeront jamais une grande. Cependant il reconnaît que là, Victor Hugo revit : « Le poète s'est retrempé dans les saints courants de la tradition. » C'est le poète primitif, aimant tout le primitif, homme du moyen-âge, colossal et enfantin ; pourquoi se prête-t-il trop au monde moderne, celui-là qui seul pourrait donner le grand chef-d'œuvre ? Mais le polémiste ne se radoucit vraiment qu'en abordant l'œuvre de Vigny ; *Eloa*, c'est « l'angélique substance de la

pensée, l'âme qui a rayonné dans tout ce qu'il a écrit ; »
même le *Moïse*, d'une fière beauté, en paraît détaché ;
pur sans froideur, Vigny est le Racine du romantisme.
Théophile Gautier, avec sa poésie transparente et lumineuse, n'est que « le plus puissant limeur de cette
littérature volontaire qui croit trop que l'effort humain
l'emporte sur la divine spontanéité. » Brizeux, ce talent
d'une délicatesse presque fragile, dont la *Marie* vint
rafraîchir un moment d'artificielles splendeurs, n'est
pourtant qu'un breton trop civilisé ; ce n'est certes pas
le Burns de son pays : idyllique, oui, mais non sauvage.
Barbey d'Aurevilly goûte, de Sainte-Beuve, le *Joseph
Delorme*, où chacun pouvait se mirer ; mais dans les
poésies qui suivirent : « le lettré, le professeur a rongé le
Sainte-Beuve poète... C'est la science, l'encyclopédisme,
cette rage des vieux siècles littéraires, qui a fait faiblir la
poésie. » A côté du sentiment naturel qu'il voit dans
Roger de Beauvoir, il étiquette les formistes sous ces
bonnes définitions : « Les poètes de notre temps se
classent en écoles, et ne sont en définitive que les atta-
chés d'un système, des poètes de parti-pris... Ils se
nomment eux-mêmes des artistes, et ont réellement
plus d'art que de génie et d'inspiration... Toute
poésie matérielle aura le sort de la matière ; » mais
il revient au dogme : « Hors du christianisme, il
n'y a pas de poésie forte et profonde. » Il oppose

encore aux écolâtres, Marceline Desbordes-Valmore :
« la passion et la pudeur dans leurs luttes pâles ou
rougissantes ; » celle-là n'avait ni pose ni déclamation ; c'était « une Corinne dont les cheveux ne tiennent
plus et s'affaissent, et dont le voile a été déchiré par les
mains convulsives qui le ramènent sur un visage
brûlant de pleurs. » Dans *Mirèio*, de Frédéric Mistral, il
voit une œuvre simple et solennelle, élevée et familière,
d'une pureté de galbe antique ; mais les prétentions de
linguiste le gênent. Voici Joséphin Soulary, le puritain
du sonnet, forme bornée : « Le génie dans les petites
choses n'est plus le génie. » Amédée Pommier, porté
par l'idée chrétienne, est ample, correct. Quant aux
Odes funambulesques de Banville, c'est un livre de
paroxysme poétique et cérébral, dont il aime l'outrance,
en déplorant qu'il n'y ait nul sentiment dans cette langue ouvragée. Il montre, dans les *Poèmes antiques* de
Leconte de Lisle, le procédé moderne, la poésie en
masque : « Quand on n'a pas d'idées à soi et qu'on a le
cœur vide, des hommes faits pour rester d'honnêtes
lettrés toute leur vie ramassent dans la poussière de
toutes les civilisations des détritus d'idées sur lesquelles
le monde entier a passé, et ils se bâtissent avec cela,
qui des poésies, qui des systèmes d'histoire, en se
croyant très candidement des inventeurs. » Le démocratique Dupont recueille cette image : le Caïn, dans cette

nature, l'emporte sur l'Abel ; cependant, « de génie spontané, d'impression première et même de nostalgie, de tête retournée vers les champs, Pierre Dupont se révèle bien de la double race, chaque jour plus effacée, et du laboureur et du pâtre. » Voici la poésie travaillée de Joseph Autran, les verselets moralistes de Jules de Gères, et Victor de Laprade, sobre et correct, pur mais froid, adonné au « montagnisme. » Voilà Mme de Girardin, qui offre souvent de l'émotion vraie ; Henri Murger, aux ébauches faciles, assez gracieuses : du Musset balbutié ; Auguste de Châtillon, doux et triste ; Edgar Quinet, travailleur en épopée, infortuné mais acharné ; Louis Bouilhet, de beaux moules à idées, sans l'idée : « Très souvent, dans la jeunesse, le talent n'est que le caméléon du génie ; il en renvoie les teintes et il croit que ce sont là ses propres feux ; » Siméon Pécontal, d'inspiration chrétienne. Un des plus intéressants chapitres est le dernier, sur Charles Baudelaire : *les Fleurs du mal*, « horribles de fauve éclat et de senteur, » sont un livre cruel et osé, moral à sa manière, car il est le châtiment après le crime ; le poète est terrible et terrifié : « Son talent est lui-même une fleur du mal venue dans les serres-chaudes d'une décadence... Après *les Fleurs du mal*, il n'y a plus que deux partis à prendre pour le poète qui les fit éclore : ou se brûler la cervelle... ou se faire chrétien ! » — Ce mot qui clôt le

livre ramène invinciblement la pensée vers les deux
principes : catholicisme, monarchisme, qui animent
le critique ; il s'y enferme avec une sorte de sauvage ténacité ; mais toujours aussi, reconnaissons-le, il se laisse
— oh ! non pas attendrir, et convaincre moins encore
— attaquer par les sincérités profondes des poètes ou la
sève bien naturelle qui circule en leurs vers, lorsqu'elle y circule.

C'est le 21 octobre 1862, que parut au *Pays* l'article
sur Gœthe et Eckermann, dont on fut mécontent dans
les sphères officielles. Barbey d'Aurevilly dut interrompre sa collaboration. Il s'était installé au 29, rue Rousselet, qu'il ne devait plus quitter. Dans les quinze années
antérieures, sa correspondance mentionne ces adresses
successives : 16, cité d'Antin ; pavillon de la Muette
(Passy) ; 12, rue Neuve-de-l'Université ; 45, rue Notre-
Dame-de-Lorette ; 39, rue Fontaine-Molière ; 15, rue
Geoffroy-Marie ; 41 bis, rue de Vaugirard ; 6, rue
Oudinot. C'est aussi vers cette date que Dusolier lui fit
connaître Gambetta, et qu'Armand de Pontmartin l'irréductible jacassa : « ... Un ultra-catholique, qui a écrit
des romans libertins ; un critique hebdomadaire —
(quel portrait !) — qui défraie la gaité des petits journaux et fait de chacun de ses articles un défi, une
gageure contre le bon sens et la langue française. »
Essayez, après avoir lu cette phrase, de ne pas sourire.

Jules Levallois disait beaucoup mieux, dans ses *Etudes de philosophie littéraire* (1863) : « Je ne puis le quitter sans être à la fois furieux et charmé, séduit par l'éclat, la puissance et même la savante bizarrerie de la forme, révolté contre le fond de ses idées.

Au *Figaro* du 30 avril 1863, Barbey d'Aurevilly écrivit contre M. Buloz : « ... Il a bâti ce gros pignon sur rue littéraire qui s'appelle la *Revue des Deux-Mondes*, laquelle a trente ans passés d'existence, des abonnés fossiles d'une fidélité de moutons antédiluviens... L'opinion, cette reine du monde, qui a ses favoris, a toujours trouvé ses bâillements infiniment plus savoureux quand ils lui venaient par la *Revue des Deux-Mondes* que par les autres recueils créés à son exemple... Ni les fautes de M. Buloz, ni sa tyrannie bourrue et tracassière, ni son orgueil durci par la fortune, ni les bornes sourdes de son esprit, ni ses procédés hérissons, ni ses grognements ursins, ni l'horreur de ses meilleurs écrivains mis en fuite par cet ensemble de choses charmantes, ni l'ennui enfin le plus compact qui soit jamais tombé d'un recueil périodique sur le lecteur assommé, rien n'a pu le diminuer, ce succès étrange, ou l'interrompre un seul jour... » Buloz poursuivit devant les tribunaux. Barbey d'Aurevilly, défendu par le jeune Gambetta, fut condamné en novembre, ainsi que *le Figaro*, à deux mille francs d'amende. Et ce fut lui seul qui les paya !

Cette même année, *le Chevalier des Touches* avait commencé de paraître au *Nain jaune* (18 juillet) ; le 21 novembre, l'auteur en écrivit la dédicace : « A mon père.. Au lieu de rester, ainsi que vous, planté et solide comme un chêne dans la terre natale, je m'en suis allé au loin, tête inquiète, courant follement après ce vent dont parle l'Ecriture, et qui passe, hélas ! à travers les doigts de la main de l'homme, également partout ! » Il improvisait en même temps ses *Médaillons* de l'Académie ; parus d'abord en septembre et octobre, sous le nom de Old Noll, dans *le Nain jaune*, ils furent édités au commencement de 1864.

Les Quarante Médaillons de l'Académie française. — ... ou la queue du chien d'Alcibiade. J'ai rencontré des gens qui n'avaient rien lu de Barbey d'Aurevilly, mais qui citaient ce titre — long lui-même comme une queue — avec un air tout à fait entendu. Il est hors de doute que si jamais l'auteur a pu désirer entrer à l'Institut, il y avait formellement renoncé du jour où il fixa dans un livre ces quarante pancartes, à coups d'épingles fort aiguës, voire barbelées. Et il est non moins probable qu'à nulle autre période de son existence, l'Académie n'aura laissé une trace aussi indélébile de son passage parmi les lettres. Je ne puis qu'extraire çà et là. Victor Cousin, en philosophie, « est un pauvre qui a escroqué des habits. » Alfred de Vigny venait de mourir :

ce fut un de ces poètes pour lesquels on donnerait toutes les académies de la Terre. Voilà Mignet, pompeux et terne, prétentieux et incorrect ; Thiers, le père Prud-homme, couronné du suffrage de la multitude, qui s'obs-tine à l'appeler un grand historien. Et Victor Hugo, est-ce la vanité qui l'a décidé à entrer là ? « Ce jour-là, où était la fierté de la muse romantique ? Ce jour-là, l'hom-me qui s'est tant moqué des ailes de pigeon en a mis. Pourquoi a-t-il fait trente-neuf visites à des gens dont il méprisait littérairement pour le moins trente-sept ? » Voici Victor de Laprade : la fusion à l'état de rage ; Villemain, l'écrivain aux cahiers d'expressions ; Prosper Mérimée, athée discret, Fontenelle sinistre ; Nisard, esprit étendu jusqu'à l'inconséquence. Passe la belle figure de Lamartine, qui n'est pas là à sa place et y fait une énorme tache de lumière : « Le flot de son destin l'a poussé, un jour, dans ce havre de vieux hérons moroses ; » mais il ne va pas à leurs séances, dont il sourit. Notons encore Guizot, qui représente et incarne la fusion, littérateur surfait, au style monotone, angu-leux, froid ; et Sainte-Beuve : beaucoup de talent, noyé dans un bavardage inondant. Je ne nomme que cette douzaine. Les vingt-huit autres, qu'il déclasse avec un esprit âpre, actif, coupant, il faut laisser leurs noms dans l'oubli qui châtie les injustices et les usurpations. Ainsi, sur quarante académiciens de ce moment, on compte vingt-huit inconnus (au moins, littérairement), alors qu'existaient Gautier, Flaubert, Baudelaire, Leconte de Lisle, Banville, Pierre Dupont, Dumas père, Michelet, Jules Janin, Edgar Quinet, Barbier, Louis Blanc, Emile Deschamps, Ernest Feydeau, Henri Martin, Labiche, Barbey d'Aurevilly, les Goncourt, Philarète Chasles, Paul de Saint-Victor, dont la plupart, d'ailleurs, ne furent jamais de l'Académie. Ce fut et c'est toujours ainsi.

La série des romans sur la chouannerie ne devait pas dépasser le deuxième volume, ce *Chevalier des Touches* qui fut édité aux débuts de 1864. Il vaudrait mieux dire que la majeure partie de la production romanesque de Barbey d'Aurevilly est une série de romans dans le décor du Cotentin.

Le Chevalier des Touches. — Les premiers chapitres assemblent dans un vieux salon de Valognes, en décembre, par un soir de vent et de pluie, un vieil abbé et sa sœur, mademoiselle de Percy, qui se mêla jadis aux luttes des chouans, un vieux baron, deux vieilles demoiselles, et mademoiselle Aimée, encore au milieu de la vie, mais déjà hors du monde depuis la mort de son fiancé : « ... le terrible coup de filet autour du cœur, qu'on appelle un amour fidèle. » Comme elle est sourde, on peut conter son histoire devant elle : mademoiselle de Piercy n'a pas à craindre de ranimer cet inguérissable chagrin. Le romancier dépeint tous ces personnages caducs assez longuement, mais avec un art exquis de psychologue, qui ne laisse pas subsister de traces de son travail ; les couleurs, mornes à cause du sujet, ou, plutôt, des gens de ce vieux salon, sont extrêmement variées de fines nuances. — Or donc, le chevalier des Touches, beau et plus encore hardi, aventureux, un peu même féroce, passait fréquemment la Manche sur un mauvais canot, portant les dépêches des princes et celles des nobles cotentinais. Dans un château, vivait Aimée, très recherchée par les jeunes gentilshommes des environs, et par M. Jacques, surnom d'un chef chouan du Maine, venu ici après une défaite, mélancolique mais extrêmement brave. Dans une des nombreuses rencontres des soldats de la Révolution et des révoltés de l'ouest, le chevalier des Touches avait été pris par un bataillon de bleus ; on l'emprisonna dans Avranches. Douze chouans, nobles et autres, voulurent le délivrer ; ils entrèrent, déguisés, dans la ville pleine de monde, au milieu d'une grande foire. La narration, active, coupée d'interruptions qui la fouettent, est d'une simplicité héroïque, et en même temps d'un art d'exécution vraiment supérieur. Cette première expédition : les Douze dans Avranches, n'aboutit qu'à un sanglant tumulte. Des Touches, non délivré, fut conduit à Coutances, pour être jugé et exécuté. Tout ce récit, passionné, ne roule que sur un sujet

épisodique ; mais l'allure en est épique. — Les Douze
préparent une seconde expédition, où mademoiselle de
Percy remplace l'un d'eux, non reparu après la bagarre
d'Avranches. La veille du départ, Aimée et M. Jacques,
en une très belle scène, se jurent fidélité devant tous.
C'est au milieu de la nuit que les Douze entrent dans
Coutances ; ils marchent droit à la prison, suppriment la
sentinelle, forcent le geôlier à leur ouvrir le cachot,
emportent des Touches avec ses lourdes chaînes de fer,
et sortent de la ville en soutenant une lutte à coups de
car abine, où M. Jacques est tué. Le récit est moins
ample et coloré que celui de la première expédition ; ce
n'est qu'un coup de guerre, mais il est raconté avec une
forte brièveté, rapide, haletante. — Le chevalier des
Touches inflige un châtiment terrible au meunier qui
l'avait livré aux bleus, désensable son petit canot et
reprend la mer, cinglant vers la côte anglaise. Aimée,
en apprenant la mort de M. Jacques, resta silencieuse ;
elle l'ensevelit dans sa robe de mariée d'un soir ; et
depuis, cette vierge-veuve vit avec son seul souvenir,
doublement isolée du monde par son chagrin et par sa
surdité. Le chevalier survit aussi, mais enfermé dans
une maison de fous, poussé là par « l'ambition trahie,
les services méconnus, et la cruauté du sort. » — Ce
roman, pour bien des lecteurs, est plus captivant que
l'*Ensorcelée* ; mais il n'offre pas son invariable et puis-

sante unité d'étude surtout psychologique et de coulée
dramatique. Ce qui plaît dans *le Chevalier des Touches*,
principalement aux âmes avides de faits étranges, ce
sont les aventures si hardies, les héroïsmes de ces expéditions : deux des beaux chapitres de la prose française ;
cependant, les esprits affriandés de psychologie ont de
fines pages à savourer, avec les portraits des vieux personnages du non moins vieux salon de Valognes. A propos du premier exploit des Douze, Pèdre Lafabrie écrivit
plus tard : « Lorsqu'on fera une anthologie du 19ᵉ siècle,
comme le demandait Sainte-Beuve, la bataille des Blat-
tiers y tiendra dignement sa place, non loin du combat
des Francs contre les Romains de Chateaubriand, à côté
du siège de Carthage de Gustave Flaubert. Charles Coli-
gny avait raison de dire à Barbey d'Aurevilly :

Tu peins en Salvator Rosa.

C'est bien, en effet, la fougue, le mouvement, l'éclat et
la verve du maître que l'on retrouve dans l'écrivain
français. »

Le polémiste donna au *Nain Jaune*, que dirigeait alors
Théophile Silvestre, plusieurs articles. Il republia quelquefois au *Pays*. Vers la fin de 1864, après une échauf-
fourée de chroniques belliqueuses, il passa quelque
temps à Saint-Sauveur. Ce fut l'occasion du *Cinquième
Memorandum*, écrit pour l'A... B... (*l'Ange Blanc*, surnom donné à la baronne de B. par le frère de Barbey

d'Aurevilly, quand elle avait obtenu de ce dernier son retour au foyer paternel). Ces pages vont du 30 novembre au 18 décembre. Barbey d'Aurevilly, après plus de cinq ans d'absence, a retrouvé son père bien changé, et Léon malade. Le soir, il reste seul au coin du feu, dans cette maison « noire du passé », revivant les souvenirs d'enfance, de jeunesse. Quand il sort, il croise de vieilles figures qu'il lui est doux de retrouver. Beaucoup de mélancolie entrave l'activité de ses pensées. Puis, des détails qui n'ont pas changé, le ravissent. Mais à Valognes, dans l'église, il n'y a plus ces sombres rideaux rouges « qui ont jeté leur poésie et leurs ombres sur cette tête qui a toujours préféré le rouge et l'ombre à toute couleur et à toute lumière. » Ce qui est nouveau, il ne veut pas le voir : « J'ai battu le pavé et suis allé partout où j'avais senti et vécu fortement autrefois. Les rêves de ma jeunesse marchaient autour de moi, sous les nuages ; je n'ai rencontré qu'eux le long de ces rues. » Au bord de la mer, de vieilles pêcheuses le reconnaissent. « La mer est plus immortelle que la terre, dit-il... Ma mer, que je pourrais orthographier *ma mère* ; car elle m'a reçu, lavé et bercé tout petit... C'était un verre de vie que je buvais. » Il revient à Valognes, « cette ville qui a de mon cœur sous ses pavés et dans les pierres de ses maisons. »

Rentré à Paris, il s'occupa du quatrième volume des ŒUVRES ET LES HOMMES, édité par Amyot au commencement de 1865 et dédié à Théophile Silvestre.

Les Romanciers. — C'est une production toute moderne que le roman, dit l'auteur en sa préface. Il n'y a même plus de forme littéraire, au 19ᵉ siècle, qui offre un pareil développement. « N'est-ce pas l'épopée dernière des peuples chez lesquels l'individualité reprend la place qu'elle avait à l'origine des sociétés ? » Ce qui manquait jadis au roman, ce n'était pas l'imagination, mais l'observation. Maintenant il possède tous ses moyens, et c'est à cette période de perfection de ce mode littéraire qu'a paru, fatidiquement, Honoré de Balzac, son génie organisateur. — Balzac ouvre le livre ; mais il ne figure là que pour ce motif, déclare Barbey d'Aurevilly, qui promet de revenir à ce maître « tellement colossal, que la critique en est accablée ; » il se préoccupe surtout d'écraser un méchant plumitif de la *Revue des Deux Mondes*, qui essayait d'amoindrir Balzac. Il n'aime pas Eugène Sue, dont on a trop admiré les incontinences, semblables à tant d'autres immenses fécondités du siècle, qui n'accouchent de rien : la grande production suscite « l'ébahissement des sots ; » Sue manque de sincérité ; il a cette médiocrité foncière des esprits destinés à périr ; il imitait tout ce qui avait du succès, écrivait mal, mais plaisait aux socialistes en attaquant l'Eglise et les gouvernements. Raymond Brucker, avant d'entrer dans l'action catholique, se roula dans les idées

de 1830, sans la conscience, sans assises morales :
« L'idéal dans les arts, c'est la plus grande somme de
moralité. » Ces deux chapitres rappellent aux lecteurs le
principe dogmatique sur lequel repose la polémique de
Barbey d'Aurevilly ; les deux suivants évoque sa forte
impartialité d'artiste. C'est d'abord Stendhal : « l'impression la plus raffinée et la plus sobre de ce matérialisme
radical et complet dont Diderot fut le philosophe et le
poëte... Il eut toute sa vie cette simplicité effrayante
d'une erreur profonde... C'est un étrange esprit qui
ressemble au serpent, dont toute imagination sera l'Eve.»
On lit avec un intérêt cruel ce romancier, affecté par peur
de la vulgarité, méprisant l'opinion, mais aveuglé par
l'athéisme. C'est ensuite Gustave Flaubert et sa *Madame
Bovary*, au succès franc et mérité ; ce livre pourtant
n'a pas de tendresse, d'idéalité, de poésie, mais il offre
de l'accent, de l'originalité, une manière tranchée. Ce
narrateur infatigable, cet analyste qui ne se trouble
jamais, ce descripteur minutieux, indifférent d'ailleurs à
ce qu'il décrit, n'a ni émotions ni jugement ; il n'est
cependant pas immoral, bien qu'on l'ait crié : il n'est
qu'insensible, même à son type. C'est là, certes, une
pauvreté ; en sorte que cette idée heureuse, et cette
lecture d'une curiosité poignante ne laissent rien après
elles. Mais madame Bovary reste la femme médiocre des
vieilles civilisations, entendue et traitée avec profondeur.

Je crois que nul n'a mieux sérié et montré les qualités d'observation et les défauts moraux de ce roman. Passons le talent tempéré, sans caractère, de Jules Sandeau, et les romans légers, faciles, d'Edmond About. La *Fanny* d'Ernest Feydeau a plus de poids ; mais son auteur y attaque l'adultère par l'adultère, ce sujet insipide des romans et drames du siècle, ces idées sans consistance et blettes qui triomphent partout : « Nous sommes écœurés de ces idées, mais la majorité des esprits les avale comme l'eau et passe par leur ivresse avant d'arriver à leur corruption. » Feydeau n'a pas compris le sujet : ç'aurait dû être le mariage, non l'adultère ; il est trop un homme moderne, d'une immoralité au fond inconsciente. Ses autres romans sont inférieurs, leurs héros trop près de nous : « Nous ne nous intéressons profondément qu'aux êtres le plus loin de nous dans la vie, non par la position extérieure, mais par l'intimité des sentiments, par la vertu ou par le vice. » A cette vérité souvent vraie, le critique joint cette remarque judicieuse : « Mettre des théories quelconques dans un roman est une des manies de notre siècle. » Une autre de ses manies est d'entasser romans sur romans : en voici toute une série, de l'amuseur Paul Féval, de Jules Janin qui montre de la verve et de la bonhomie, de Jules de la Madeleine, peintre dramatique des mœurs provençales, des Goncourt, imaginatifs et sensibles, mais sans observation

large et profonde : talents costumiers et flâneurs ; de
Deltuf, de Charles Didier, de Duranty, de George Sand
et Paul de Musset *(Elle et Lui, Lui et Elle)*, romans
scandaleux, mœurs déplorables, avilissement des lettres ;
de Malot, d'Erckmann-Chatrian à leurs débuts, d'Armand
Pommier, Ch. Bataille, E. Rasetti : labeurs, facilités, et
surtout imitations ! Théophile Gautier n'augmente pas
sa renommée avec *le Capitaine Fracasse* ; Prosper Mérimée, homme d'esprit et de ressources, est un romancier
sobre, jusqu'au maigre, jusqu'à la sécheresse. Et la
contagion romanesque atteint tous les pays ; l'unité des
conceptions et des sensations aide à ce débordement. Le
critique présente Edgar Poe, le meilleur de cette littérature effrénée et solitaire, sans traditions et sans ancêtres,
individuel, et roi de la sinistre et funèbre bohème ; G.- A.
Lawrence, robuste et simple, revenu au vieux roman de
high life ; Gogol, serf de la réalité, plus réaliste que
nous, et dominé par l'influence française et allemande.
— Comme cette littérature-là semble loin de nous, et
comme on l'oublierait, si les travaux des critiques ne
nous en facilitaient l'évocation ! Barbey d'Aurevilly
ouvrait sa chronique aux talents, aux essais et aux
débuts les plus divers, et c'est aussi intéressant qu'agréable de refeuilleter avec lui ces romans qui nous recons-
tituent les mœurs publiques et l'esprit littéraire de l'époque.

Lui-même publia, vers ce moment, son *Prêtre marié*, à la librairie Achille Faure.

Un Prêtre marié (1865). — Jean Sombreval était sorti du séminaire avec dispense d'âge ; l'Eglise semblait devoir compter sur ce prêtre, quoiqu'il manquât de « ces agréments extérieurs, lesquels seront toujours d'un irrésistible ascendant sur ces femmes qu'on appelle les hommes. » Envoyé en 1789 à Paris par son évêque, il y resta, s'y livra à la science, et s'y maria ; la nouvelle de ce mariage tua son père. Sa femme apprit bientôt la vérité sur son passé de prêtre : frappée, elle mit au monde avant terme, et mourut, laissant une fille marquée par la douleur de la mère : Calixte portait sur le front, une croix. Le père idolâtrait cet enfant, l'entourait des soins les plus vigilants, mais ne lui parlait jamais de Dieu. Or, un abbé Hugon, en cachette, enseigna la doctrine chrétienne à la jeune Calixte, et commença à prendre cette fille à son père en ne blâmant pas les exaltations mystiques de la névrosée, en lui permettant même de se faire, secrètement, carmélite. Un jour, Sombreval emmène l'enfant en Normandie, où il achète un château de nobles ruinés, près d'un vaste étang. L'ancien prêtre installe son atelier de chimiste sous les combles, qui tous les soirs paraissent embrasés ; il cherche le remède qui guérira sa fille. Celle-ci est aimée par Néel de Néhou, un jeune noble, fougueux, autoritaire, qui, seul dans le pays, ose visiter ces pestiférés ! Néel renonce à épouser une belle héritière d'un château voisin, et pourtant Calixte ne l'aime qu'en sœur ; elle lui apprend d'ailleurs qu'elle est carmélite. — Les gens du pays éclatent en malédictions contre l'ancien prêtre et sa fille. La Gamase, une vieille mendiante hideuse, résume le sentiment général en ses insultes à Sombreval. Même la Malgaigne, vieille visionnaire, qui éleva Jean tout petit, se tient à l'écart ; elle ne lui épargne pas les avertissements d'une punition terrible ; c'est une nature exceptionnelle dans la pauvreté : « La destinée ne taille pas toujours les circonstances à la mesure des âmes. » Le portrait est fort expressif. J'observe ici que les gens du pays, qui méprisent, haïssent Sombreval, ne refusent pas quand même de lui vendre tout ce qui lui est nécessaire, et le plus cher possible : l'argent est l'argent, n'est-ce pas ? Rien que ce détail peint ces gens méprisables. — Le jeune, le fougueux Néel, qui n'avait pu tirer l'épée pour Napoléon, par défense de son père endurci dans ses traditions royalistes, s'en serait consolé : « Quand les choses sont irrévocables, le cœur de l'homme n'est pas assez fort pour garder son désespoir ; » il eût mieux encore oublié sa fiancée, qu'il n'aimait pas d'amour ; mais il ne pouvait renoncer à Calixte ! Il décida de mourir pour elle, ou de la conquérir par une terrible émotion. Un jour, monté sur une voiture

légère attelée de deux chevaux presque indomptés, il se
précipite dans une course effrénée qui fait songer à
Mazeppa ; il bondit à travers champs, haies et fossés, et
vient, criant : Il faut qu'elle m'aime !... briser voiture,
chevaux et lui-même sur le perron du château. Relevé
à demi-mort, il reste, soigné par Calixte, quarante jours
chez l'ancien prêtre. Et Calixte ne l'aime pas encore, ne
peut l'aimer ! C'est alors que Sombreval se dessine,
grandit, type d'athée à qui sa révolte, sa science, son
amour de fauve pour son enfant, confèrent un sublime
infernal. Mais toute cette moitié du livre offre des
longueurs, autour de cet unique fait : Sombreval, Calixte,
Néel, à cause des vœux de la carmélite, se résistant tous.
« La vie n'est faite que de résistances ; quand elles ne
viennent pas des événements qui composent l'indif-
férente destinée, elles viennent jusque des êtres que
nous aimons le plus. » — Les gens sont de plus en plus
hostiles, surtout la Gamase, dont le portrait est d'un
réalisme affreux. Les prédictions de la Malgaigne se
fortifient : le type de cette étrange femme est frappant ;
c'est elle, la vieille visionnaire, qui aurait dû être la
mère naturelle de ce terrible athée. Mais un nouveau
prêtre, l'abbé Méautis, s'introduit au château, et,
continuant l'œuvre de Hugon, encourage la carmélite
dans ses résistances ; il obtient même de Sombreval qu'il
se repentira, pour sa fille que le pays insulte, et

Sombreval, dompté par son affection paternelle, va trouver l'évêque, confesse sa faute, vit en trappiste, se flagelle jusqu'au sang : des mensonges, car il ne croit pas, et n'agit ainsi que pour sauver Calixte. Dès lors, toute la fin du roman se coupe d'épisodes d'un tragique effroyable. Les gens se taisent, Calixte est respectée, quand l'abbé Méautis lui révèle que son père ment : et ce coup la tue ; elle meurt, en une agonie atroce, après avoir exigé de Néel qu'il épousera sa fiancée. Sombreval accourt, éperdu, fou : trop tard ! Sa fille est enterrée. Alors, en une scène d'horreur sauvage, il la déterre, la prend dans ses bras, reconnaît qu'elle est bien morte, et, effréné, forcené, court se jeter avec ce cadavre dans l'étang du château. On ne l'y retrouva jamais. La Malgaigne s'éteignit sous cette catastrophe, et Néel, trois mois après, se fit tuer dans une bataille de l'empire. — Ce roman est plein d'un intérêt passionnant ; mais ses longueurs lui nuisent : les gens qui se le racontent sont inutiles, les personnages de second et troisième plan trop développés. Si les types de la Malgaigne et de la Gamase sont parfaitement traités, Néel paraît trop ajouté pour faire du roman ; mais il offre de beaux passages. Calixte, vraiment, semble trop effacée, trop céleste, tandis que Sombreval est entier, terrible, superbe en tout. — Si l'auteur avait porté le meilleur de son effort sur l'ancien prêtre, et qu'en un récit court, rassemblant tout ce qui se rapporte à Sombreval, pour le drame intime entre ce démon de père et cette fille angélique, — ou Calixte rendant la foi à son père, aimant Néel et renonçant pour lui à ses vœux surpris, — ce récit serait une création d'une force rare : un personnage à ajouter à tous les héros tragiques de l'humanité ou de la légende. Le dogme a gêné furieusement Barbey d'Aurevilly. En un tel sujet, le romancier rencontre cet écueil inévitable : il suffit qu'on ne considère pas un prêtre, ayant renoncé à une fausse vocation et s'étant marié, comme un criminel, mais au contraire comme un homme loyal et raisonnable, pour que tout le roman paraisse bâti sur une erreur. Dès lors tout le tragique, si réel pourtant, perd sa puissance avec sa légitimité. Seuls des catholiques, croyant qu'un prêtre est enchaîné par ses vœux, peuvent admettre la donnée de l'auteur et comprendre pourquoi cet ancien prêtre est puni. Et encore, pour quel motif est-il puni en sa fille ? et même en Néel ?... D'ailleurs, que cette fille ne soit que la névrosée qu'elle est, et que ce père n'ait jamais été prêtre : le drame pouvait s'accomplir aussi bien, aussi complet, et avec une vérité universelle, puisqu'il n'y aurait plus cette idée restrictive de l'expiation, cette idée gênante pour notre temps qui ne désire plus du tout revenir à ce qu'il y eut de trop exclusif, de trop farouche, dans les croyances du moyen-âge. La foi peut s'en passer. Mais que de lecteurs ont dû se passionner pour ce livre gonflé de dogme et de drame ! Quand il parut, on ne lui accorda pas toute l'attention qu'il méritait, dans un moment où les esprits se déchaînaient encore autour d'opinions aussi exclusives ; même aujourd'hui, où la querelle se livre autour du principe religieux plutôt que sur des questions de pratique, ce roman reste d'une lecture sombrement attachante.

Cette même année, Barbey d'Aurevilly quitta *le Pays*. Il collaborait au *Figaro*. Sa verte polémique contre Emile Zola est de ce temps. Mais on a gardé un plus vif souvenir de son attaque aux trente-sept parnassiens, en défense d'Amédée Pommier. « Ils ne sont encore que des parnassiens, écrivit-il le 27 octobre 1866. Ils ne commencent qu'à brouter l'herbe dont ils auront le foin plus tard... Les académiciens eurent leurs médaillons, les parnassiens vont avoir leurs médaillonnets. » C'est *le Nain jaune* qui publia les *Médaillonnets*. En novembre, le polémiste manda à Amédée Pommier : « ... Les poètes ont parlé, — des furies, une comédie d'amours-propre exaspérés, les lettres pleuvent. » Paul Verlaine, son admirateur cependant, lui répondit par des triolets dans *la Gazette rimée*.

Au *Nain jaune*, alors dirigé par Aurélien Scholl, il tint pendant plusieurs années le feuilleton théâtral, qu'il devait continuer plus tard au *Parlement* et au *Paris-*

Journal. Ce furent de fières et justes diatribes contre la décadence du théâtre, décadence accrue à mesure que se sont multipliées les salles de spectacle.

S'il menait de vifs combats contre des littérateurs, c'est qu'il pouvait encore se passionner à ces luttes ; le monde, au contraire, lui était devenu indifférent : « Depuis longtemps, publia-t-il le 31 mars 1867, je ne suis plus ce qu'on appelle un homme du monde. Le monde et moi, nous nous sommes dit, l'un à l'autre, ce que nous avions à nous dire. » — Il continuait ses *Diaboliques*, collaborait à *l'Eclair*, fondé le 1er décembre de cette année, avec Alphonse Daudet, Paul Arène, Charles Monselet. Le 15 mars 1868, il perdit son père, Théophile Barbey. Le mois suivant, il laissa *l'Eclair*, revint au *Nain jaune*. Vers le même temps, il donna ses *Vieilles actrices* à *la Veilleuse*. En 1869, il écrivit au *Gaulois*. Puis, toujours fidèle à ses idées politiques comme au dogme catholique, il renonça, après l'amnistie, qu'il blâmait, à défendre l'empire (août 1869). Il entra au *Constitutionnel*, où il remplaçait Sainte-Beuve ; c'est là qu'il publia surtout désormais, et jusqu'à ses derniers jours. A part cette nouvelle campagne, le commencement de 1870 le trouva quelque peu confiné dans une solitude sourcilleuse.

Je ne saurais mieux terminer cette période de la vie de Barbey d'Aurevilly, et fixer son image au moment où

nous parvenons, que par ce portrait de Thédore de Banville, dans ses *Camées parisiens* : « Ce visage de guerrier,
de héros, au nez busqué en bec d'aigle, est couleur
d'or fauve, et il semble que le poète l'ait brûlé et recuit
dans le feu de sa propre pensée. Le port de tête est
noble, fier, impérieux, et s'accorde bien au beau mouvement de la chevelure. Le front large est fuyant vers le
sommet ; les sourcils aux poils longs sont presque droits ;
les yeux à fleur de tête sont pénétrants et noirs ; le
regard assuré, vif, jeune, brillant, lance des fusées
claires lorsqu'il plaisante, et enfonce des dards noirs
lorsqu'il se fâche. Tous ces traits sont d'un chef, né pour
jouer dans la vie les premiers rôles, ou rien ! — Fine,
petite, rose, merveilleusement dessinée en forme d'arc
tendu et exprimant une infinie bonté, la bouche est enca-
drée par une moustache qui, séparée au milieu par un
sillon creusé hardiment, laisse les lèvres à découvert, et
continue sur la joue, avec un accent farouche et singulier. »

V

Certains événements publics infligent une interruption à toutes les existences particulières. Ils suppriment des individus, entravent ou détournent des carrières, et sont au moins pour chacun un temps d'arrêt inévitable. La Guerre et la Commune comptent parmi ces accidents terribles qui suspendent la vie d'une nation.

Pendant le siège, Barbey d'Aurevilly, resté à Paris, fit son devoir comme garde national volontaire. Il se rendit ensuite à Saint-Sauveur-le-Vicomte, où il dut louer une chambre près de la maison paternelle, qu'il fallait vendre (mars 1871). Ce fut pour lui et son frère un moment de profonde mélancolie. L'abbé Léon, malade, entra à l'hôpital de Saint-Sauveur, et Barbey d'Aurevilly se retira à Valognes. Il continuait ses *Diaboliques,* y ajoutant *le Bonheur dans le Crime, Un Dîner d'athées.*

« ... J'ai quitté Saint-Sauveur, écrivit-il tristement en octobre, qui sait? peut-être pour toujours... Des trois maisons que nous avions et dans lesquelles a passé le rêve turbulent de nos enfances, il n'y a plus une poutre

à nous sous laquelle nous puissions nous abriter. Il n'est
pas probable que le vent du soir de la vie, qui va souf-
fler, rapporte la feuille arrachée que je suis au tronc qui
ne lui appartient plus. »

Il revint à Paris en février de l'année suivante. « Paris
est abominable, manda-t-il à son frère le 2 mars. Plus de
littérature, même théâtrale. Nul mouvement intellectuel,
plus de conversation. Tout le monde devenu bête de ter-
reur, d'inquiétude, et avec tout cela de dégoût... Tu sais
qu'il faut que je gagne un toit pour nous deux, où nous
puissions passer nos derniers jours ensemble, et que c'est
là le seul rêve que je fasse à présent. »

Les anciens amis disparus ou dispersés, comme
Mme de Maistre, le comte d'Yzarn-Freissinet, Brucker,
Louis Hervé, César Daly, de Calonne, ç'eût été un autre
sujet de grande mélancolie, si quelques-uns d'autrefois
et de nouveaux fidèles ne l'eussent visité dans sa chambre
de la rue Rousselet. Là, sont passés Amédée Pommier,
Saint-Maur, Roselly de Lorgues, Théophile Silvestre,
Paul de Saint-Victor, Léon Cladel, Zacharie Astruc,
Gambetta, François Coppée, — son voisin, chez lequel il
dînait souvent le dimanche ; là, étaient venus encore, ou
devaient venir plus tard, Charles Hayem, Paul Bourget,
Valadon, Emile Lévy, le docteur Robin, Maurice Rollinat,
Paul Haag, Maurice Bouchor, Léon Bloy, Charles Buet,
Georges Landry, le docteur Bernard, Léon Ostrowski,

Kleine, Huysmans, Octave et Joseph Uzanne, Jean
Lorrain, Jean de Bonnefon.

Le critique avait repris sa collaboration au *Constitutionnel*; il y donna le *Dandy d'avant les dandys*, le
Gœthe, le *Diderot*. Il fit le compte-rendu du Salon au
Gaulois, et diverses chroniques au *Figaro*. En été, il
repartit pour Valognes, d'où il allait souvent visiter son
frère, de plus en plus malade. Il avait hérité, par testa-
ment de son cousin germain Edelestand du Méril, d'une
rente viagère de deux mille francs. « ... Ne croyez pas à
ma richesse, cette imbécile plaisanterie de messieurs les
journaux, écrivit-il, de Saint-Sauveur, le 14 août, à Léon
Bloy. J'ai tout au plus l'indépendance. »

Quelque temps après, une assez vive polémique fut
soulevée dans la presse parisienne, à propos d'actes peu
fraternels que Sainte-Beuve, disait-on, avait commis,
jadis, contre Barbey d'Aurevilly et Victor de Laprade.
La Renaissance artistique et littéraire d'Emile Blémont,
dans son numéro du 16 novembre, publia cette lettre
d'un ancien secrétaire de Sainte-Beuve :

« Ce 8 novembre 1872.

» J'affirme... que Sainte-Beuve a été absolument
étranger, non seulement à la destitution de M. de Laprade, mais encore à la suppression des articles de
M. Barbey d'Aurevilly dans *le Pays*... Le coup qui
frappa M. Barbey d'Aurevilly partit du prince de Poli-

gnac, qui ne put supporter la lecture d'un article **sur**
Gœthe, inséré dans *le Pays*...

> » Jules Troubat. »

On verra plus loin l'affirmation contraire du polémiste,
que l'on peut croire bien renseigné sur cette affaire personnelle.

Rentré à Paris au commencement de 1873, Barbey
d'Aurevilly continua sa vaillante œuvre de critique. Il
fit un nouveau séjour à Valognes, du mois d'août à fin
janvier suivant, et y termina *les Diaboliques*. Le 1ᵉʳ mai
1874, il écrivit la préface du livre, qui parut en novembre,
chez Dentu.

Les Diaboliques (1874). — Ce titre fut certainement une des joies de Barbey d'Aurevilly ; il dut le savourer longuement, pour son effet d'étrangeté et quelque
peu d'impertinence, comme Baudelaire le sien des *Fleurs
du Mal. Les Diaboliques*, quel titre osé, et quelle idée
hardie, n'est-ce pas? pour un temps si beau, si bon, si
pur, et surtout si peu hypocrite. Heurter de front ce
monde et ce public, est un acte qui déjà justifie ce titre,
lequel a encore, pour se légitimer, de bien désigner, de
bien définir les héroïnes, qui ne sont certes pas les premières venues, aux points de vue divers des mœurs, de
l'esprit, de l'âme et du cœur. « Bien entendu qu'avec
leur titre, disait l'auteur catholique dans sa préface, ces
Diaboliques n'ont pas la prétention d'être un livre de

prières ou d'*Imitation chrétienne...* Elles ont pourtant été écrites par un moraliste chrétien, mais qui se pique d'observation vraie, quoique très hardie, et qui croit — c'est sa poétique, à lui — que les peintres puissants peuvent tout peindre et que leur peinture est toujours assez morale quand elle est tragique et qu'elle donne l'horreur des choses qu'elle retrace. » Cependant, je supplie les futures lectrices du livre de croire que, si elles en sont assez bouleversées pour n'oser pas imiter cette demi-douzaine d'héroïnes surprenantes, elles n'y trouveront pas toutefois un cours de morale à l'usage des jeunes personnes. — Dans la première de ces six nouvelles, ou plutôt de ces six tableaux de fond âpre et dramatique : *le Rideau cramoisi*, un vicomte de Brassard, brillant officier de la fin de l'empire, est vivement campé, décrit dehors et dedans avec le goût, que l'on reconnaît, de l'auteur pour cette carrière des armes tant désirée en son adolescence. Un voyage en diligence, et le paysage, même nocturne, sont brossés plus lentement, avec ce plaisir, ce sentiment et ce talent de peintre chaud et robuste qui règnent tout le long de l'œuvre de Barbey d'Aurevilly. Le voyageur, à l'observation fine et précise, se prend de rêverie devant les fenêtres éclairées : là, on veille, quand tout est endormi dans ces petites villes. Une surtout, de ces fenêtres, l'a frappé, pendant un relais ; sa lumière était tamisée par un rideau cramoisi, lequel évoque un souvenir du vicomte, devenu pâle comme un mort. Voici donc une histoire. Là, fut la première chambre de garnison de M. de Brassard; jeune sous-lieutenant, il logeait chez de paisibles bourgeois, dont la fille, sortant de pension, se montrait d'une étonnante impassibilité. Mais cette froideur n'était qu'extérieure. Une nuit, la jeune fille vint dans sa chambre, et ce furent de longues heures d'amour, souvent répétées, muettes et périlleuses, car elle devait, pour venir à lui, frôler le lit de ses parents. Elle mourut subitement, dans une de ces nuits passionnées. Que faire ? Le cadavre trouvé là révèlerait tout. Il voulut le porter dans le lit de la jeune fille, et n'osa traverser la chambre des parents. En proie à d'horribles incertitudes, traversé d'idées folles, il finit, pris d'une peur immense, par courir chez son colonel et lui dire tout. Le colonel le fit partir de suite par la diligence, et jamais il ne sut la fin de cette histoire, fin masquée pour lui derrière ce simple rideau de son ancienne fenêtre. De peinture et de drame, ce récit évoque les plus vivants et vibrants chapitres romanesques de Barbey d'Aurevilly. La narration est active, moins développée qu'un roman, et plus qu'une nouvelle. Le type d'officier aventureux de jadis, et celui de cette fille anormale, sont deux fermes statuettes. C'est un écrit qui doit rester.— *Le plus bel amour de don Juan* est une forfanterie. Le comte de

Ravila, soupant, seul, avec une douzaine de femmes du
monde qui furent ses maîtresses, leur raconte, sur une
demande générale, curieuse et jalouse, son plus bel
amour. En sa jeunesse, il connut une femme de nature
primitive, parée par la civilisation mais maladroite en
passion autant qu'imprudente dans la vie ; sa fille même,
âgée de treize ans, s'apercevait de tout. Un jour, cette
fillette se confessant, dit au prêtre qu'elle est enceinte.
Sa mère ne peut le croire ; pourtant elle interroge l'enfant, qui lui avoue : C'est M. de Ravila ! Et comment ?
Pour avoir pris place après lui dans un fauteuil ?... Et
cette impression de fillette névrosée, voilà le plus bel
amour que don Juan ait inspiré. Ce qui prouve que don
Juan lui-même n'est qu'un pauvre halluciné. — *Le
Bonheur dans le crime* est un récit moins vague, mais
sinistre. Après la révolution de Juillet, à Valognes,
Serlon de Savigny, marié, s'éprend de Hauteclaire
Stassin, fille d'un ancien maître d'armes, et qui, escri-
meuse étonnante, continua les leçons de son père. Un
jour, Hauteclaire disparaît du pays. Elle était tout près
cependant, au château même de Savigny, déguisée en
femme de chambre, sous un faux nom. Les deux amants
empoisonnent la comtesse, Savigny épouse Hauteclaire,
et ils vivent heureux, longtemps. Voilà une histoire qui
peut être vraie, mais la littérature n'a pas pour objet que
la seule vérité ; et même, est-ce bien la vérité, quand ce

n'est pas l'universelle? C'est là un cas spécial, une exception, une réalité étroitement limitée. Ce crime est à
sa place en des *Diaboliques*, mais ne correspond pas à la
préface : « ... Une peinture est assez morale quand elle
est tragique et qu'elle donne l'horreur des choses qu'elle
retrace. » Celle-là n'en donne pas l'horreur ; ce forfait
atroce et lâche, prélude d'une vie de bonheur pour les
coupables, serait plutôt un encouragement à chercher son
bonheur dans le crime. L'auteur a mis ce récit dans son
livre à cause de son diabolisme seul, qui certes est là
excessif. Cela dit, cette longue nouvelle est fort dramatique, de ce talent fouillé et touffu de romancier comme
Barbey d'Aurevilly en montre toujours ; il eût même pu
en faire un roman étonnant. — *Le Dessous de cartes
d'une partie de whist* (Ricochets de conversation) avait
paru dans la *Mode* en 1850, et dans la deuxième édition
de *l'Ensorcelée*, à la suite (1859). Nous pénétrons dans
un cercle étroit de vie provinciale ; là, remue encore une
noblesse refrognée et ruinée. L'auteur exalte ces nobles,
hauts, dédaigneux, grands, ayant l'esprit, le cœur, tout !
et abîme les bourgeois, ces valets affranchis, ce cloaque de
haine et d'envie, cette vapeur et ce bruit d'égoût !... Et
que font ces nobles si supérieurs? Ils jouent au whist.
« C'était leur grande affaire, » reconnaît l'auteur, qui ne
pourrait mieux démontrer leur nullité. Un Ecossais, et
une de ces femmes nobles, se voient à ces parties de jeu

monotone : lui, retour des Indes, être indéchiffrable, qui a rapporté de là-bas un poison étrange et sûr ; elle, concentrée, inconnue même de son entourage. Sous ces deux masques impassibles, s'allume une passion ardente ; la fille de cette femme elle aussi aime l'étranger. Le tout, conté en un récit fort étendu. Arrivé à la psychologie de cette femme, à la passion, l'auteur reconquiert tout son intérêt. Et des images, des réflexions, éclatent sous sa plume, qui en est toujours si fertile : « Le corps est la moulure de l'âme. » ... « Les sentiments ont leur hiérarchie secrète » ... « Les hommes sont ainsi faits, que, sans aucun mauvais dessein, sans pensée sinistre, ils aiment à avoir du poison chez eux, comme ils aiment à avoir des armes ». La deuxième moitié de l'histoire offre des éléments dramatiques présentés mystérieusement, bien déduits, selon un mode qui se rapproche de celui de Poe. On y voit, au dénouement, la fille mourir, de langueur dit-on, l'Écossais repartir pour les Indes, emportant l'or gagné à la table de whist, et la mère s'éteindre un mois après, de la même maladie que sa fille. — *A un Dîner d'athées*, apparaît Mesnilgrand, officier de l'empire que Waterloo rendit à la vie civile ; c'est un type téméraire, actif, sarcastique, tellement emporté aux extrêmes, que, ne pouvant plus être soldat, il se fit peintre. Lui-même est peint, et sculpté, en pied, avec des détails colorés, expressifs, en un portrait profondé-

ment observé. Le père, vieil avare qui devenait prodigue
quand lui arrivait son fils, est très net, très détaillé aussi,
quoique moins à fond. Dans ce milieu d'athées, issus du
18ᵉ siècle, enragés, bravant l'opinion de leur petite ville,
une voix s'élève, un soir de leurs ripailles gonflées de
forfanteries et de blasphèmes, pour dire cette nouvelle
étonnante : On a surpris Mesnilgrand à l'église. Qu'allait-
il y faire ? Il veut bien l'expliquer. Certain major avait
emmené d'Italie une femme, la plus corrompue des
femmes, qui le trompa avec la plupart des camarades.
Mesnilgrand eut son tour. Or, cette femme eut un enfant,
qui mourut, mais dont le cœur, embaumé, fut gardé par
le major. Un soir, Mesnilgrand surprit sa maîtresse ca-
chetant une lettre à quelque autre amant ; le major rentra ; Mesnilgrand dut se dissimuler. Le jaloux voulut
voir cette lettre ; il l'arracha, la lut, éclata en injures.
Alors l'ignoble créature le railla, criant que l'enfant mort
n'était pas de lui, mais de Mesnilgrand. Furieux, le major piétine l'urne où il gardait le petit cœur, terrasse
cette femme : Sois punie par où tu as péché !... Et, lui
versant un flot de cire bouillante, il cachette horrible-
ment la malheureuse, inanimée, avec la poignée de son
sabre. Mesnilgrand accourt, le tue, envoie chercher un
chirurgien, entend le boute-selle, ramasse le cœur de
l'enfant, et s'élance dans la mélée. Il n'eut jamais plus
de nouvelles de cette malheureuse. Et c'est ce petit cœur,

conservé longtemps par lui, qu'il a porté au prêtre pour le faire inhumer en terre chrétienne. Du coup, les athées sont muselés. La scène est certes assez atroce pour faire pâlir leurs blasphèmes. — La dernière nouvelle se nomme *la Vengeance d'une femme*. Vers la fin du règne de Louis-Philippe, un libertin suivit une splendide espagnole, qui lui conta son histoire. Mariée à un duc, grand d'Espagne plus jaloux d'orgueil que de passion, elle aima un cousin de son mari ; ce ne fut qu'un amour extatique, mais le duc, furieux de cette tache minime à son honneur, fit étrangler le cousin et manger son cœur aux chiens. Et voici la vengeance de la femme contre cet homme d'orgueil : rouler dans le vice, dans la boue, le nom du grand d'Espagne, nom qu'elle garde pour le déshonorer au su de tous. Elle rêve de gagner la hideuse maladie des luxures pour que sa vengeance soit parfaite. Elle repousse l'or du libertin, n'est, ne veut être qu'une fille à cent sous. Ce mot, ce trait finit l'histoire, d'une coupure nette, significative. Elle mourut peu de temps après, à la Salpétrière, du mal honteux qu'elle avait recherché. — Barbey d'Aurevilly s'est délivré, dans ce livre, d'un flux d'impressions sinistres, comme il en règne tant dans ses romans, et qu'il n'a pas voulu mettre en romans, mais qu'il lui fallait projeter quand même. Ce n'est pas là l'ordinaire nouvelle, généralement menue et légère. C'est le récit

soutenu, la déduction habile, qui rappellent les contes
d'Edgar Poe, moins concentrés mais plus décrits que
dans l'auteur américain, poussés même jusqu'à sembler
de petits romans, petits par la taille, gros d'observation,
de portraits, de la peinture de cette vie surchauffée et de
ses décors, intenses, acharnés par endroits. Ce sont ses
Fleurs du Mal, qui, jointes à d'autres fleuries en tous
ses ouvrages romanesques, forment une théorie dramatique, ardente, d'âmes infernales lâchées dans la vie
qu'elles corrodent, désagrègent et ruinent. Ce recueil des
Diaboliques suffirait à ne pas laisser oublier un nom ;
mais il s'encastre dans l'œuvre de Barbey d'Aurevilly
qui a bien d'autres couleurs et d'autres puissances,
et le rôle de cet ouvrage, pour un jugement général,
est : 1° de montrer jusqu'où, et c'était loin ! le
catholique poussait l'indépendance littéraire ; 2° de
prouver que ce tempérament fort, combatif, logeant
du soldat en lui, recélait, parmi tant de multiples
éléments, l'outrance des pensées, des sentiments, de
leur narration, jusqu'au plus hardi réalisme possible,
mais sans les chutes dans les ornières du réalisme
moderne. Et puis, sur tout cela, le romantique gouverne ! — « Le mot *diabolique* ou *divin*, appliqué à
l'intensité des puissances, va-t-il jusqu'à dire dans *le
Dessous de cartes*, pour défendre son titre auquel il tient
passionnément, exprime la même chose, c'est-à-dire dés

sensations qui vont jusqu'au surnaturel. » C'est encore
l'idée qu'il a exprimée différemment : « L'enfer, c'est le
ciel en creux. » Dans son enfance et son adolescence,
écrira plus tard Paul Bourget (Préface des *Memoranda*),
« il a vu les jeunes nobles de sa province et les anciens
soldats de l'empire tuer les loisirs forcés de leur sta-
gnante existence par toutes sortes d'excès de jeu,
d'amour dangereux et de conversation ; il s'est souvenu
de ces nobles et de ces soldats lorsqu'il a écrit *les Diaboliques*. » — Le livre, à peine paru, souleva des pro-
testations. Il fut poursuivi. *Paris-Journal* annonça :
« M. Barbey d'Aurevilly a été appelé hier chez M. Rajon,
juge d'instruction, au sujet des poursuites intentées par
le ministère public contre son dernier ouvrage, *les Diaboliques*. Nous espérons que le livre de M. Barbey
d'Aurevilly, d'une forme littéraire si élevée, et qui
s'adresse plutôt à un certain nombre de raffinés en littérature qu'au public des romanciers vulgaires, échappera
aux rigueurs du parquet. » Attaques et défenses s'entre-
croisèrent. L'auteur écrivit de Valognes, le 26 novembre,
à Léon Bloy : « ... Pour les gens qui comprennent, il y a
là-dessous tout un fleuve de moralité bouillonnante, et
c'est pur comme le feu qui dévore tout ce qu'on y jette
et qu'on ne salit pas ! » Les poursuites furent abandon-
nées fin décembre.

Si Barbey d'Aurevilly comptait des amis à droite

comme à gauche, les hostilités des démocrates ne lui manquaient pas davantage que celles des gens de son bord. Ainsi, le *Larousse* donna une biographie partiale, vindicative, où même les deux frères, Jules et Léon, apparaissaient fondus en un seul personnage. Barbey d'Aurevilly fit rectifier ceci, qui pouvait n'être qu'une des erreurs fréquentes de cet ouvrage.

Il allait chaque année à Valognes, où il occupait un appartement de quatre hautes et vastes chambres, donnant sur un jardin planté de grands arbres, dans l'hôtel de Granval-Caligny. « La ville que j'habite en ces contrées de l'ouest, écrivait-il, je l'ai, depuis bien long-temps, appelée « la ville de mes spectres », pour jus-tifier un amour incompréhensible au regard de mes amis... Que de fois de rares passants m'ont rencontré faisant ma mélancolique randonnée dans les rues mortes de cette ville morte qui a la beauté blême des sépulcres, et m'ont cru seul quand je ne l'étais pas!... » De Valognes, il gagnait de temps en temps Saint-Sauveur-le-Vicomte, où s'éteignait son frère, où subsistaient encore de vieux amis d'enfance.

Au salon de 1875, figura le buste de Barbey d'Au-revilly, par Zacharie Astruc, une œuvre forte, qui fut très remarquée. Ce buste est aujourd'hui au musée du Luxembourg.

L'abbé Léon, tombé en enfance, mourut le 16 novembre 1876. Son frère, qui avait passé plusieurs mois au pays, des mois douloureux, écrivit le 2 décembre, de Valognes, à M. de Saint-Maur : « ... Je ne crois point que l'homme qui n'oublie pas puisse se consoler d'un malheur irréparable, comme la mort. Par Dieu ! on vit ; on met par dessus ce qu'on souffre du rire et quelquefois des folies, mais c'est tout ! mais le quatrième dessous !...» Puis, il rentra dans ce Paris qui engloutit toutes les peines, et ne les guérit pas toujours.

A la fin de l'année suivante, parurent, chez Palmé, à Paris, et Lebrocquy, à Bruxelles, *les Bas-Bleus* (édition datée 1878).

Les Bas-Bleus (LES ŒUVRES ET LES HOMMES, 5e volume). — Dans une Introduction : *Du bas-bleuisme contemporain*, l'auteur explique: « Les bas-bleus (*blue stockings*), ainsi nommés, à Londres, du temps de Pope, pour dire des femmes qui, de préoccupation intellectuelle, en étaient arrivées à ne plus faire leur toilette et qui portaient des bas comme tous les cuistres d'Angleterre. » Les bas-bleus, ajoute-t-il, sont des hommes, et manqués ; elles ont perdu le génie de la mise, la grâce, le charme ; elles n'ont plus droit aux ménagements : « Quand on a osé se faire amazone, on ne doit pas craindre les massacres sur le Thermodon. » Plus tard, un obscur écrivassier pillera, dans cette phrase, un titre sous lequel il entassera pêle-mêle de sottes injures ; Barbey

d'Aurevilly, lui, traite du moins largement et à fond son
sujet, et quand il fait erreur ou tombe dans l'excès, il
reste toujours intéressant. Il distingue aussi : le bas-
bleu, « c'est la femme qui fait métier et marchandise de
littérature, » qui, dit-il encore, réclame l'égalité de
l'homme et de la femme. Ceci est relatif : quelle égalité ?
Arbitraire, ou basée sur les aptitudes de chaque sexe ?
Et encore, la réclamation de l'égalité est une affaire politique, non littéraire. — Barbey d'Aurevilly blâme avec
raison les critiques qui ont voulu faire de Mme de Staël,
un génie d'homme ; c'est un génie de femme, le plus
femme, avec de l'esprit par dessus. « C'est un génie émi-
nemment sensible et expressif. » Elle a, aussi, le mouvement des idées, mais un autre en est le moteur. Si
c'est vrai, les génies masculins sont eux-mêmes inspirés
soit par une foi antérieure, soit par la pression des évè-
nements, soit par leur passion pour des femmes.
Mme de Staël a l'aperçu ingénieux et profond, la distinction, un style plein de couleur et de mélodie, et le mot,
plus rare que le style, le mot qui la diamante et la cou-
ronne : « qualités qu'elle a dans une proportion et une
idéalité incomparables, et comme nulle autre femme ne
les eut jamais dans la langue qu'elle parla et qu'elle
écrivit. » Et toujours elle garde, pour nous conquérir, sa
toute puissante faiblesse de femme. Je note également,
mais au sujet de Barbey d'Aurevilly, qu'on ne peut se

permettre de banalités, après avoir lu un chapitre de lui.
— Mme Le Normand, qui vient après, offrirait beaucoup
moins d'intérêt, si le critique n'y joignait de belles pages
encore sur Mme de Staël. Mme Sophie Gay eut peu d'originalité ; écrire fut pour elle une occasion de commérages
et de coterie ; son meilleur ouvrage fut sa fille. Il y eut
en Mme de Girardin, à côté de l'auteur dramatique et de
la romancière, la femme d'esprit et la femme poète.
Dans ses *Lettres parisiennes*, elle a de la grâce, elle est
moraliste, et modiste encore davantage : « La mode, ce
sont des mœurs qui fuient ; les mœurs, ce sont des
modes qui doivent rester. » Elle peint les unes et l'autre
avec esprit, en parle comme on en a rarement parlé, en
restant exactement femme. C'est le chef-d'œuvre de ce
génie de liberté. George Sand, dans ses *Souvenirs et
Impressions littéraires*, a voulu se juger en ses romans ;
elle n'a jamais eu d'intention subversive, dit-elle, mais
seulement de la spontanéité en morale comme en littérature. Elle eut l'abondance et la facilité, qui plaisent aux
moyennes, ajoute le critique, qui aligne des généralités
sur sa gloire, sans la spécialiser. Daniel Stern n'est
qu'une prêcheuse de liberté, une philosophe du progrès,
dont il blâme, naturellement, les idées d'émancipation
féminine. Les recueils de Mme de Gasparin sont des
albums de rêverie féminine et de mysticité. Mme Edgar
Quinet : un bas-bleu conjugal. Et voici les *Lettres et*

Memoranda d'Eugénie de Guérin, qui fut toute dans son admiration fervente pour son frère. Barbey d'Aurevilly raconte l'histoire d'Eugénie, qui disait d'elle et de Maurice : « Lui et moi, c'étaient les deux yeux d'un même front. » Dans son castel du Cayla, en Languedoc, elle reçut une éducation et vécut une existence simples, hors de la littérature. Elle était pieuse, formée de poésie secrète et d'humbles vertus. « Coupe incessamment inclinée, elle la versait en rais invisibles et en imbibait tout comme une rosée. » Le critique fait revivre cette âme, qui disparut avant la gloire, — avant, peut-être, d'être *bleuie*. — Passent Mme Augustus Craven, la sentimentalité de la fadeur ; des « dauphines littéraires », des princesses, marquises, etc., que la postérité a, bien vite, voilées d'un juste oubli ; et Mme Swetchine, nature discrète, intérieure, un portrait longuement et finement peint ; Louise Colet, le bas-bleu incarné, perpétuellement infatuée d'elle ; Mme André Léo, une pédante. A propos d'un livre de souvenirs, Barbey d'Aurevilly écrit plusieurs pages qui sont parmi les plus caractéristiques sur Byron (que n'a-t-il traité un Byron complet, au lieu d'un Brummel !...) L'ouvrage s'achève avec Henry Gréville, peu solide romancière, mais délicate ; Melle Clarisse Bader, qui a de l'érudition, mais n'apprend rien : « La première condition de l'histoire, c'est d'apprendre aux hommes quelque chose qu'ils ne savaient pas, ou du moins de leur montrer, dans ce qu'ils savent, ce qu'ils n'avaient pas vu ; » la sœur Emmerich, dont il loue le récit de ses visions. Dans un Epilogue, l'auteur affirme que les bas-bleus et leurs succès proviennent de ce que le monde a perdu sa virilité ; elles bleuissent tout dans leur époque, qui ne s'aperçoit plus de leur bleuisme. — Ce livre suscita de vives polémiques. Aujourd'hui, on le lit avec plus de calme, et on peut dégager aisément les principaux aspects de la pensée de Barbey d'Aurevilly, sur les femmes écrivains. Une femme qui écrit sans penser à faire un livre, n'est pas un bas-bleu. Le bas-bleu, c'est la pondeuse, la professionnelle, la fabricante au métier. Mais les hommes écrivains ? s'ils donnent, à leurs débuts, ou parsemées dans l'œuvre complète, des pages d'impulsion naturelle, ne sont-ils pas généralement des professionnels, des gens de métier ? Je n'aperçois là aucune différence entre les deux sexes. Les bas-bleus, insiste le critique, forment une troupe mauvaise ou médiocre. Comptons les hommes de lettres médiocres ou mauvais, et nous verrons si leur multitude ne dépasse pas, et de beaucoup, la troupe de leurs concurrentes. La femme n'est pas un bas-bleu, dit-il enfin, si elle ne cherche pas à singer l'homme, si elle écrit selon sa nature et ses facultés de femme, la grâce, le sentiment ; j'ajoute la passion. Et voilà qui est bien. Là, réside la vérité. La leçon à retenir est que toute femme qui veut imiter

l'homme n'est pas digne d'écrire ; espérons que cela sera
compris, et gardons l'assurance que nous aurons autant
de bons auteurs-femmes que des autres, si elles écrivent
d'après leur foi si ardente, leur inspiration si vivement
naturelle, leur âme zélée et fine, leur cœur doux et dé-
voué, leur esprit subtil et délicat. Une remarque encore
à ce défenseur trop exclusif des droits de l'homme. Il a
écrit à Charles Buet, de Valognes, le 10 novembre 1877 :
« Je n'ai pas fait de Melle de Guérin un bas-bleu. J'ai
même dit que le talent qu'elle a tenait, surtout, à ce
qu'elle n'était pas un bas-bleu ; qu'elle n'avait ni la vanité, ni l'éducation, ni les autres monstruosités de la
bande des femmes de lettres... Plus il y a de talent dans
une femme, quand par rareté il y en a, moins il y a de
bas-bleuisme. » Et dans une autre lettre : « ... Mme Ackermann, ce brave homme de génie. » Voilà donc deux
femmes de lettres sauvées par lui du bas-bleuisme.
Barbey d'Aurevilly permettra bien, qu'à son exemple, les
dix-neuf autres plus grands littérateurs du 19e siècle
fassent aussi, dans cette troupe féminine, chacun deux
exceptions. Et voilà quarante femmes de lettres sauvées
du bas-bleuisme, rien qu'en un siècle. Je m'en déclare
volontiers satisfait.

Vers la fin de 1878, le critique rendit compte des
théâtres au *Parlement*. Je note, dans un de ses articles
au *Constitutionnel* (10 mars 1879), cette fière et juste

satire des grossièretés de l'époque : « Sous prétexte de naturalisme, nous en sommes arrivés à l'amour du laid, du bas, de l'ignoble, du honteux ; nous en sommes arrivés à cette phase, inconnue jusqu'ici en littérature, et qu'on peut appeler le goujatisme littéraire. Le goujat, en effet, est tout l'intérêt et l'importance de ce temps. On fait sur le goujat des livres, de goujat, et la société, qui porte à présent la tête en bas, comme le porc, boit cette boue comme du lait ! Les femmes elles-mêmes, qui devraient rester distinguées sur les ruines du monde, se goujatent, avec délices, à ces lectures... Nous en sommes tombés à ce degré de crapulosité que nous faisons des livres crapuleux même sans intention d'immoralité. »

Il est de bonne guerre d'inscrire, en opposition à ce beau cri de noble artiste et d'honnête homme, cette indigne imprécation tirée d'une lettre d'Armand de Pontmartin (1879) : « Je suis révolté, exaspéré de l'espèce de fétichisme dont un certain groupe catholique entoure cet homme étrange qui a deux écritoires : l'une pour la critique absolutiste, l'autre pour les romans obscènes... Comment ne voyez-vous pas que, en flattant, en caressant tout ce qu'il y a de sensuel, de vicieux, de malpropre dans notre misérable nature humaine, M. Barbey d'Aurevilly obtient carte blanche pour ses excès d'absolutisme auprès des athées, des sceptiques, des réalistes ?...»

Passons...

Cette année-là, le polémiste parla des théâtres au *Paris-Journal*. Il dut quitter cette feuille après un article blâmant la direction de la Comédie-Française ; mais, à quelque temps de là, il put continuer au *Triboulet* sa campagne si vigoureuse, si éclairée, sur et souvent contre le théâtre contemporain.

VI

La vie de Barbey d'Aurevilly, jusqu'ici, apparaît
comme une incessante marche en avant. Il lutte, frappe
à droite, à gauche, s'ouvre sa voie, si pénible et si
longue, avec un déploiement de force, une tension
continuelle, qui font songer au jeu robuste et aisé d'un
athlète. On resterait étonné qu'il ait pu jalonner de
livres cette campagne perpétuelle, si chacun de ces
livres n'était un épisode même, et nécessaire, de la
bataille. Mais il arrive à la fin de ces débats acharnés
contre la vie et les hommes, il touche le but de son
destin, il a tracé les lignes essentielles de l'œuvre, il se
recueille, jette un rapide coup d'œil sur le chemin
parcouru, et songe à rassembler tous ces travaux du
passé, à s'en faire un présent meilleur, à assurer leur
avenir. Il entre dans une période de grande moisson ; ce
sera court, mais superbement fructueux.

Le monde le revoyait dans ses salons, le public venait
à lui, les étrangers savaient sa réputation. De nouveaux
amis le visitaient dans cette retraite de la rue Rousselet
où il passa trente années. C'étaient alors, ou ce furent
au cours des deux lustres suivants, Edmond Thiaudière,
le docteur Cazalis, Léo Trézenik, le docteur Seeligmann,
le docteur Letourneau, le jeune peintre Camille Bourget,

Francis Poictevin, Emile Michelet, Narcisse Quellien, Eugène Ledrain, Edmond Haraucourt, Auguste Dorchain, Pouvillon, Gustave Geffroy, Louis Montchal, Léon Riotor. C'est aussi vers ce temps qu'il se lia avec madame Ackermann.

Les sympathies intellectuelles sont bonnes à l'écrivain de race ; il en a besoin : c'est son appui, sa récompense, et parfois sa consolation. Cependant, une affection toute brave et naturellement dévouée vaut mieux encore. Celles-là sont un encens agréable, et prouvent la renommée ; celle-ci est une grâce supérieure, et fait aimer la vie. « En 1879, rappellera plus tard Charles Buet, dans son volume sur Barbey d'Aurevilly, il rencontra l'amie dont les soins fidèles comblèrent les vides successifs qui rendent toute vieillesse si douloureuse, et pour lui entre tous, chez qui la puissance du souvenir était si intense et chaque émotion si violente. » Barbey d'Aurevilly n'a pas manqué de réconfortantes amitiés. Deux surtout subsisteront avec sa mémoire. Trebutien fut le confident, l'inséparable, même à distance, du temps des larges semailles : pourquoi donc s'écarta-t-il un jour de son ami ? Aux années des belles moissons, mademoiselle Louise Read est l'auxiliaire affectueuse et vigilante, dont la fidélité ne s'est jamais démentie.

Cette période importante de la carrière de Barbey d'Aurevilly s'ouvre avec le volume sur *Gœthe et Diderot*.

Ces deux études avaient paru d'abord dans le *Constitu-tionnel* ; la publication du *Gœthe*, au lendemain de la Guerre, fut même un acte de patriote.

Gœthe et Diderot. — (Dentu, 1880). — Ces deux esprits sont de nature identique, énonce le critique dans une introduction. Diderot a préparé Gœthe, qui a su nous revenir jusqu'à l'encombrement. Bien avant les canons allemands, les idées allemandes avaient roulé et fait leur bruit et leur trouée chez nous. Gœthe était entré littérairement dans notre pays. « Son génie, qui fait trembler ceux qui l'admirent, n'a jamais en France, que je sache, été même discuté. » Nous avons fait plus pour Gœthe qu'aucune nation, que l'Allemagne même : c'est nous qui avons européanisé sa gloire. Cet engouement est tel, que, nous l'avons dit, le critique, ayant un jour risqué sur Gœthe un premier mot dans *le Pays*, se vit fermer le journal, Sainte-Beuve s'étant plaint au ministre Persigny. Cette affirmation venant du principal intéressé, rouvre donc le débat qu'avait cru terminer Jules Troubat par sa lettre de 1872. — Barbey d'Aurevilly aperçoit d'abord, en Gœthe, un ennui grand comme sa gloire. Fut-il un génie ? « La première qualité du génie, c'est la spontanéité, c'est le jaillissement, c'est la nature, plus forte que tout dans un homme et qui l'engendre presque violemment à la vocation, irrésistible comme l'instinct, qui l'y pousse ! Il est de grands esprits, même très grands, réfléchis et cultivés, qui ont atteint des développements considérables et une haute stature intellectuelle, par la volonté et par le travail ; mais ce ne sont pas des hommes de génie, s'ils n'ont pas le jaillissement incoercible, la spontanéité. » En Gœthe, tout est combinaison et parti-pris. Il se révèle plus érudit qu'inventeur, curieux plutôt qu'inspiré. Au théâtre, le *Faust* n'est qu'une légende du 15e siècle, déjà reprise par Marlowe ; on y voit une succession de tableaux, de l'érudition, sans composition. Gœthe a les yeux plus grands que l'esprit. Son *Goëtz de Berlichingen* lui appartient davantage, mais il est superficiel et trop en décors. *Egmont*, mieux distribué, a plus d'haleine ; toutefois, il finit dans le vague. Comme femmes, ce théâtre n'en offre jamais qu'une : le type de Marguerite. L'auteur compilait, se remaniait, talent de mémoire, d'investigation, de patience. « Le génie est impatient au contraire ; et d'un coup d'aile, il finit tout. » En poésie, Gœthe imite et décrit ; son recueil : *Poésie et Vérité*, obscur et banal, n'a pas un mot venant du cœur. Sa philosophie repose sur la résignation à tout ce qui est, sur la jouissance ruminante de la vie ; spinosiste, pour mettre son esprit en repos, il ne creuse rien, reste indécis. Dans le roman, *Hermann et Dorothée* est une description bien faite, digne de l'oculaire Gœthe. *Werther*, dont la Charlotte est la femme élémentaire qu'il nommera Marguerite et qu'il remettra partout, ne présente qu'une passion fausse et déclamatoire ; toutefois, on peut le lire encore avec un intérêt d'intelligence et peut-être une émotion de sensibilité, tandis que le *Wilhelm Meister* et les *Affinités électives* sont des choses sans nom, sans figures, au milieu d'une cohue de notions et de théories. Gœthe prétendait à l'universalité. Ses *Voyages de Suisse, de France et d'Italie* sont mornes, décrivent quelques aspects, quelques effets, mais dénoncent un paysagiste étroit, qui ne voit ni ne comprend la nature. Devant les objets de main d'homme, il dépasse quelquefois son niveau médiocre, se montre pénétrant ; l'enthousiasme cependant lui manque toujours, et comme âme il tend à ceci : se tirer d'affaire ! « Eternelle femme de ménage de son bonheur, comme de son esprit ; et assez adroit pour ne rien casser sur l'étagère de l'un et de l'autre. » Dans ses *Mémoires*, pas une seule page colorée, vivante. Sa phrase a l'apparence de draperie flottante qu'on prend pour de la majesté d'écrivain. Et comme savant, il fut attentif, montra une certaine sagacité, eut la lueur, en histoire naturelle, de l'unité de composition et de la métamorphose des plantes ; le reste est un fatras. En résumé, Gœthe fut une nature moyenne et une forte mémoire ; c'est son sérieux qui l'a fait ce qu'il est : une momie morale. Il n'est pas sage, mais mesquin. Il représente une usurpation colossale de gloire littéraire.

Son œuvre respire l'ennui, que Barbey d'Aurevilly ose dire avec tant de vérité. Pourtant le critique passe trop vite sur *Hermann et Dorothée,* qui, malgré des longueurs, est juste dans le réalisme, le tempérament descriptif de Gœthe, qui s'y montre, à ce point de vue, remarquable. Il délaisse aussi le romantique, et son action qui dans ce sens vint à son heure. N'importe, ce fut une bonne besogne, de dégœthiser les esprits. — Diderot, c'est la discussion faite homme ; l'esprit allemand commence avec lui. « Par la déclamation, l'enflure, la prêcherie, le pédantisme, l'ouverture et la pesanteur des mâchoires, Diderot a dénationalisé le génie français. » Il avait la verve, donc la vie ; mais sa supériorité s'écroule par sa haine religieuse poussée jusqu'à l'hypocrisie, comme en ses *Pensées philosophiques,* et partout. Sa philosophie procède de Bacon ; c'est l'expérimentalisme devenu matérialisme. Les volumes intitulés *Philosophie* révèlent surtout une doctrine sensualiste. Le meilleur est leur fantaisie ; le reste est confus, contrarié. Le mouvement et la verve, voilà ses qualités. Cette nature, composite, est celle d'un brillant hybride, où poète et métaphysicien se font échec. Les passages sur l'art sont enthousiastes et expressifs. Le talent est marqué d'un cynisme absolu. Et pas de système : des élans, des fougues, un athée à tout, même à sa propre philosophie. Ses contes et romans prêchent son athéisme, *Jacques le Fataliste* contre le libre-arbitre, *la Religieuse* contre les vœux monastiques ; ils sont médiocres, n'offrent ni invention réelle, ni forte composition, ni relief, ni couleur, ni caractères, mais de la mémoire, du tour, du paradoxe, de la rapidité de conteur, surtout dans le *Neveu de Rameau*. Son théâtre : *Père de Famille*, *Fils naturel*, n'a pas résisté à la scène ; il a voulu s'y effacer, mais ce *moi* bouillonnant et retentissant ne le pouvait. Ses personnages sont tous Diderot. En critique, il a le don le plus rare : l'invention ; ses *Salons* l'illustrèrent. Il refaisait les livres et les tableaux manqués. « Il rentre à pleines voiles dans la grande voie et la grande tradition spiritualiste. » Là, sa sensibilité, sa bonne foi, sont justes. « La plupart de ses jugements sur les hommes de l'école française sont restés, et la forme qu'il a donnée à ces jugements n'a pas été surpassée. » Il est varié, créateur, d'une nature artiste et magnétique. « C'est par l'art que le génie de Diderot reprend des ailes ; c'est par l'art, par la forme spontanée, l'accent, la chaleur de l'accent, que Diderot a devancé son siècle. » La *Correspondance*, qui découvre complètement le bourgeois, n'est qu'un reste de cet homme, et ses autres travaux ne sont que d'un ouvrier dans le travail d'ensemble de *l'Encyclopédie*, laquelle « ne fait plus guère l'effet que d'une masse informe, incohérente, sans grandeur réelle, dont se détournent également l'imagination et la raison des hommes. » — En somme, Diderot est un esprit sans unité, sans solidité, anarchique, mais avec de la vie, et de la flamme ; Gœthe, froid, calculateur, prudent, lécheur d'art, subsiste davantage par cette froideur, dans une époque de moribonds, de Narcisses épuisés, et par ce vague pédantesque, cette absence de jugement critique que l'on retrouve si bien dans les *Entretiens de Gœthe et d'Eckermann.* — L'unité de la critique de Barbey d'Aurevilly s'affirme rigoureusement dans ces deux études. Ce n'est pas que son principe régulateur s'y impose mieux qu'en ses autres polémiques, mais il y éclate avec une joie plus âpre. *Gœthe et Diderot,* c'étaient là des adversaires de taille, et personnifiant si bien le vague inartistique de l'Allemagne et l'athéisme bourgeois, qu'ils permettaient au critique un renouvellement de sa profession de foi. Les coups qu'ils frappent sont même davantage qu'un écho de ses *Prophètes du Passé.* Dans ce dernier livre, il avait exposé la théorie de son dogme catholique et monarchique ; mais dans *Gœthe et Diderot,* c'est l'application de ce dogme, avec de larges vues sur l'art : toute une pratique vivante, un exemple mouvementé et vibrant qui produit une impression singulièrement plus forte sur le lecteur.

Cette même année Barbey d'Aurevilly parla des théâtres au *Triboulet,* feuille quotidienne légitimiste. Il y donna aussi des fantaisies, des aperçus hauts et spirituels, à l'emporte-pièce, sur les institutions et les mœurs. « La censure, s'écriait-il un jour, c'est-à-dire la direction, le gouvernement dans les choses de l'esprit, qui ne devrait être exercé que par les premiers hommes d'une nation, en quelles mains est-elle tombée ! » C'est vers ces temps aussi que Félix Buhot, un graveur de talent et un autre normand, illustrait d'expressives eaux-fortes *l'Ensorcelée, Une Vieille Maîtresse, le Chevalier des Touches, Un Prêtre marié.*

Le 20 novembre 1880, le polémiste écrivit une préface pour *les Prophètes du Passé* (réédités chez Palmé, Paris, et Albanel, Bruxelles). « ...L'auteur publie ce livre, tel qu'il parut en 1851, y disait-il. Un livre publié est un acte accompli, et s'il fut une erreur ou une faute, les irréparables fautes ne se rachètent qu'en se confessant... On a reproché à l'auteur de n'avoir pas toujours été le même homme à toutes les époques de sa vie, ce dont humblement il convient... Or... les marmousets de la littérature contemporaine ne sont pas plus faits pour comprendre une question de conscience qu'une question de fierté. » Cette réédition était augmentée d'une étude sur Saint-Bonnet, qu'il place au niveau intellectuel des autres « prophètes ». Saint-Bonnet, lui, gardait de l'espoir, tandis que Barbey d'Aurevilly, dans une Conclusion, déclare qu'il n'en a plus. Tout est fini. « Je n'ai jamais été de ceux qui croient que les révolutions viennent d'en bas, » ajoute-t-il, et voilà une simple et grande vérité. Mais, est-ce parce que les chefs ont abusé de leur lance ou ne s'en sont pas assez servis ? Ah ! certes non : c'est parce que les chefs ont attiré tous les biens à eux et ont laissé la misère aux peuples : la cause de toutes les révolutions est là et non ailleurs, malgré toutes apparences et phraséologies de passions enthousiastes ou de patriotisme exalté. Cette conclusion est pleine de judicieuses et fortes réflexions, sur l'abaissement philosophique aboutissant au nihilisme et les révolutions certaines de l'avenir, l'évolution démocratique n'étant pas finie. Le livre s'achève par quelques pages nouvelles sur Joseph de Maistre, sur Lamennais, auquel il rend justice au moins comme homme simple et bon et comme génie aussi spirituel que dantesque.

Je donne ici l'appréciation d'un écrivain du camp adverse ; elle est extraite d'une lettre, datée 23 août 1880, de Ernest Havet, le commentateur du Pascal de 1852, à Barbey d'Aurevilly : « ..Une thèse erronée peut être une occasion de penser très fortement et de répandre à pleines mains des vérités, et c'est précisément ce que vous faites, et ce qu'ont fait aussi vos grands hommes... Comme eux, à mon avis, vous êtes à la fois puissant et impuissant. Vous ne viendrez pas à bout de nous faire monarchiques et catholiques, mais vous réussissez supérieurement à nous faire sentir que quand on a dit qu'on ne l'est plus, tout n'est pas dit, et qu'on n'a pas trouvé pour cela la solution de tous les problèmes ni le remède à tous les maux. Sous prétexte du passé, vous combattez énergiquement les faiblesses et les misères du présent, et les vérités que vous dites là-dessus doivent être utiles, comme toute vérité bien saisie et bien rendue. »

Barbey d'Aurevilly, qui souvent attaquait le naturalisme, ne laissa pas *l'Assommoir* épandre sa boue sans exprimer son dégoût de cette basse littérature. Le Restif de la Bretonne de la fin du 19e siècle s'en prit au critique dans ses habitudes et sa pauvreté. Le lendemain (1er décembre 1880), Barbey d'Aurevilly écrivit au *Triboulet* : « ...Je ne répondrai point à M. Zola. J'ai pour cela des raisons plus hautes que lui... Je n'ai pas à me défendre des ridicules qu'il me trouve. Etre ridicule aux yeux de M. Zola, c'est mon honneur, à moi !... Cul-de-plomb qui a de bonnes raisons pour haïr la souplesse, il me reproche d'être une espèce de clown en littérature et il ne sait pas combien il me fait de plaisir, en me comparant à un clown... Il ne sait pas combien je les admire, ces gaillards-là, qui *écrivent* avec leurs corps des choses charmantes de tournure, d'expression, de précision et de grâce, que M. Zola avec son gros esprit n'écrirait jamais ! — Je refuse donc la passe d'armes dont vous m'offrez le terrain. Je ne veux pas renouveler la scène de

Vadius et de Trissotin chez Philaminte, que refait toujours plus ou moins un auteur, quand il défend son amour-propre. Il n'y a que le public qui gagne à ces spectacles, parce qu'il se moque des acteurs. Ces combats de coqs des amours-propres, je les ai toujours haïs et méprisés. L'honneur, la dignité des duels, c'est le silence dont on les enveloppe. La galerie n'y vaut rien et elle diminue toujours un peu ceux qui se sont battus pour elle. »

Sauf Richepin, pour lequel il eut de totales indulgences, tous ces littérateurs du blasphème et de la fange ne comptèrent guère parmi ses amis. Mais les outranciers plaisaient à son âme hardie, et l'un deux, Maurice Rollinat, exprima son admiration au « monarque du grand art, paroxyste et hautain », en des vers comme les exhalait le poète hagard des *Névroses :*

> . . . .
>
> « Barbey d'Aurevilly, c'est la plume effroyable,
> La plume qui fait peur au papier frémissant,
> Car elle écrit les mots que lui dicte le Diable,
> Avec du vitriol, des larmes et du sang ! »

L'année suivante, sous les lois anti-cléricales, le polémiste écrivit un article où, montrant qu'il avait exploré à fond le courant d'athéisme allant de Diderot jusqu'à nos jours, il remarquait : « ... Il ne s'agit pas d'être catholique pour reconnaître que tout peuple sans religion d'Etat manque de la cohésion nécessaire à un peuple. Il ne s'agit, pour reconnaître cela, que d'avoir dans la tête un peu de politique et d'histoire, et d'avoir regardé les peuples forts qui tous en ont eu une, quelle qu'elle fût... Immense est l'erreur des politiques impies qui, dans ces temps contre-historiques, ne veulent plus de religion d'Etat, pas plus d'ailleurs qu'ils ne veulent de religion indépendante de l'Etat, hostiles qu'ils sont au principe même de toute religion dans l'âme de l'homme et dans les institutions humaines. » L'article, destiné au *Triboulet*, ne fut pas publié.

Un artiste véritable ne s'inquiète pas seulement de pensée et d'idées ; tout détail de forme l'arrête, lui plaît ou le froisse. Barbey d'Aurevilly ne resta jamais froid devant une « coquille » d'imprimerie. Il écrivait, le 27 juin 1881 : « Il y a à la quatrième colonne de mon feuilleton au *Triboulet* (ligne 23) une faute énorme qui m'a fait bondir de colère, ce matin ! Au lieu du mot *sphère* qui devrait y être, les chiens ont mis *suaire*. Jugez de l'effet ! Connaissez-vous pour un violent le supplice de la colère vaine ? Tenez ! j'en écris de travers !... Vous savez que je dis toujours que je dois mourir d'une faute d'impression. Puisque je ne suis pas mort de celle-là, je n'en mourrai donc pas ! »

Son portrait, par le peintre Emile Lévy, figura au Salon de cette année ; le tableau, en pied, entra par la suite dans la galerie de Charles Hayem, qui en fit don au Luxembourg. L'écrivain commença au *Gil Blas* une nouvelle campagne, y donna des *Historiettes d'après-souper*, un poème inédit de lord Byron, *Une Page d'histoire*, qui reparut dans *l'Artiste* avec des illustrations de Léon Ostrowski. Ses deux derniers romans : *Une Histoire sans nom* (été 1882) et *Ce qui ne meurt pas* (1883) furent publiés aussi par ce quotidien.

Une Histoire sans nom (Lemerre, octobre 1882).— A la veille de la Révolution, au pied des Cévennes, dans une bourgade forézienne enclose par des montagnes, au fond desquelles elle apparaissait sombre, comme au fond d'un large puits, le Père Riculf, capucin d'étrange allure, austère mais hardi, expressif, prêchait le carême. Il logeait chez Mme de Ferjol, qui, jadis, demoiselle de petite noblesse normande, s'était éprise du baron de Ferjol, et, se laissant enlever par lui, l'avait épousé et suivi dans son pays natal. Le baron mourut jeune. Esclave du souvenir, sa veuve ne quitta plus cette bourgade retirée, devint dévote, aimant mieux son mari mort que sa fille vivante. Elle semblait d'ailleurs peu vivante, cette Lasthénie blanche, pudique, muguet de cette ombre humide, faible lierre attendant le chêne où elle s'enlacera. « Que de jeunes filles qui, dans la vie, rampent sur le sol comme des guirlandes tombées, et qui, plus tard, s'élancent et se tordent autour du tronc aimé et prennent alors leur vraie beauté de lianes ou de guirlandes, qui ont besoin de se suspendre à un arbre humain dont elles seront, un jour, la parure et l'orgueil ! » Le capucin produisait sur ces deux femmes, et sur leur servante Agathe, une impression mystérieuse, une sorte de fascination et de crainte. Lasthénie surtout tremblait devant sa dure éloquence. Rêveuse, refermée sur elle-même, elle paraissait voir son triste destin : « L'avenir a ses spectres comme le passé a les siens. » Tout ce qui la concerne est d'un grand intérêt. Le carême fini, brusquement le Père Riculf partit un matin, sans rien dire à personne. Ce fut une délivrance, sauf pour Agathe, superstitieuse, à qui son instinct plus simple faisait redouter encore on ne sait quoi. Le capucin restait, disparu, un mystère. « Ne vous laissez jamais connaître entièrement, vous qui voulez être toujours aimés de celles qui vous aiment ! Que même dans vos baisers et dans vos caresses il y ait encore un secret ! » observe le romancier avec la spontanéité d'un aveu. Lasthénie languissait, pâle, chétive et triste. Quand Mme de Ferjol aperçut la souffrance de sa fille : « Qu'as-tu ? » lui dit-elle. Lasthénie n'éprouvait qu'une immense fatigue. Le médecin n'y comprit rien, et la bonne accusa le capucin de sortilège. Le souvenir de cet homme fit craindre autre chose à la mère : Lasthénie

l'aime peut-être, songea-t-elle avec horreur. « Que d'a-
mours commencent par la crainte ou la haine, et l'horreur, c'est la combinaison de la crainte et de la haine,
élevées à leur plus haute puissance, dans des âmes timi-
des révoltées ! » Elle voulut savoir, surveilla sa fille,
entra la nuit dans sa chambre, l'épouvantant par ses reproches. Le suborneur fut donc quelque bas personnage,
puisque la malheureuse n'ose rien dire ? « Tu es perdue,
tu es déshonorée... je veux savoir avec qui ! » Lasthénie,
éperdue, ouvrit deux grands yeux vides qui semblaient
morts ; et depuis, elle resta muette, avec ces yeux sans
vie. Ce fut un drame étouffant, et étouffé entre elles, une
histoire sans nom. Quand Lasthénie elle-même ne put
douter de son état, elle fut prise de désespoir, de folie ;
mais elle ne savait rien ! Mme de Ferjol resongea au capucin, chassa de nouveau cette idée, puis, redoutant le
scandale, emmena sa fille au vieux château familial, isolé
dans un coin du Cotentin. Là, elles s'enfermèrent, ne
virent personne, et ce fut la mère qui aida, seule, sa fille
à accoucher. L'enfant était mort. Mme de Ferjol alla, dans
les ténèbres, avec une lanterne sourde, l'enfouir au coin
d'un mur. Et la pauvre Lasthénie resta brisée, folle ;
elle-même mourut bientôt. Plus tard, sous la Restauration, la vieille Mme de Ferjol apprit la vérité : Lasthénie,
somnambule, s'était étendue une nuit en haut de l'esca-
lier ; Riculf la vit, demi-nue, et la viola. La mère res-

sentit un violent remords, d'avoir soupçonné, d'avoir brisé sa fille, et cette dévote jura de ne jamais pardonner à ce capucin criminel qui fit sa honte, la honte de sa fille, tua celle-ci et voua celle-là à une horrible vie. — On retrouve dans cette sombre histoire les qualités habituelles du romancier, et, pour distinguer le roman, un seul mot surgit despotiquement : il est sinistre.

Voici une lettre de ce temps, adressée à l'amie fidèle. Il achevait un de ses séjours, presque annuels, dans le Cotentin. « J'ai passé tout le temps de mon voyages écrivait-il (12 novembre 1882), sous une pluie et un vent qui ont leur beauté, mais la beauté la plus triste, même pour moi, canard sauvage de l'ouest ! l'enfant des ciel, et des rivières glauques ! J'en ai assez de l'ivresse amère du passé, dans ce chien de pays trop aimé, et je m'en retournerai avec bonheur vers vous, quoique j'aie, malgré tout, de la peine à arracher ces racines que je jette partout et qui poussent en quelques jours avec une fureur incompréhensible. Quand je quitte un pays, il semble que j'en emporte la terre avec moi, tant j'ai peine à m'en détacher ! Voilà pourquoi je ne voyage pas ; à chaque départ, je serais déchiré... »

Barbey d'Aurevilly continuait sa critique théâtrale au *Triboulet*. Il avait fait sa paix avec quelques parnassiens, et Théodore de Banville, en lui adressant : *Mes Souvenirs*, inscrivit cette dédicace :

> « C'est pour vous, ô d'Aurevilly !
> Que la bataille est une fête.
> Vous seul, en ce siècle vieilli,
> N'avez pas su courber la tête.
>
> Votre voix est un chant de cor,
> Le sauvage ouragan vous nomme,
> Et dans votre main siffle encore
> La cravache du gentilhomme ! »

Ed. Rouveyre et G. Blond éditèrent, au commencement de 1883, *les Ridicules du Temps,* publiés dans *le Nain jaune* en 1866-1867.

Les Ridicules du Temps.—« Ils ne sont pas tous dans ce livre, déclarait l'auteur dans une préface. Mais pourtant en voici quelques-uns, pris à la surface très plate d'une société qui n'a plus guère de profond que ses vices. » Cependant la platitude du temps est si grande, que ses ridicules même ont peu de relief. — Le polémiste stigmatise la Comédie de la critique, cette chronique de commérages et de cancans qui s'effondre, et n'est plus que de la publicité à tant l'éloge. Il raille les Photographies et les Biographies, tout un pays « occupé et acharné à reproduire et contempler sa chère image ; » revient à la Critique, dont les chatteries, les perfidies, le venin avilissent le genre et déroutent le public, puis démasque les Chroniqués, les insignifiants contemporains que les chroniqueurs ont fait pulluler : « En

France, la vanité est toujours prête ; elle est debout, dès qu'on l'appelle... La vanité nouvelle, qui veut qu'on sache qu'on a un salon, des chevaux, et des cheveux, et des robes, et de telle couleur, et de telle nuance, et de tel prix, oh surtout de tel prix !... Ce besoin d'être remarquée, caractère des courtisanes de toutes les époques, et qui tend à devenir celui de l'honnête femme de France, a sauvé la chronique aux abois... Les chroniqueurs se sont ravalés à n'être que les historiens de bals stupides, de convulsions de marionnettes, de comédies de société dans une société qui devient de plus en plus cabotine. » Le cabotinisme est « la danse de Saint-Guy du 19ᵉ siècle. » L'époque, histrione, donne une importance inouïe aux choses du théâtre, et transporte le théâtre dans la vie en s'exhibant perpétuellement : « Les nations qui se divertissent à de semblables poupées et pantins, sont des nations dont la vieillesse rejoint l'enfance. » Suivent des pages très fines sur les Effacés, dont le morne aspect ne brusque aucun regard, et qui arrivent à tout : « Hugo, lui-même, s'il débutait maintenant, serait distancé et vaincu par les effacés ! par ces gaillards à qui tout est facile et que voilà partout, nombreux, importants, sûrs de plaire et de suffire, disposés à prendre la place et même les airs du génie, et, ma foi, les prenant avec une lestesse que le génie n'aurait pas. » Voici quelques nouveaux sarcasmes pour les Bas-bleus, qui ont fait du chemin, depuis Addison qui écrivit le premier ce nom dans son *Spectateur*. Et voilà d'excellentes satires sur les Marchands de décorations, sur la Littérature dramatique qui triomphe de nos jours par ses grimaces ; sur la flaireuse de dot, la grande marieuse du 19ᵉ siècle : « ... L'époque a fait monter à la surface sociale des créatures et des industries qui autrefois pataugeaient dans le fond... L'honnête société qui déclame contre la traite des nègres, mais qui l'autorise quand c'est la traite des blanches !... » sur la Littérature qui mange, sur les Lâcheurs, fils de la lâcheté, qui pullulent : « Décadences, corruptions, chutes honteuses, voilà ce qui regorge dans l'histoire ; mais on n'y avait pas encore contemplé une nation qui n'a pas l'air de mourir, présenter ce phénomène unique d'une lâcherie universelle. » Les Chevaliers de la Table-Ronde au 19ᵉ siècle, sont ceux de la chope et de l'absinthe, les fidèles de la vie de café, ces salons de mauvaise compagnie, « qui sont en train de démolir le logis, le coin du feu, la vie de famille, l'intimité chaste et recueillie... Pour cette race d'eunuques intellectuels, qui prouvent que même l'impuissance peut avoir sa fécondité, tout café est une espèce de café Procope, qui fut le berceau du premier bavardage public... L'immense bavardage n'a pas cessé, et dans ce moment il détonne ! » Surtout pas d'ennui : voilà ce

qu'on désire, et c'est difficile, car c'est le siècle qui es
ennuyé, faute d'idées, de pensée ; le siècle avec ses
modes bêtes, sa Littérature du tabac, engourdissante ;
ses Conférences, pédantes et envahissantes ; son Journalisme, qui se meurt dans une mare d'injures, de
nullités, de ricanements stupides ; ses Lauréats de
l'Académie, Invalides des professeurs de l'université :
« Le Trissotin rouge fonda l'Académie française sans se
douter que c'était, pour plus tard, un éteignoir qu'il
fondait. » — Le polémiste accentue énergiquement tous
ces ridicules. Il met en pratique ce qu'il a dit dans *les
Bas-Bleus* (Mme Sophie Gay) : « Quand on ne tient sous
son pinceau que des ridicules, il faut les faire vivre le
plus possible, pour qu'on les voie bien ; il faut leur
donner la couleur et le relief, et le mouvement et l'intensité de la vie. » Son livre reste un tableau fidèle du
temps, au moins dans ses mœurs banales et viles ; il est
écrit avec une verve très active, et si les sujets démas-
qués et fouettés ne sont guère des ridicules particuliers,
ils sont de larges ridicules d'ensemble qui offrent, ainsi,
la plus grande portée possible à notre époque où les
tares individuelles sont trop petites pour mériter même
une satire.

Les *Memoranda* de 1856 et 1858 (Caen, Port-
Vendres) parurent en 1883, avec une préface de Paul
Bourget, qui rappelait le cachet où l'auteur fit graver

cette devise : Too late ! (Trop tard !). Et de fait, ajoutait
le préfacier : « Il offre un rare exemple de facultés qui
n'ont rencontré ni leur milieu ni leur époque. » Il disait
encore : « ... Il ne s'est pas fait cette prose, il a seulement noté la parole intérieure qu'il se prononce à lui-
même dans la solitude de sa chambre de travail, et la
parole improvisée qu'il jette au hasard des confidences
de conversation. J'ai bien souvent remarqué cette sur-
prenante identité de sa phrase écrite et de sa phrase
causée... Il s'en allait tout entier dans ses mots. Ils
devenaient lui, et lui devenait eux. »

Je note, dans une lettre du peintre Léon Ostrowski
(22 octobre 1883) : « ... Pendant que M. d'Aurevilly
corrigeait ses épreuves, j'ai beaucoup regardé l'éclairage
de sa chambre. C'est là qu'il faudrait le faire ; il est
très bien, dans ce milieu de livres, papiers, fleurs, etc.,
éclairé bizarrement. Ce serait un portrait intime, qui ne
pourrait peut-être pas être exposé, mais les portraits
faits pour être exposés sont souvent déplaisants, et
quelle belle eau forte !... » Ce projet en resta à l'intention.

Ce qui ne meurt pas (Lemerre). — Ce roman, paru
au commencement de 1884, est l'ancienne *Germaine*,
écrite cinquante ans auparavant. Au château des Saules,
près des marécages que traverse la Douve, dans la
Manche, vers 1845, vivaient la comtesse Yseult de

Scudemor, sa fille Camille âgée de quatorze ans, et Allan, jeune homme de dix-sept ans, fils d'une amie qui le lui avait recommandé en mourant. Allan, cœur et chair passionnés, quelque peu anormal, s'était violemment épris d'Yseult, malgré les vingt ou vingt-cinq ans qui l'en séparaient. Elle, morte à tout, voyant cette jeune tristesse, l'obligea à parler, puis lui conseilla de partir. Pour le décider, et commencer sa guérison que l'absence achèvera, elle lui conta sa vie. Veuve d'un mari qui l'avait délaissée, et d'un autre amour plus ardent, où l'amant se lassa le premier, elle ne porte plus que le cadavre de son cœur, et rien ne pourrait le ranimer. Il promet de s'éloigner, mais, rentré dans sa chambre, pris d'affolement, il tombe et se blesse. Elle le soigne, maternelle, voit son profond désespoir, et elle qui avait résisté à tout, ne résiste pas à la pitié : *ce qui ne meurt pas* au cœur des femmes. Par pitié, elle consent à le garder près d'elle ; par pitié, elle se donne à lui. Allan, placé entre le brûlant plaisir de la possession et la honte de n'avoir que la pitié de cette femme, veut lui arracher une flamme vraie, animer cette statue ; il ne peut, et sa souffrance morale déborde. Ici et là, le romancier décrit brièvement, mais en peintre qui a vu et qui aime sa vision, des coins du pays. Yseult essaye un dernier sacrifice, feint d'aimer, de se soumettre ; il la croit d'abord : « Les femmes savent des choses irrésistibles ;

ne les écoutez pas, si vous ne voulez succomber. » Mais il devine son mensonge, et l'insulte atrocement dans sa rage. Puis la vie opprimante d'avant recommence. Un voyage pourrait aiguiller peut-être cette passion vers autre chose ; ils partent, avec la silencieuse et mélancolique Camille. Au retour, deux ans plus tard, Yseult est malade, Allan semble presque guéri de sa passion, et Camille, devenue une belle jeune fille, vit très heureuse aux côtés du jeune homme, le lui dit un jour, en une scène émue. Un tendre aveu s'échappe entre eux. Près de Mme de Scudemor qui s'affaiblit de plus en plus, Allan et Camille suivent la voie bientôt tourmentée de leur amour ; elle est jalouse, vaguement, mais avec insistance ; lui, se lasse de ces tracasseries. Elle, veut le mariage ; lui n'ose parler à Yseult. Mais Camille est enceinte ; elle presse Allan, qui recule encore ; alors, devinant le passé, elle va trouver sa mère, avoue tout, le crie plutôt, emportée, comme à une rivale. La mère la console. Or, elle aussi, est enceinte ; elle le cachait même à Allan ; ce secret, il faut que Camille l'ignore toujours : Allan se soumet, épouse Camille, mais n'éprouve plus pour elle que de la froideur. Une nuit, Yseult accouche, et l'enfant tue la mère, cette victime de la pitié, qui meurt de *ce qui ne meurt pas* au cœur féminin. Allan, comme frappé de la foudre, la foudre passionnelle, végète une vie morte, près de la triste Camille : deux étrangers soumis seulement aux devoirs de l'existence, sans amour, même sans fraternité. — Le sujet de ce roman est d'une sombre invention, allant jusqu'à l'anormal ; mais il ne se prête pas à de grands développements, sauf au point de vue psychologique. Or, le romancier ne fait, ici, qu'effleurer la psychologie. Il nous offre des faits peu nombreux, racontés avec tant de repliements peu accentués, que le livre ne flamboie pas de cette couleur à la d'Aurevilly, si vivement aperçue et si fortement exprimée. On y suit lentement des dialogues ou des lettres, dans le goût du temps où ce fut écrit, sans l'appui d'un drame complexe ou dominateur. Ce qui donne de l'importance et une originalité à cet ouvrage, c'est qu'élaboré en 1834, achevé et édité en 1884, il a devancé d'un demi-siècle le genre de ces romans d'esthètes, un peu psychologiques, un peu symbolistes, surtout artistes, et c'est remarquable qu'il ait paru au même instant : les circonstances semblent avoir retardé son apparition pour qu'il fût édité à sa véritable date.

Cette même année, en avril, la presse s'occupa de l'entrée possible, à l'Académie, de l'auteur des *Quarante Médaillons*, lequel répondit : « ... Je ne pose point ma candidature à l'Académie et je ne la poserai jamais. Les groupes littéraires ne me tentent pas et je n'ai jamais ambitionné d'en faire partie. Ce n'est là ni de l'orgueil ni de la modestie. Je ne suis ni au-dessus, ni au-dessous. Je suis à côté... L'Académie française est une institution surannée qui a fait son temps. »

C'est l'époque où Léon Bloy disait de lui, dans ses *Propos d'un entrepreneur de démolitions* : « M. Barbey d'Aurevilly est un superbe sans ambition et sans timidité qui écarte de lui bourgeois et princes, parce que les uns et les autres manquent désormais de cette distinction dont il ne saurait se passer. »

Léon Riotor donnait cette opinion de la jeunesse nouvelle, dans *la Minerve (les Magiciens du Style)* : « ... Le passage de Barbey d'Aurevilly dans les sphères littéraires a été silencieux, presque inaperçu. C'est un météore qu'on s'est contenté d'observer de loin, imperceptible pour le commun des mortels... C'est un écueil isolé dans le grand océan romantique, comme le rocher *l'Homme* dans la Manche, et à cause de cela même, il resta longtemps inconnu. Aujourd'hui, pour celui qui a sondé ses mystérieuses beautés, il est impossible de ne pas y revenir... »

Barbey d'Aurevilly, dont *l'Amour impossible* et *la Bague d'Annibal* furent alors réédités chez Lemerre, écrivit vers ce temps la préface du *Révélateur du Globe* (Christophe Colomb), livre de Bloy. Il cessa de collaborer au *Constitutionnel*, qui d'ailleurs allait disparaître, et, aux premiers jours de 1885, publia chez Frinzine et Cie *les Critiques*, sixième volume des ŒUVRES ET LES HOMMES.

Les Critiques ou les Juges jugés. — C'est
Villemain qui passe d'abord sous les fourches caudines.
On raconte qu'il se préparait des cahiers d'expressions.
C'est une modiste de mots, sans aperçu, ni sensibilité,
ni science, qui n'a pu intéresser que ses contemporains ;
un rhéteur qui a cru faire de la littérature, et que voilà
entré, lui et son style pâle, d'éloges académiques,
« dans la pénombre vengeresse qui suit trop de célé-
brité. » Sainte-Beuve, par son *Etude sur Virgile*, a
produit un livre calme, lumineux et pur, avec le renseignement et l'art d'un connaisseur habile, la hauteur
d'une critique ample et perçante tout à la fois ; l'ouvrage
est précédé « d'une biographie que nous ne craignons pas
d'appeler un chef-d'œuvre de difficulté vaincue, car ce
portrait, fait ressemblant à la distance de tant de siècles,
a été composé avec des nuances qu'on croyait à jamais
évanouies. » La trame historique dans Virgile est mon-
trée avec une rare faculté d'observation : « Le génie des
grands poètes est toujours plus ou moins imbibé d'histoire. » Voilà ce qu'a su voir, là, Sainte-Beuve. Mais
dans l'ensemble de ses œuvres, le définitif, l'arrêté, le
stable, le solide, l'émouvaient peu. Il n'était critique
que de pure description et d'infatigable analyse. Sûr de
rien et curieux de tout, sceptique, ondoyant, divers,
nuancé, sans le principe supérieur qui oriente le jugement, il était vif d'impression, d'une imagination

coloriante, d'une sensibilité nerveuse, d'une subtilité d'analyse, d'une finesse déliée, dans l'anecdote surtout. « Comment ne se plierait-on pas à toutes les œuvres, pour en prendre souplement l'empreinte, quand on n'a ni idéal ni conviction qui vous arrêtent ? » L'amour-propre l'empêchait d'être juste ; et nul n'avait pour lui « que l'intérêt d'un renseignement à deux pattes. » Lui, qui eût si bien fait des Mémoires, n'en a pas laissé. Mais on a publié des lettres, et Barbey d'Aurevilly s'élève contre ces exploitations abusives des noms célèbres. Il dit bien, dans cette étude si vivante, une de ses plus consciencieuses, les mérites littéraires de Sainte-Beuve, et sa faiblesse causée par l'absence d'un principe supérieur. Ce principe-là, Nisard le possède ; mais il n'atteint au critique qu'avec les morts, étant moins gêné par des mémoires qu'on ne peut plus blesser ; indulgent, ingénieux, son vrai genre est l'éloge. Philarète Chasles, lui, était né critique ; il avait la découverte, la finesse, la chaleur, le mouvement d'esprit, l'amour des idées générales, l'humour ; cependant, païen de nature, son encyclopédisme littéraire et son style fringant n'ont pas laissé un livre pensé et voulu. Le jaseur, le feuilletonniste fugitif Jules Janin, à l'imagination colorée, à la vive sensibilité d'écrivain, ne montre, malgré son bon sens et son discernement, ni haute portée, ni grande profondeur, ni fermeté de jugement. Viennent encore

Prévost-Paradol, récriminateur, rhéteur, individuel ;
Rigault, talent scolaire ; Joubert l'idéal, le transparent,
le délicat ; Guizot, n'offrant que de l'exactitude ; Paul de
Saint-Victor, formé d'imagination, de mémoire, d'érudition et de poésie. Taine a de la sagacité littéraire, et des
fantaisies d'écrivain ; l'artiste domine le philosophe.
Rivarol fut la facilité, la promptitude, le jaillissement ;
ses ouvrages ne sont que des reliefs de sa prodigalité
d'esprit ; Barbey d'Aurevilly le fait revivre d'une main
amie, experte, et dit que le monde abîma ce causeur, au
point que dans ses œuvres il ne subsiste qu'un journaliste. Suivent des noms à peu près obscurs : Jacques
Demogeot, Lenient, Antoine Campaux, Eugène Talbot,
Pierre Saliat, Jules Girard, de Lacretelle, Charles de
Barthélemy, Louis Viau, dont l'*Histoire de Montesquieu*
est vive et solide, Ernest Hello, mystique déplacé dans
son temps pratique. Du moins, le polémiste introduit des
fragments personnels remarquables dans ces comptes-
rendus d'ouvrages souvent médiocres ; son jugement
porté sur Villon est large, caractéristique ; de même ses
vues sur Hérodote, Thucydide. Il ne faut donc pas recu-
ler devant certains noms peu connus : dessous, on
découvre généralement de bonnes et belles pages sur
des gens célèbres, ou sur des idées générales. — Pour
ce *juge des juges*, les critiques supérieurs sont ceux qui
partent de la foi chrétienne et possèdent l'émotion natu-

relle ; les inférieurs sont les athées, les positivistes, les philosophes, les académiques, les universitaires. D'ailleurs, au plus grand nombre de ceux-ci, il refuse même ou presque le nom de critiques, puisqu'ils n'ont pas la vue de haut, la vue chrétienne, qui leur conférerait la possibilité et le droit d'être jugés.

Il y a toujours cette question du choc d'opinions entre l'auteur et le lecteur. Edouard Rod (*Revue contemporaine*, 25 juillet 1885) y voyait un motif de plus de goûter cette polémique si personnelle : « ... C'est précisément cette puissance d'antipathie, rare aujourd'hui, qui donne aux écrits de M. Barbey d'Aurevilly, même à sa critique, une extraordinaire saveur. » Vers la fin de cette année-là, Lemerre édita *Une Page d'histoire*, dédiée à Louis de Ronchaud.

Une Page d'histoire. — A la fin du 16e siècle, les Ravalet habitaient, près de Cherbourg, le château de Tourlaville. Dépravés et féroces, impitoyables jusqu'au crime et débauchés jusqu'à la mort, tout tremblait dans le pays à leur seul nom. Les deux derniers de la famille, Julien et Marguerite, enfants d'une pure beauté, terminèrent par l'inceste la lignée des abominations de la race. Frère et sœur vivant l'un près de l'autre, comment s'aimèrent-ils d'amour ? Fatal héritage de vices et de crimes sans doute. Quand on s'en aperçut, on exila le fils, on maria la fille ; mais Julien revint tout à coup et enleva sa sœur. Ils disparurent. On ne retrouva leur trace qu'à Paris, où, par un triste jour d'hiver, ils périrent ensemble, sur l'échafaud, en place de Grève, le 2 décembre 1603. — C'est tout, de cette cruelle histoire. Mais ce qu'on n'en sait pas passionnerait bien davantage : « Où les historiens s'arrêtent ne sachant plus rien, les poètes apparaissent et devinent. » Le romancier fait revivre ces spectres, entrelacés après leur mort comme ils l'étaient pendant leur vie. Il a vu à Tourlaville le portrait de Marguerite, lu des lettres d'elle : de la passion au style naïf du temps. Les amants incestueux sont bien plus dans ce château que dans leur tombe de Saint-Julien-le-Pauvre à Paris. « J'y suis passé cette année, par un automne en larmes, et je n'ai jamais vu ni senti pareille mélancolie. » — Le récit est court, sa narration colorée. Toute l'essence d'un roman, qui serait terrible et captivant, se presse en ces quelques pages qui simplement racontent, mais qui disent tout, ou font tout deviner.

Les Œuvres et les Hommes s'édifiaient, monument de critique dont on pouvait déjà mesurer l'importance et reconnaître le fier aspect. Le septième volume, *Sensations d'art*, fut édité en 1886.

Sensations d'art (Frinzine et Cie).— Dès la première étude, Barbey d'Aurevilly affirme son esprit libre, son instinct droit, en rendant justice à un adversaire, qu'il

juge d'ailleurs sévèrement au point de vue de l'art.
« Proudhon, dit-il, qui est mort pauvre, avec une originalité de stoïcisme que j'honore ; qui eut le désintéressement et l'indépendance ; âme nette d'ordure, qui n'avait
pas sur elle une seule tache d'argent à effacer, fut
l'homme le moins artiste qui ait certainement jamais
existé. » Proudhon s'appuie sur le réalisme et sur
l'utilité seuls. Courbet, qui lui plaisait tant, représente
bien « l'objet pour l'objet, la peinture sans idéal et sans
pensée, la description exacte, acharnée, minutieuse,
mais opaque et matérielle, l'absence d'âme... Pour lui,
le crapaud à peindre valait Apollon. » Théophile Silvestre, dans ses *Artistes vivants français et étrangers*,
saisit le détail avec une pénétration singulière ; ses
biographies sont colorées et lumineuses, ses vues hardies et perçantes ; on conclut, de son livre, que les
artistes contemporains savent la technique de leur
métier, et qu'ils ne savent bien que cela. Auparavant,
ils avaient mieux. Paul Delaroche mit de la pensée dans
ses tableaux : « La pensée nécessaire et primordiale
dans les arts ; » il ne se livra pas à l'art pour l'art, et
ses dernières toiles, interrompues par la mort, recèlent
une émotion souveraine. L'œuvre de Géricault eut
d'évidentes analogies avec celle de Byron. « Géricault
comme David, ces anatomistes savants l'un et l'autre,
doivent tous deux être antipathiques aux lâches pinceaux

de ce temps. » Théodore Rousseau, peintre de la nature,
en panthéiste et en poète, avait un idéal qui, pour lui,
était la réalité élevée à son plus haut degré de puissance.
J.-F. Millet « augmente par l'homme la sensibilité du
paysage... Dans ses tableaux, on peut aller de l'homme
à l'horizon et revenir de l'horizon à l'homme, et le paysage et l'homme en sont d'une beauté plus poignante...
L'homme, ses fatigues, sa résignation, sa misère, Millet
fait de tout cela une chose grandiose et touchante, qui
rappelle quelquefois la Bible par le vaste de l'impression
et la profonde simplicité... Il est biblique et autoch-
tone... Il a compris et exprimé le paysan avec une
réalité incomparable, et il fait sortir de la réalité,
l'idéal... C'est un peintre profondément spiritualiste, qui
a travaillé toute sa vie à nous donner des chefs-d'œuvre
sans que le monde les vit, sinon pour les nier et les
insulter. » Ce Millet est une très belle et vaillante étude.
Le *Gavarni*, des Goncourt, est remarquable de netteté,
de précision ; ils l'avaient connu, pratiqué, aimé, et le
donnent sous sa forme élégante, svelte et désinvolte,
mais sans sa misanthropie, son esprit cruel, négatif.
Suivent des articles sur Alonzo Cano, Frémiet, dont la
Jeanne Darc, fillette jouant au soldat, n'est qu'un
bronze d'attente ; Zacharie Astruc, esprit ailé, ardent,
mélancolique ; Mozart, ce Raphaël de la musique, dont
les lettres livrent son âme de délicat, de sensitif ;

Hector Berlioz, génie d'une intensité dévorante et immanente, résultante de Shakespeare et Gluck combinés ; le violoniste Reményi. Le volume s'achève par le *Salon de 1872*, publié dans *le Gaulois*. En ce temps déjà, comme toujours depuis, Barbey d'Aurevilly vit à ce Salon un fonds de médiocrité sur lequel pointaient quelques œuvres de valeur. Il avertissait qu'il n'était pas critique d'art. D'où vient que son compte-rendu fait mieux voir les objets et se lit mieux que ceux des criti-ques consacrés ? C'est qu'il est, lui-même (1), peintre, artiste incessant ; c'est qu'il a l'émotion, les sensations, le saisissement « par le collet si c'est une force, par le cou si c'est une volupté. » Et cela suffit, certes, pour que sa critique soit supérieure à celle de la plupart des criti-ques d'art faisant métier. Diderot non plus ne fut pas un officiel, puisqu'il a *fondé* ! Son émule ne dresse pas un catalogue, cette banalité qu'est devenu le compte-rendu des Salons et des expositions. Il s'arrête devant ce qui lui plaît, et dit pourquoi. Toile, statue, buste, sa description est telle que l'œuvre se reforme devant vous, que vous voyez l'idée, le tempérament de l'artiste, et comment ce dernier a réussi à nous transmettre son

---

(1) N'en déplaise à M. Joséphin Péladan, qui vient d'écrire, dans la *Revue hebdo-madaire* du 17 mars 1906 : « D'Aurevilly, qui n'entendait rien aux arts... » — Se préoc-cuper des artistes officiels, commenter des catalogues d'exposition et pratiquer l'argot des ateliers, ne signifient pas que l'on comprend les arts.

idée ou comment il aurait dû s'y prendre. La grâce et la force, voilà les deux qualités qui lui plaisent, surtout réunies : alors l'artiste est complet. Les grimaces, les contorsions, les rengaines, et autres petitesses qui règnent en notre temps chétif et énervé, il les découvre, les marque, les exècre. Il montre les gens de talent qui débutaient ou triomphaient alors, et déplore tant de bustes, de portraits : ce par quoi l'art meurt. Et cela pullule ! « Tout museau a ses prétentions. »

Une étude sur l'œuvre de Barbey d'Aurevilly parut, le 28 juillet 1886, dans *la Justice,* avec la signature de Gustave Geffroy, qui remarquait : « ... Parce que les opinions de l'écrivain vont à l'encontre des idées philosophiques et sociales qui commandent l'évolution de ce siècle, parce que la manière d'être de l'homme a été souvent le sujet des bavardages de la chronique, parce qu'on aurait éprouvé, devant telle manifestation de cette vivante personnalité, une colère, un agacement, ou même une indifférence, il n'en faut pas moins reconnaître à M. Barbey d'Aurevilly comme bien acquise la situation très grande et très particulière qu'il occupe dans la littérature de ce temps... Barbey d'Aurevilly, un des cinq ou six vrais romanciers venus depuis Balzac, pourrait être défini : Un écrivain bas-normand, ayant gardé à travers la vie le souvenir de la terre et des êtres de son pays, épris de dandysme, exaspéré contre l'ordinaire, chercheur d'exceptions morales, mettant au-dessus de ses opinions sa passion d'historien de l'âme humaine. »

Sensations d'histoire (LES OEUVRÉS ET LES HOMMES, 8ᵉ volume, L. Frinzine). — Ce volume, paru au commencement de 1887, et dédié à Ernest Havet, s'ouvre par une réhabilitation de Jacques II, qui, ayant soutenu la seule cause valable à ses yeux : la monarchie de droit divin, n'a contre lui que d'avoir été vaincu. Il se continue par un Louis XI fort admiré et vu très grand, d'une grandeur intellectuelle par laquelle il tranche sur toutes les autres grandeurs du moyen-âge ; ce négociateur, cet organisateur laissa une France augmentée, quand des hommes comme Louis XIV et Napoléon l'ont laissée diminuée et saignante. Louis XIII est aussi relevé de la dérision où l'ont tenu des historiens ; sa correspondance avec Richelieu établit qu'il se préoccupait de la prospérité de l'Etat. Le polémiste affirme ensuite que la Saint-Barthélemy ne fut qu'une réplique de la France catholique à d'autres massacres accomplis par des protestants révoltés. Il montre, sous la Guerre de Trente ans, l'anarchie en Allemagne : « pays de la libre-pensée, où les systèmes se ruent, se dévorent, se remplacent, » et Gustave-Adolphe, homme de cette boucherie, de ce brigandage : époque de perdition simple et non plus même de guerres religieuses. Il indique en Savonarole,

l'homme de foi, d'éloquence, diminué en devenant
tribun politique ; en Jules II, le protecteur des artistes,
qui oublia trop son autre mission, et qu'il approuve
toutefois d'avoir défendu ses Etats temporels ; en
Grégoire VII, le pape qui imprima sur l'Eglise son génie,
dont l'empreinte subsiste toujours. Catherine d'Aragon
apporta les vertus des femmes du moyen-âge dans les
débordements de la Renaissance. Elisabeth d'Angleterre
eût été une mégère, dans la vie ordinaire : « La lâcheté
des hommes devant la puissance la leur fait prendre
pour de la grandeur. » Avec Henri IV, on eut le
royalisme moderne, et non plus celui du moyen-âge :
les Guise eussent dû se substituer à Henri III comme
les Carlovingiens aux derniers Mérovingiens. Et voici
d'autres portraits historiques : Henriette-Marie de
France, un grand dévouement qui inspire de nobles
pages ; le cardinal de Retz, fils troublant d'une époque
troublée, ambitieux hypocrite, inquiétant, factieux et
intrigant, brillant esprit faux : « On n'est grand jamais
que par la droiture, » et qui provoque un article nerveux
et serré, un médaillon précis, qui frappe ; Louise de
la Vallière, figure charmante dans cette cour corrompue,
dont la touchante histoire a comme efféminé ceux qui
ont écrit sur elle ; le cardinal Dubois, un qui ne donna
pas dans la philosophie du temps. Catherine II a été
exagérée, déclare le critique ; cette figure très moderne,

dont le bon sens est le meilleur de sa gloire, a simplement continué Pierre le Grand ; elle est plus adminis-
tratrice que politique. Cette étude est forte, creusée,
vibrante. Suivent Dupleix, qui perdit l'Inde par la faute
d'un gouvernement faible et imprévoyant ; Grégoire de
Tours, dont l'histoire barbare s'éclaira par la foi ; Napoléon, génie monarchique, qui rapprit aux hommes
l'autorité, la puissance d'un homme. Le livre se termine
avec une chronique sur la grandeur et la décadence du
Journal des Débats ; une autre sur William Pitt, dont
la gloire est un mirage, dont le fond n'était que la haine,
la peur de la France ; enfin, des amertumes à propos
du comte de Chambord, qui n'a pas su agir ; d'ailleurs,
conclut Barbey d'Aurevilly, « la royauté, je n'ai jamais
cru qu'elle rentrerait en France, et si elle y rentrait, elle
n'y resterait pas. » — Cet ouvrage, comme les précédents, ne peut se lire sans passion ; que l'on soit avec
le polémiste ou contre lui, il vous enveloppe dans son
acharnement d'idées, de discussion et de style. « On a
beau ne pas partager l'opinion de l'auteur, écrivit Gabriel
Routurier, on a beau s'irriter à son tour contre ses
assertions où la témérité de la pensée le dispute à
l'énergie de la forme, on est malgré soi entraîné, dans
cette course à travers l'histoire, par cet esprit hardi,
primesautier, clairvoyant et sagace, dont les vues sont
souvent aussi nettes que profondes. » Le critique, ainsi

qu'en la plupart de ses jugements touchant l'histoire, la politique ou la religion, part toujours de son point de vue chrétien et monarchique. Il entreprend toutes choses de ce geste absolu, et la couleur, l'esprit, le caractère de ses sensations, sont celles même qui peuvent seules ressortir de cette opinion prépondérante : c'est enflammé, supérieur et intransigeant, comme c'est inquisitorial, exclusif et sans cesse exposé sous une face unique, la dogmatique.

Cette même année, fut réédité *Du Dandysme et de Georges Brummel* (Lemerre), avec le portrait de Barbey d'Aurevilly à vingt ans, et une préface où il disait : « ... On a été tenté d'écrire sur la première page cette impertinence : D'un fat, par un fat, à des fats ; car tout fait glace aux fats, et ceci est un miroir pour eux. » Le volume comprenait aussi : *Un Dandy d'avant les dandys* (Lauzun) et, de plus, les *Memoranda de Caen* (1856), et *de Port-Vendres* (1858).

C'est encore au commencement de 1887 que parut le premier recueil des articles donnés par le critique en divers journaux, sur *le Théâtre contemporain* (chez Frinzine).

Le Théâtre contemporain (tome 1. — L'histrionisme, le cabotinage, symptômes de décadence, règnent sur notre temps, inscrit l'auteur dans une préface. « Les journaux, qui devraient être les éducateurs

du public et qui n'en sont que les courtisans, » rendent
compte du plus inepte vaudeville, quand ils n'annoncent
même pas un livre fort. Et c'est descendu jusqu'au
café-concert ! — Les directeurs de théâtre (notons que
ce premier article est du 25 avril 1866, et que, depuis, le
mal est devenu inguérissable) sont des incapables, des
natures mercantiles, ayant le mépris des choses morales
et littéraires ; auparavant, « le théâtre que l'on considère,
à tort, beaucoup plus comme un amusement que comme
un enseignement, n'a jamais eu la gravité d'institution
qu'il aurait dû avoir ; » maintenant ce n'est plus qu'une
entreprise de bazars où l'on vend des sensations, des
montreurs de bêtes, et de bêtises : « ... Les peuples
usés par des civilisations excessives ont seuls de ces
rages de spectacle ; c'est un symptôme de décadence, et
tout, depuis trois siècles, l'a précisé chez nous et développé avec furie ; nous avons été un peuple possédé
par le théâtre, pour les sensations qu'il nous donne,
pour les sensualités et les vanités qu'il éveille, pour les
corruptions de tout genre qui s'en échappent ; choses,
esprit, mœurs et modes du théâtre ont rongé, vidé, la
plus robuste personnalité de peuple et il est devenu,
autant qu'il l'a pu, histrion ! » Le Théâtre-Français n'est
plus qu'une nécropole, quelque chose comme l'Académie,
cette autre institution de fantômes ; le Gymnase, où
débordent joueurs, escrocs, filles, et parler plat, voilà le

théâtre favori de la bourgeoisie, qui y mire ses charmes. C'est ce qu'il faut à notre époque vicieuse et puérile, qu'aucun de nos vaudevillistes n'est même capable de peindre. Un des plus célèbres, Victorien Sardou, ne sait faire que de l'arrangement ; c'est une grêle nature, assez adroite, sans invention. Dumas fils, esprit froid et sec, ne sait que se faire une salle d'amis. Mais voici Frédérick Lemaître, un penseur sur rôle à la manière de Talma, montrant que le grand acteur fait ensemble ce que font le statuaire, le peintre, le musicien et le poète : « Debout sur les ruines d'un art écroulé, il fait croire encore que ce ne sont pas des débris. » Le critique passe aux publics factices, qui applaudissent à des choses factices ; il démasque cette cohue de niaiserie béate, d'hypocrisie, de lourd pédantisme : le public, et désarticule en quelques mouvements ces pièces nulles dont Paris, les journaux et le monde entier proclament le succès formidable, et ces féeries, grosses machines brillantes et vides, qui sont bien faites pour un temps petit, pour ce public « de la nouvelle Athènes, comme disent les universitaires et les académiciens. » Barbey d'Aurevilly remue à la pelle ce bric-à-brac, dans la salle comme sur la scène, cette farce imbécile, cette « blague » triomphale ; il nous met au point ce théâtre si vanté par les courriéristes, ces ineptes pièces tirées de beaux livres célèbres, et ces fadaises d'Emile Augier, et l'adultère,

l'adultère perpétuel autour de cette donnée : un mari
bête et méchant, une femme jolie et spirituelle, un
amant hardi et distingué. Voilà sur quoi reposent tout
le vaudeville contemporain, tous les succès théâtraux !
Et ce n'est pas même la vérité : dans la vie, ce qu'on
rencontre en fait d'adultère, c'est généralement un mari
intelligent et bon, une poupée d'une grâce équivoque et
sotte, un amant niais, un peu verni et toujours lâche :
car la lâcheté commence au vol, et quel est l'amant, le
seul supportable, qui oserait agir hautement, comme
pour un rapt ? Mais le théâtre, paraît-il, a le droit de
changer la vie en mensonge. Le livre se ferme sur la
superficialité, la vulgarisation de Dumas père, et sur les
anciens arrangés, c'est-à-dire dérangés, par d'ineptes
adapteurs de l'Odéon. — Certes, les critiques de théâtre
ne peuvent nier que, dans la seconde moitié du 19e siècle,
ils ont généralement vanté les fort nombreuses médiocrités de la scène. Ils ont trouvé du *talent* à des *milliers*
de pièces, et du *génie* à des *centaines*. Eh bien ! regardez
ces cinquante ans là, et comptez les quelques pièces qui
résistent encore. Le bilan, que Barbey d'Aurevilly, lui,
nous aide à établir, reste, avec ses nuances du gris, du
terne, du laid de cette époque, un tableau de mœurs bon
à consulter chaque fois que l'on hésitera à mépriser la
platitude, l'énervement, la niaiserie de ce théâtre contemporain, de ses courriéristes et de son public.

Cette série : *le Théâtre contemporain*, est à côté de l'autre, la grande : LES ŒUVRES ET LES HOMMES. C'en est un surgeon naturel, ou, si l'on préfère, c'est le gui de ce chêne.

Les Philosophes et les Ecrivains religieux (2ᵉ série, Frinzine). — Ce neuvième recueil de polémiques est dédié à Ach. Anger, chorévêque d'Antioche. Il débute avec Saint-Bonnet, le dogme de l'infaillibilité papale, la théorie de la douleur indispensable à l'homme. Une étude très fouillée combat Proudhon, ce pamphlétaire viril seulement comme verve, comme outrance ; ce dialecticien irrésistible, qui fait table rase : « La gloire de Proudhon, gloire terrible, est d'avoir rendu impossible et même inconcevable un autre Proudhon... Il est le cerveau qui a pensé savamment ce que des brutes accompliront avec ignorance. » Ce grand coupable d'honnête homme piétina, d'un pied d'éléphant, l'immoralité contemporaine, de femmes bêtes et ignobles et de leurs amants stupides et laids : ces deux ornements de la plupart des civilisations modernes. Il eût été, jadis, un grand docteur chrétien ; venu après Rousseau et la Révolution, « dans un temps où la révolution des ouvriers se prépare contre les bourgeois avec la logique vengeresse des révolutions, » il a appliqué son bon sens et sa pureté de cœur à être un défenseur de cette Révolution. Le critique passe de Proudhon à Joseph de

Maistre, ce catholique rationnel, ce mystique de la tradition. Ernest Renan lui apparaît comme une liquidité qui noie tout; il travaille ses nuances ainsi qu'un acteur, son masque ; caudataire de divers philosophes, il ne voit partout qu'impulsions, instincts et inconscience, pour remplacer Dieu. Viennent les figures de Raymond Brucker, au style mathématique ; Michelet, qui fut souvent la fantaisie en histoire, un brillant déséquilibré, un artiste tendre, un partisan injuste, une conscience égarée ; Ernest Hello, inégal, suggestif ; Charles de Rémusat, auteur d'un drame philosophique, froid, sur *Abélard;* Jules Soury, imbécile ; Matter, nébuleux ; Th. Ribot, qui perd son temps avec Shopenhauër ; Caro, esprit timoré. Les *Conférences de Notre-Dame*, par Lacordaire, eurent un succès prouvant que la foi garantit l'éloquence : « La vérité religieuse est la plus grande de toutes, la plus achevée, la plus complète. » Lacordaire possédait la théologie, la morale, la contemplation, l'expérience, « le seul fruit qui mûrisse sans devenir doux. » Suivent des noms déjà oubliés, puis Dumas fils et sa *Question du Divorce,* gros bruit, mince talent ; Funck Brentano, plume alerte, aiguisée ; et encore, et enfin des inconnus. — L'idée dogmatique, ainsi qu'à la première série des *Philosophes et Ecrivains Religieux,* s'érige au-dessus de tous ces jugements. En dehors du dogme, le critique n'admet de bon que la vie droite, l'émotion d'art vraie, la moralité sincère. Mais c'est la foi qui domine tout, volontairement, impérieusement.

Barbey d'Aurevilly, en automne, fit un suprême voyage au pays normand. Arrivé à Valognes le 12 octobre, il rentra à Paris le 6 décembre. Le 30, il écrivit ceci : « Ah ! ma vie, elle a été une vie d'efforts, de luttes, de travail sans repos, mais du moins elle me sert dans ma vieillesse (cet affreux mot qu'il faut savoir dire !) et elle me fera peut-être une renommée. Peut-être... qui sait ? Je n'ai pas grande croyance à la gloire... Il faut se résigner, mais le moyen de ne pas penser aux rêves écoulés, quand on se retourne et qu'on regarde derrière soi !... » Quelque temps après, une nouvelle série des *Historiens* parut chez Quantin (premier trimestre 1888).

Les Historiens (2e série, LES ŒUVRES ET LES HOMMES, 10e volume). — Les rhétoriques ont fort vanté l'impersonnalité, comme qualité de l'historien ; or, cette qualité de neutre mutile la pensée, tel qu'on le voit en Léopold Ranke, ce penseur allemand systématique et décoloré. Le critique lui préfère la clarté française et la forte argumentation de Fustel de Coulanges (*Histoire des Institutions politiques de l'ancienne France*), qui de plus possède l'investigation patiente et prudente, et les idées générales, ces montagnes d'où l'on voit tout en histoire. Il note la correction de Gaston Boissier, et, à

propos d'un livre de H. Wallon, exalte Saint-Louis, —
le saint plus encore que le roi. Il louange l'érudition du
comte de Gobineau *(la Renaissance)*, blâme un recueil
de conférences, ce ridicule du siècle : « La pensée n'a
toute sa pureté et toute sa force que dans le recueillement
et dans la solitude. » W.-H. Prescott, dans son *Histoire
de Philippe II*, n'offre pas d'imagination, de coloris, de
pittoresque ; si cet ennemi du catholicisme ne condamne
pas Philippe II, c'est par manque de passion ; il s'efforce
d'être exact, et se montre parfois tranquillement robuste.
Henri Forneron *(les Ducs de Guise, les Emigrés)* a de
l'instinct politique. Voici les Goncourt, qui rapetissent
par la peur de la couleur épique de l'histoire et le goût
de la réalité cruelle ; Louis Nicolardot et son *Journal de
Louis XVI* ; Thomas Carlyle. Celui-ci (*Histoire de la
Révolution française*) est le caricaturiste dans l'histoire,
mystique et pittoresque, avec la passion du récit, de
l'art historique ; un comique âpre et profond, qui hait
toutes formules et n'épargne que ceux ayant passion et
vie. *Les Soldats de la Révolution* sont les saints de
Michelet ; c'est son christianisme involontaire ; il n'y
révèle ni logique dans l'esprit, ni continuité d'impression, mais une émotion qu'il fait partager, et de l'éloquence. Suivent Oscar de Vallée et son André Chénier
luttant contre les Jacobins ; Charles d'Héricault, historien froid ; Taine, avec *les Origines de la France*

contemporaine. Taine naquit peut-être léger, mais l'étude, le travail acharné, l'ambition scientifique le firent lourd ; il applique froidement à l'histoire la méthode positiviste : « L'analyse ne donne pas la vie, l'histoire n'est pas qu'une description. » Taine a supprimé son imagination ; mais son procès-verbal méprisant de la Révolution française n'en est que plus surprenant et plus fort contre les sophistes du siècle qui le comptaient pour un des leurs. A propos de *la République américaine*, par Xavier Eyma, Barbey d'Aurevilly dit excellemment qu'on a trop d'admiration pour cette nation qu'on croit neuve, et qui peut-être sera vieille avant la vieille Europe. Le mordant mais incorrect Crétineau-Joly, le docteur Revelière sont les derniers de l'ouvrage, où domine le même esprit que nous avons reconnu jusqu'ici. Le critique y insiste sur ce principe, que l'histoire doit partir de l'unité, et il remarque : « Même les aristocraties sont le nombre, cause de ruines : des démocraties par en haut. » Seul le monarchisme est bon. La seconde moitié, tournant presque entière autour de la Révolution, est acharnée contre celle-ci: le polémiste n'en loue guère que l'armée, et surtout Bonaparte, qui domina l'hydre, mais qui malheureusement en fut dévoré lui-même.

Dans la nuit du 16 au 17 avril 1888, Barbey d'Aurevilly fut terrassé par le premier coup d'une maladie de cœur. Le lendemain, le docteur Robin reconnut la gravité du cas, mais put la cacher au malade, qui, le 29 avril, écrivit à M. Anger : « Mon cher abbé, je ne suis pas encore à ma table à écrire, mais voici mon meilleur ami qui me prête sa main pour vous répondre. Ce que j'ai eu, mon cher abbé, depuis cette grippe qui vous prêtait à rire, c'est une crise de foie, maladie que je n'avais point eue depuis quatre ans. J'ai été soigné par deux médecins incomparables et par la personne qui vous écrit. Je vais bien maintenant, et on prétend que j'entre en convalescence. — Les journaux qui ont parlé de moi ont dit les bêtises auxquelles ils sont accoutumés. Les uns ont parlé de congestion pulmonaire, les autres de je ne sais quoi, et c'était tout simplement une crise de foie. — Je vous envoie le *Gil Blas* et le *Figaro* qui ont parlé du livre que vous et l'abbé Lefoulon aimez. — Adieu, mes deux bons abbés, priez pour moi. »

La convalescence de cette maladie de cœur, et non crise de foie, fut assez rapide. La presse s'entretint sympathiquement du malade, qui bientôt put faire des promenades à pied et reprendre ses travaux. C'est cette année-là que Léon Bloy publia : *Un Brelan d'excommuniés*, consacré à Barbey d'Aurevilly, Ernest Hello et Paul Verlaine. Et une nouvelle série du *Théâtre contemporain* parut chez Quantin.

Le Théâtre contemporain (Tome 2). — Par la

rage des reprises autant que par l'acceptation de mauvaises pièces, les directeurs font de piètres affaires, au
fond, et souvent même succombent, en attendant la
mort du théâtre à laquelle ils auront tant contribué. Ils
sont les principaux coupables. Puis, les critiques qui
approuvent, vont leur petit train de feuilleton hebdo-
madaire, ces routiniers, qui ânonnent et se répètent
avec une indifférence incroyable. Et il n'y a plus guère
d'auteurs, s'il y a encore des acteurs ; le chroniqueur cite
Marie Laurent, qui exprime également tous les sentiments de la vie, et ajoute que les auteurs de ce temps
doivent presque tout leur succès aux interprètes. « Il
n'est plus nulle part, dit-il encore, le public assez organisé pour être juge, pour avoir une opinion, un idéal,
un préjugé, n'importe quoi... Sceptiques ramollis, crevés
avant d'être morts, ils viennent là tous par le fait d'une
curiosité ennuyée ou d'une vanité qui piaffe avec des
pieds de grue ; mais de cohérence de public, de résistance
de public, d'individualité de public, il n'y en a plus. » Il
avait envoyé, de la côte de Portbail, le 14 juin 1868, une
remarquable chronique, intitulée : *Ma reprise, à moi*.
« D'ici où je suis, note-t-il, ce que vous voyez à Paris,
ce que j'y ai vu moi-même toute l'année, me paraît petit,
mesquin, misérable, puérilement artificiel... L'art dramatique est un art fini. » Les directeurs sont imbéciles ou
cupides, le milieu infect de vanité et d'instincts jaloux,

avec une administration incapable. Le théâtre se meurt de matérialisme. Ces vérités sont bien plus vraies encore aujourd'hui ! Il liquide de Bornier, l'ennui ; Dumas fils. et ses préfaces babillardes et vantardes ; le Gymnase et ses bonbons, pour la classe moyenne : « La suprême élégance, le suprème bon ton, la suprême littérature dramatique... C'est le théâtre des petits ménages, qui donne l'envie d'en faire un... On y parlotte morale comme on y papote bonheur domestique. » Voilà la lignée de Scribe, qui montre si bien ce qu'il fut ! Il y a aussi le Palais-Royal, le théâtre des embêtés ; tout ce qui s'embête va là, pour rire absurdement. On voit les causes de la décadence de la scène française où elles ne sont pas ; il n'en est qu'une : la nécessité flagrante du génie : « La grande erreur universelle qui a faussé l'esprit moderne jusqu'à la plus incroyable profondeur, c'est de croire qu'on peut remplacer l'individualité compétente ou le génie par des institutions ou des combinaisons quelconques. » Soit ; mais qu'un homme ou qu'une femme de génie s'adresse aux directeurs de théâtres, il sera éconduit sans phrase, et sans respect, s'il n'est intrigant ou millionnaire. Mais voici Dennery, charpentier infatigable de pièces idiotes ; Pailleron, main fine qui travaille en petit ; le comité du Théâtre-Français, des incapables là où il faudrait un public cultivé pour le choix des pièces ; il n'y a que la

publicité qui puisse empêcher ces assassinats de la
pensée à huis-clos, par l'insolente féodalité de quelques
sots. Mais, reprend-il mélancoliquement : « Qu'y a-t-il
de plus antipathique au public de nos mœurs modernes
qu'un poète, cette aristocratie, cette distinction, cette
idéalité, cette insouciance ou ce mépris des honteuses
ficelles dans lesquelles meurt l'art du théâtre, misé-
rablement étranglé ? » Le recueil se ferme sur *Patrie*,
de Sardou, le Scribe convulsé, grimacier dramatique,
habile faiseur. — Comme Barbey d'Aurevilly nous
venge bien de tous ces directeurs mercantiles et sans
intelligence, de cette cohue d'auteurs dramatiques sans
talent et que cependant une presse vendue exalte dans
ses colonnes menteuses, de cette décadence descendue
au dernier degré par la faute, par le crime général des
directeurs, des auteurs, des critiques, du public, et de
nos soi-disant hommes d'Etat, complices de cette dé-
gradation de la scène.

Pensées détachées (Lemerre). — En janvier 1889,
parut un petit recueil de pensées, dont la première
définit à la fois ce genre littéraire, et certain élément
important de la nature de l'auteur : « La pensée dé-
tachée, c'est la flèche qui vole ; elle est isolée, elle a,
comme la flèche dans les airs, du vide au-dessus et du
vide au-dessous d'elle ; mais elle vibre, elle traverse,
elle va frapper. » Des pensées, cela peut se caractériser ;

mais ne vaut-il pas mieux en citer un choix, qui montre
le degré d'originalité du penseur et révèle le tempérament de l'écrivain et de l'homme ? En voici de signi-
ficatives : « L'hypocrisie, c'est la maturité du vice. — La
meilleure manière de voir le monde, c'est de le voir à
travers les grands poètes. — On ne sait pas assez ce
que la force de l'admiration produit de trouble et d'effroi
autour d'elle. — Je connais le mal qu'on peut faire avec
le meilleur sentiment ; on n'a ni regret ni remords des
coups qu'on vous donne. — Le plus grand penseur serait
la mort, si elle pouvait juger la vie. — L'enveloppe
mortelle du moyen-âge a disparu, mais l'essentiel reste. —
En France, tout le monde est aristocrate, car tout le
monde tend à se distinguer de tout le monde. — Il y a une
certaine aisance dans la maladresse, qui est plus gracieuse que la grâce elle-même. — Quand les hommes
supérieurs se trompent, ils sont supérieurs en cela
comme en tout le reste. — La conscience de soi vaut
mieux que la gloire. — Les mots sont la prison de la
pensée. » Toute une nouvelle manière d'écrire pourrait
sortir de cette pensée-là ! « L'homme est si profondément
vil qu'il fait des viletés des actions qu'il ne comprend
pas, parce qu'ainsi il est toujours sûr de les comprendre. »
Atroce, mais si vrai ! « Quand on se retourne dans la vie
et qu'on regarde son passé, on devient statue ; on n'est
plus capable de rien. — Il n'y a que la force qui donne

des coups de pied au derrière qui soit respectée ; mais la force du caractère, du talent, de l'expression, allons donc ! n'en parlons jamais. » Et ces *Fragments sur les femmes :* « Quand on aime un peu, tout est raison pour aimer davantage. — De femme à femme, pas une femme honnête ; toutes des scélérates, en plus ou en moins. — Il n'y a jamais qu'une femme qui puisse guérir d'une autre femme. — Les femmes donnent leur mesure par leurs amours. » Voilà, sauf exceptions, la clef de tous les jugements sur la femme, et toute la psychologie féminine. « Les femmes couronnent des vainqueurs, des confiants et des fats. — Tous les amours sont tués par l'absence, ou peuvent l'être. — La seule garantie d'une femme contre vous, est toute et seulement dans l'affection qu'elle a pour un autre. — Un premier amour influe sur toute la vie. » D'autres pensées offrent la brusquerie du paradoxe ; mais celles que j'ai citées sont vraiment simples autant que vigoureuses : elles révèlent l'homme de lutte, plutôt que l'homme d'action. Et les fragments sur les femmes sont d'un expérimenté.

Les Poètes (2ᵉ série. LES ŒUVRES ET LES HOMMES, 11ᵉ volume). — Ce livre, édité chez Lemerre au commencement de 1889, est dédié à Henri-Charles Read, ce poète mort si jeune, à dix-neuf ans (en 1876). Il s'ouvre avec Ronsard, qu'on s'habituait à ne plus voir que comme un nom et une date. « Païen comme son époque,

il but à longs traits à la double source des littératures
retrouvées et des mythologies, et ce fut pour Ronsard et
pour nous un malheur. » C'est la muse celtique de
Ronsard qui ressuscite, et non sa muse païenne. « Ronsard fut, dans une langue qui n'était pas faite, un
Victor Hugo avant Victor Hugo. » Un poète qui est bien
français, qui vit en nous, c'est La Fontaine, le bonhomme. « La bonhomie est une qualité appartenant
particulièrement et suprêmement à la race gauloise, »
que l'histoire a symbolisée sous le nom de Jacques
Bonhomme. « Il a le mieux exprimé poétiquement le
génie de cette race. » L'invention, le drame, le dialogue,
le comique d'expression, la description, toutes ces puissances se complètent, avec la bonhomie, par un charme
vainqueur de tout. André Chénier, lui, « a la poésie de
sa mort par dessus la poésie de sa poésie... et le sublime
de la poésie lyrique, qui est la première de toutes les
poésies ; » Barbier est né du génie de Chénier ; il l'a, du
moins, continué. Agrippa d'Aubigné fut « un tempérament bien plus qu'un accomplissement de poésie. »
Victor Hugo, dans sa *Légende des Siècles*, a de l'érudition, mais peu de variété, l'imagination du mot plus
que de la chose ; il eût dû faire une grande épopée au
lieu de petites épopées. Les *Chansons des rues et des
bois* offrent souvent du vide ; il y arrive toutefois à une
suprême aisance dans l'art des vers. L'énormité, voilà

le caractère et l'écueil de Hugo. Le critique redit son regret, de ne lui avoir pas vu écrire le poème épique qui manque à la France, et qu'il lui avait conseillé de faire, au premier volume de la *Légende*. Henri Heine est le poète de la sensation, du doute, avec de l'enthousiasme qui ne dure pas et de l'ironie qui revient toujours. Auguste Barbier fut l'homme de l'iambe, dont Chénier avait été l'éphèbe ; son génie disparut avec effraction, comme il s'était produit. La poésie de Lamartine a la supériorité des choses infinies, des choses divines sur les choses humaines ; elle offre sa mesure complète dans les *Harmonies*. Lamartine a chanté Dieu comme nul autre poète chrétien ; sa gloire est d'être resté en dehors de l'entraînement littéraire du temps ; il est plus que naturel, il est tout nature ; il en est l'idéal même. « Parce qu'il était élevé, les esprits bas, qui sont si fins, le disaient niais, » ne comprenant rien à sa faculté enchanteresse qui grandissait le réel, tandis qu'eux ne voient que le réel des bêtes. Quelle opposition, que de parler ensuite de Mme Ackermann ! Ses *Poésies philosophiques* sont athées, douloureusement athées : son désespoir a de la grandeur, mais une grandeur trop affreuse pour ravir l'âme ; cette amie de Proudhon est la Proudhon de la poésie au 19ᵉ siècle. Le critique est toujours bénévole envers Richepin ; il avait là une belle occasion de piétiner un écrivain férocement hostile à toute foi. Il trouve sa poésie belle, mais, du moins, sa morale criminelle : son danger est d'incliner les imaginations vers une impiété absolue et définitive. Un retour dans le passé nous amène à Milton, qui mit une vie à se débarrasser d'une instruction pédante, de huit langues, de toutes les sciences du temps, d'une éducation de puritain et de théologien argumentant, d'une fausse vocation de pédagogue, des fonctions arides de secrétaire de Cromwell, pour, enfin, à soixante ans, rejeter tout cela hors de lui et apparaître la fleur magnifiquement épanouie du *Paradis perdu* à la main. Puis, c'est Corneille, génie sédentaire, dont le soleil était le cœur de l'homme; les seuls faits de sa vie qui importent sont surtout intellectuels ; il a la majesté monotone des grandes destinées et des grands horizons; c'est un génie romain et un génie gaulois réunis. Et nous revenons au 19e siècle, y retrouver Théodore de Banville, la fantaisie gracieuse, l'imagination joyeuse, la gaîté, une gaîté italienne, dans le lyrisme : il rit dans le bleu comme il y gambade, parfois ; Laurent Pichat, sèchement philosophique ; Amédée Pommier, satirique vigoureux, poète d'ordre composite ; Charles Monselet, un peu de poète et beaucoup de viveur ; Hector de Saint-Maur, attendri ; Paul Bourget, sceptique, inquiet. Le visionnaire Maurice Rollinat offre une poésie étrange et maladive : « d'une époque si désespérément décadente, cette poésie du spleen et du spasme, de la peur, de l'anxiété, de la rêverie angoissée, du frisson devant l'invisible. » Dans *les Destinées*, Alfred de Vigny s'est métamorphosé, après vingt ans de solitude et de silence, de génie tendre en génie stoïque. L'idée y est implacable, l'attitude inflexible ; l'âme est devenue rigide. Il y a là une profondeur d'impression et une âpreté poignante, dont le cœur est déchiré. « Tous ces vers ont été vécus, soufferts et saignés, avant d'arriver à l'arète froide sous laquelle ils brillent. » — Ce volume est un des plus lumineux, des plus vifs, de la critique de Barbey d'Aurevilly. La poésie le charme, le conquiert, dès qu'il y sent la sincérité ardente, dès qu'il y voit la flamme, fût-elle diabolique, fût-elle athée. Sa prose y devient plus ardente, plus poétique elle-même. Et d'ailleurs que de phrases, que de pages n'y disent, n'y crient-elles pas son amour de la poésie, et que, sauf la religion, elle est au-dessus de tout !

Antonin Bunaul, dans *le Siècle* du 15 avril 1889, donna sur ce livre et sur son auteur une chronique, très goûtée de Barbey d'Aurevilly. Ce fut le dernier écho des voix extérieures. Il ne sortait plus. Des habitués le venaient voir, le comte de Lorgues, Charles Hayem, Léon Bloy, Braga, Kleine, Haag, le docteur Robin, le docteur Letourneau, le docteur Seeligmann. Le jeudi-

saint 18 avril, il put encore dicter, pour *Amaïdée*, qui
finissait de paraître au *Gil Blas* et qui allait être éditée,
une note sur ce passage : « ... la supériorité ne servait à
rien ici-bas. » Voici la note, dernier acte de l'écrivain :

« Quand il écrivit ces pages, l'auteur ignorait tout de
la vie. L'âme très enivrée alors de ses lectures et de ses
rêves, il demandait aux efforts de l'orgueil humain ce
que seuls peuvent et pourront éternellement — il l'a su
depuis — deux pauvres morceaux de bois mis en croix.

           » Jeudi-Saint, 18 avril 1889.

                » J. B. d'A. »

Le samedi, il fut pris d'une brusque hémorragie, dont
il sembla se remettre encore. Le dimanche, il dit à un
ami : « Moi qui croyais passer un si agréable jour de
Pâques !... » On aurait pu retrouver quelque espoir, à
le voir si résistant, à l'entendre parler ; mais, le lundi
soir, il s'affaiblit rapidement, et le mardi 23 avril, à huit
heures du matin, il s'éteignit doucement.

« ... Après quatre-vingts ans d'une existence où les
heures de bonheur se comptaient, plus rares que les
journées de lutte, devait écrire un peu plus tard Charles
Buet, il disparaissait, ayant auprès de lui pour recueillir
le suprême soupir deux amis fidèles jusque par delà le
tombeau, et l'amie la plus dévouée et la plus pure, ange
gardien du soir de cette longue journée, consolatrice
obstinée de cette vieillesse écoulée dans l'austère et

majestueuse solitude. Il faut qu'on le sache, mademoiselle Louise Read, sœur d'un charmant poète mort à vingt ans, a montré pour M. d'Aurevilly le plus absolu, le plus désintéressé dévouement, veillant à ses moindres désirs, lui atténuant ses tristesses, faisant douce sa vie et douce sa mort. Tous ceux qui admirent en Barbey d'Aurevilly l'un des plus grands écrivains de notre siècle lui en garderont une respectueuse reconnaissance. »

Valadon prit un croquis à la plume, Camille Bourget une large esquisse, et Bertault, élève de Falguière, le moulage de la tête. Tous les journaux saluèrent le maître prosateur qui avait vécu, publiant divers portraits de lui. Coppée, Gustave Geffroy, Paul Bourget, Jean Lorrain, se distinguèrent parmi les chroniqueurs amis.

Le vendredi 26 avril, les funérailles, très simples, se firent à Saint-François-Xavier. Barbey d'Aurevilly avait exigé qu'aucune invitation ne fût faite. Il ne « voulait personne à ses funérailles. » Cependant, deux cents personnes environ, parmi lesquelles le comte Roselly de Lorgues, Coppée, Léon Cladel, Astruc, Royer, Léon Bloy, Charles Buet, Richepin, Huysmans, Braga, Ch. Hayem, Raffaëlli, Gustave Geffroy, Mme de Musset, se réunirent au 25 de cette rue Rousselet, qui porte le nom obscur d'un propriétaire quelconque, et que la ville

de Paris devrait désigner désormais *rue Barbey
d'Aurevilly*. (1).

L'inhumation eut lieu au cimetière Montparnasse, sans
discours.

Le jour même, Gustave Geffroy écrivit dans *la Justice :*
« S'il n'a pas eu les lecteurs par cent mille, Barbey
d'Aurevilly a eu des complices ignorés et sûrs dont les
sensations ont été certainement violentes et ineffaçables.
Si son influence ne s'est pas exercée en étendue, elle
s'est au moins, sur quelques-uns, exercée en profondeur, et ç'a été pour lui, s'il l'a su ou s'il l'a deviné, une
compensation du sort. » Jules Lemaître, dans *le Temps*
de ce jour encore, réédita ces redites de 1887 dans la
Revue bleue : « ... On ne saura jamais si cet homme
mystérieux soutenait un rôle (très noble et très innocent, d'ailleurs), ou s'il fut sincère, ni dans quelle
mesure il le fut, et ce qui se mêlait de gageure à sa
sincérité ou de candeur à sa comédie. » Est-ce bien la
peine d'être un critique, pour aligner de telles pauvretés ?

Je préfère ces lignes, d'un article de François Coppée :
« ... C'est à la critique d'accomplir jusqu'au bout une
œuvre de justice et de réparation, en traitant avec
tout l'honneur qui leur est dû ces livres pleins de force
géniale, contre lesquels l'esprit de parti a longtemps

---

(1) Le Conseil municipal de Paris a l'intention de donner le nom de
Barbey d'Aurevilly à l'une des rues qui doivent être ouvertes dans
le Champ de Mars (1907). — Ce projet vient d'être voté (1908).

organisé la conspiration du silence, mais que, fort heureusement, dans ces dernières années, l'enthousiasme de jeunes et généreux esprits avait remis en pleine lumière. »

Voici un curieux fragment de *la Littérature de tout à l'heure,* de Charles Morice, publiée vers ce temps-là : « … Les gens de la Révolution ne savaient point ce qu'ils symbolisaient, et c'était l'invincible, l'irrésistible élan de l'âme humaine vers le Dieu dont elle est éprise, qu'elle ait ou non conscience de son amour. M. d'Aurevilly est bien dur pour cet amour qui s'ignore. Mais cette dureté implacable lui a fourni l'angle solide qui fait son œuvre si imposante… Lui encore il sait le merveilleux des choses, il a le plus intense sentiment de la modernité, le secret de la physionomie et la langue personnelle. Cette langue, éloquente et subtile, et poétique, austère et passionnée ; sombre, avec tout à coup des mots de lumière qui tyrannisent ; excessive à l'ordinaire, mordante, cassante et déchirante, et qui sait s'alanguir et caresser, murmurer, sourire ; qui semble toujours décrire et qui presque toujours suggère ; qui laisse le souvenir comme d'une saveur, comme d'une blessure, comme d'une injure, comme d'un colloque entendu dans l'ombre ; rouge, safran, gris-perle… »

Victor Fournel remarqua, dans *le Correspondant* du 25 mai : « … On pourrait détacher de son œuvre

critique des pages superbes, et en plus grand nombre
encore d'excellents passages, de vues pénétrantes, de
jugements, de définitions, de portraits d'une forme très
expressive... C'est un polémiste armé du fouet de la
satire, cinglant à tort et à travers et se servant même du
manche pour achever ses victimes. »

Je note encore, de Pèdre Lafabrie (*l'Univers*, 30 août) :
« Barbey d'Aurevilly avait le culte de la force et croyait
fermement la force bonne à tout, en religion aussi bien
qu'en littérature, dans le gouvernement des peuples
aussi bien que dans les plus vulgaires incidents de la
vie quotidienne. »

Rappelons enfin quelques passages de l'article éloquent et expressif de l'écrivain suisse Adolphe Ribaux :
« Contempteur des succès faciles, **M.** d'Aurevilly **a**
suivi un chemin abrupt et douloureux. En ce temps de
dévergondage littéraire, il a été constamment un modèle
de probité intellectuelle, de respect de son art. C'est
pourquoi ses œuvres dureront ; rien n'y a été sacrifié à
la mode, au goût actuel si peu sûr de lui-même et **qui**
ne pèse pas d'une once dans la balance de l'avenir. **Dans**
la solitude, l'écrivain sculptait des marbres sans défaut,
et la foule l'a ignoré, — mais la postérité mettra une
figure immortelle sur son tombeau, c'est maintenant
qu'il obtiendra justice. La revanche, — et quelle revanche ! va commencer pour lui... Dignité **suprême**,

droiture inviolée, aristocratie d'âme et de sang, impérieux besoin de vérité et de justice, indignation
superbe qui méprise la plainte et ne proteste que par un
silence d'orgueil, M. d'Aurevilly a donné l'exemple de
tout cela... Ce sont là vertus où il est beau de draper sa
vie, et qui valent bien une pourpre... Et s'il nous fallait
comparer ce géant à quelque autre créature humaine,
ce n'est point parmi les actuelles foules que nous trou-
verions le point de rapprochement. Où nous devrions
l'aller chercher, c'est dans les ombres solennelles de
quelque crypte funéraire ; — là, sur les tombeaux,
dorment les preux d'antan, immobiles dans leurs ar-
mures, aux pieds le lévrier fidèle, et sur la poitrine
le lys héraldique... Réveillez un de ces héros de son
long sommeil, rendez le souffle à ses lèvres, le regard à
ses yeux, la vie à son cœur, — et mettez ces deux
hommes face à face : ils pourront se tendre la main... »

VII

Il est des écrivains que la mort supprime doublement, par le corps et par l'œuvre ; ce sont les usurpateurs des lettres, sans talent, mais que leurs intrigues, leur cynisme, leur pratique des vols admis, que dis-je ? respectés ! pour lesquels il n'y a pas encore de bagne, firent célèbres et riches : le cimetière, en se refermant sur ces requins, éteint à jamais leur illustration usurpée. D'autres, qui eurent une valeur, grande parfois, mais qui, précisément, virent accaparer par les précédents leur part de biens et de gloire, encourent souvent le même oubli, au lendemain de funérailles où, d'ailleurs, les fidèles sont rares ; mais après quelque temps, et quelquefois un long temps, leur nom et leur œuvre surgissent de la tombe, et la postérité leur rend une tardive justice. D'autres enfin, dont le génie ou le talent s'appuyait sur un tempérament combatif, robuste ou avisé, surent se conquérir et se garder une place au soleil, ne fût-elle qu'une place modeste, et ceux-là, quand ils meurent, ne disparaissent que pour leurs proches, leurs amis ; le public continue d'entendre leur nom et de lire leurs ouvrages, comme s'ils étaient là toujours ; la mort n'est plus qu'un événement d'une existence interrompue corporellement, mais non spirituellement. Tel fut Barbey d'Aurevilly, dont l'œuvre continua de paraître, variée, touffue, au point que le public put croire toujours à sa présence réelle. Et réelle était en effet cette présence ; mais elle avait un autre nom, le nom d'une amie dévouée, qui n'a jamais failli à la tâche, souvent pénible, de maintenir cette gloire au-dessus d'une époque si décourageante par ses mornes indifférences ou ses haines de médiocres triomphants.

Le Théâtre contemporain (tome 3, Quantin, 1889). — C'est d'abord une troisième série, dédiée à Gaëtan Braga, du *Théâtre contemporain*, qui parut très peu de semaines après la mort de Barbey d'Aurevilly. Le premier article nous rappelle qu'Octave Feuillet fait gentiment la babiole dramatique ; puis, beaucoup de choses quelconques, d'auteurs qui brillèrent et dont les noms cependant ne sont déjà plus à prononcer : « Tout est mort au théâtre de ce qui y vivait, et l'art s'éteint par les deux bouts. » Et l'esprit français : « Il ne lui faut pas seulement comme à un vieux blasé, comme à un vieux libertin qu'il est, le ragoût des obscénités et des nudités truculentes ; il lui faut aussi le ragoût de la bêtise, pour le rendre heureux. » On dit : c'est idiot, à certains passages, et on rit, idiotement. Les revues, dignes pendants des féeries, révèlent aussi le goût factice et puéril du temps. Même le mélodrame s'éteint, et « la fausse sentimentalité pourrit tout. » Tout le monde s'est pressé à une reprise de *Lucrèce Borgia* : « Les générations se ressemblent plus qu'on ne croit ; il n'y a que les mêmes pièces qui ne soient plus les *mêmes* au bout de trente ans... Encore, il y a des époques où la vie en abondance, comme dans la jeunesse, tombe sur des œuvres qui par elles-mêmes manquaient de vie, et fait croire un instant qu'elles en ont. » Des figures défilent : Frédérick Lemaître maintient sa renommée, on rejoue George Sand (quelques mois avant la Guerre), et les tours de passe-passe de Sardou continuent ; voilà Sarah Bernhardt, des nerfs, et Paulin Ménier, comédien comprenant ; puis les adultères, pris par tous les côtés, et toujours pareils : vilenie et ennui. Les acteurs sont généralement meilleurs que les auteurs. Un grand triomphe, c'est celui des ignominies blagueuses, avilissant le rire et pourrissant les mœurs du peuple qui en rit. Villiers de l'Isle-Adam, par *la Révolte* (feuilleton du 11 mai 1870), se montre « un violent, un peu incohérent. » Mais voici que l'on reprend même Ponsard ! Conclusion, inspirée par un anniversaire de Corneille : « Pièces de théâtre, anniversaires, discours d'Académie, discours d'ouverture, discours aux princes, oraisons funèbres, allons ! mettez tout cela dans le même paquet, et jetez-le où vous voudrez ! » — Les trois premiers volumes du *Théâtre contemporain* se rapportent aux dernières années du second empire. Le théâtre, comme les mœurs, était généralement ignoble et vulgaire, presque autant qu'aujourd'hui. L'esprit français, en miettes, en bouillie, et tout le reste ne valait pas plus cher ! Les acteurs dirigeaient la baraque, et c'était logique, dans ce théâtre *d'adaptation* à ces acteurs, aux directeurs, au public : le plus mauvais système possible, là où il faudrait que tout fût soumis au génie ou au talent.

Les Vieilles Actrices (Bibliothèque Chacornac, juillet 1889). — Cette réédition nous laisse dans la même voie, qui n'est pas souvent la bonne. Dédié à Léo Trézenik (en avril), il « met en scène » Laferrière, tout ce qu'il y a de plus vieille fille par les prétentions ; Thérésa, la chanson faite femme, « ce qu'il y a de plu spontané, de plus vif, de plus français et de plus électrique en France ; » Déjazet, fille attardée du 18ᵉ siècle, aux artifices plus charmants que nature; Duverger, qui séduit... avec des cigares, « et elle a raison : dans la fumée, on la voit moins ! » (une femme envierait ce mot) ; Adèle Page, qui eut le don du sourire fin, de la gaîté sobre, et qui plut, chez un peuple préférant le joli à la grande beauté ; puis... Berryer ! Berryer même : « Il va bien ici, après les vieilles actrices ; ce fut celle de la légitimité, et qui lui coûta cher. » — Le recueil se continue par *le Musée des antiques.* Les vieillards méritent le respect, sauf ceux sans dignité, à talent décrépit mais encore infatué, traînant dans le bout de vie qui leur reste des passions ou des prétentions attardées ; et ceux-ci, on n'en a jamais vu un si grand nombre. Voilà Rossini, jouant au lazzarone de la gloire et du génie ; Auber, prétendant à l'éternelle jeunesse ; le duc de Brunswick, le plus titré et le plus vide de ces vétérans de la fatuité. Voici d'autres fantômes, devenus tellement inconnus qu'ils ne sont plus à nommer, sauf Taylor, l'ubiquiste de toutes les commissions d'art ou de littérature. — L'ouvrage est complété par des *Antiques et Bleues*, diverses figures si bien effacées qu'il sied de ne plus les désigner, à part Olympe Audouard, dont il reste quelque souvenir, et Louise Colet, le bas-bleu révolutionnaire. Suivent George Sand, la mère Gigogne aux adultères ; Auguste Barbier, un mort sur pied, « qui n'a pas besoin d'être de l'Académie pour avoir l'air d'en être ; « Philarète Chasles, qui, après un demi-siècle de bas-bleuisme, cherche une popularité dernière dans les capucinades démocratiques ; et enfin, Prévost-Paradol, un jeune antique : « Il y a des gens qui naissent vieux. » — Ces articles forment un des tourbillons que souleva plus d'une fois la marche robuste du romancier et du critique : tel, un escadron au galop laisse après lui une sorte de fumée où l'on s'attend à voir briller encore une flamme, mais la flamme est loin déjà.

Polémiques d'hier (Savine, 1889). — Ces polémiques s'exercent d'abord sur l'état lamentable du journalisme, « qui fut collectif, cohérent, unitaire et puissant, qui se meurt, et ne sera sauvé, s'il peut l'être, que par la personnalité. » Le journalisme, auxiliaire et reflet de la société aux lendemains de la Révolution, si vite en décadence, aide maintenant à mener le genre humain à sa perte. Une de ses grandes fautes est d'avoir été, vis-à-vis des masses, plus courtisan qu'éducateur : honteux sacrifice ! On est toujours curieux de voir le polémiste aux prises avec des adversaires ; en voici un, le Jules Vallès des *Réfractaires*, peintre amer, âpre et féroce, qui les a faits si cruellement ressemblants, mais non moraliste qui les jugerait, ces bohèmes de l'orgueil et de la paresse, ces échappés de la loi sociale : « les fiers-à-bras de la médiocrité, avec l'insolence du génie, que n'a pas le génie ; des pauvres paresseux, envieux, impudents, enragés. » Vallès est trop circonscrit, trop local ; Callot, lui, peignait les réfractaires de toute une société. Mais Vallès a donné aussi des souvenirs personnels : « Les meilleures couleurs de nos palettes ne sont jamais que le sang qui coula de nos cœurs... Et il a la verve sombre, le feu noir, le nerf, le mordant, le trait brutal, qui viole, mais féconde, et l'amertume de la caricature, s'il n'en a pas toujours la gaîté. » Dans ce

19ᵉ siècle, qui a fait et organisé la publicité, le bruit à n'importe quel prix, le critique saisit et secoue Dumas fils et son *Affaire Clémenceau*, idée commune, sans situations et sans caractères ; Henri Rochefort, dont la plaisanterie anglaise est exagérée, froide d'expression ; Taine, ce faux-nez littéraire, original à trop bon marché ; Michelet, croque-mort de Mirabeau. Suivent des pages sur une erreur assez générale : devenir poète ! Le poète *est* de nature, tout le savoir ne le fait pas *devenir*. Puis, une vue sur le peuple espagnol, acharné, énergique, précède des disputes de Prévost-Paradol, E. de Girardin, Louis Blanc. L'ouvrage aborde les revues de fin d'année, une mode, ce qui dit tout, dans ce pays des engouements : « ... Affreuse caractéristique de ce temps ! Il n'y a que la rapidité et la profondeur de l'oubli qui puissent y égaler la fureur des enthousiasmes imbéciles. Les grands hommes y durent vingt-quatre heures, et c'est vingt-quatre fois trop pour les grands hommes qu'on y fait. » Mais voici un homme grave, Jules Favre, qui a conférencié sur la liberté littéraire. Est-elle si nécessaire ? Le génie et le talent poussent partout et contre tout. « Opprimer le génie, c'est le faire souffrir, ce n'est pas l'étouffer ; il réagit alors et devient immense. » Et voilà Edmond About, sorti de l'école normale supérieure, où ils se ressemblent tous ; les libre-penseuses, les socialistes, les hommes de l'opposition républicaine

(derniers temps du second empire), les clameurs et
tumultes de Paris, le calme au dehors : « ... La province,
c'est la France ; et dans un temps donné, s'il en était
besoin, ce serait cette calme et raisonnable province qui
sauverait Paris... de Paris ! » Une honte du temps, ce
sont les dynasties démocratiques : les fils profitent du
renom des pères ; dès la jeunesse, les voilà déjà grands,
et la presse parle d'eux comme de hauts personnages.
Mais ce fut toujours ainsi : jadis, les fils des nobles
n'avaient généralement pour toute grandeur que leur acte
de naissance. Des figures s'animent : Raspail, Michelet,
Olympe Audouard qui envoie un cartel au directeur du
Figaro. Du bruit, du bruit à n'importe quel prix. Le duel
est un moyen. S'il était défendu aux journaux de parler
des duels, on n'en verrait presque plus. Olympe
Audouard répondit au polémiste, qui lui octroya une
spirituelle riposte. Barbey d'Aurevilly blâme le père
Hyacinthe, le père Gratry, qui s'adonnent aux libertés
religieuses modernes ; il défend aussi le catholicisme
contre l'éclectisme d'autres catholiques, regrette que la
notion du surnaturel s'en aille. Il se lève contre l'amnistie d'août 1869, contre les attaques à Napoléon Ier, contre
la suppression de la peine de mort, à laquelle on ne peut
être encouragé par l'affaire Troppmann (novembre 1869).

C'est aux débuts de 1890 que parut *Amaïdée*, chez
Lemerre. Le manuscrit, confié par Barbey d'Aurevilly en

sa jeunesse, n'avait été retrouvé qu'après maintes recherches. Ce livre, on se le rappelle, avait été écrit vers 1834, quand l'auteur « ... se cherchait à travers toutes les fièvres de la génération d'alors. » (Paul Bourget, Préface). Je signale, au 3 janvier de l'année suivante, une étude d'Edmond Biré, dans la *Revue de France*, sur Jules et Léon Barbey d'Aurevilly.

Dernières Polémiques (Savine, 1891). — Les articles de ce recueil avaient paru à partir de 1872. Le premier est sur Mazzini, ce révolté longtemps sinistre, plus longtemps encore oublié. Une leçon est donnée à la jeunesse qui a sifflé, à cinq cents, un professeur ; ils ont appris dans leur famille, la famille moderne, à se moquer de leurs pères, et les insolents de la famille deviennent les insolents de l'école. L'article, comme d'ailleurs beaucoup d'autres des deux volumes de *Polémiques*, est plein de gravité, de dignité ; le suivant fouette ces enfants juges, qui aident à faire le présent grotesque et préparent un avenir honteux. Mais voici un beau et réconfortant chapitre, sur un rural écarlate, Léon Cladel, qui publie, après *le Bouscassié*, « cette robuste églogue qui monte parfois jusqu'à l'épique », *la Fête votive*, où il peint à fond les paysans avec une énergie plus grande encore, d'une touche de flamme. « Le sentiment et le coloris se battent à qui sera le plus puissant. » Et « le républicain chez lui est tellement peintre, qu'il rajeunit et splendifie

par la couleur les vieilles rengaines républicaines, quand
elles lui tombent sous le pinceau... C'est le sol et le
soleil de son sol qui l'ont fait, comme le vin... » (4 mai
1872). Le polémiste s'élève contre *l'Année terrible*, de
Hugo, qui dit de la Commune : Personne n'est coupable.
Il écrit sur don Carlos, puis Denfert-Rochereau : la fin
de tout, prétend-il, parce qu'à la tribune le colonel a
demandé que l'obéissance passive soit remplacée par
l'obéissance intelligente. Cependant, à voir les résultats,
il reste établi que Denfert-Rochereau fut le plus grand
homme de guerre de 1870-1871, ce qui prouverait que
lui et ses troupes, s'ils ont agi par obéissance intelligente, en ont tiré un merveilleux parti. On voit, sous
ces divers articles, se former la république, bien que
l'écrivain n'y croie guère. Après des vues sur des
actualités passagères, il dit que le moment est venu
pour l'Assemblée de faire un coup d'Etat ; mais il
prêchait dans le désert... monarchique ; et d'ailleurs,
observait-il : « En toutes choses, en politique, en littérature, en art, en guerre, il n'y a que des grands
hommes auxquels toutes les assemblées du genre
humain, quand ils manquent, ne suppléeraient pas. »
Vérité qui devrait gouverner toutes les entreprises, si
l'orgueil, l'argent, l'intrigue, n'étaient presque toujours
pour le malheur général, les promoteurs de tout ! Suivent
des articles sur la colonne Vendôme, remise debout, Littré

et la théorie simiesque à l'Académie, Thiers tombant
parce que l'ordre moral lui est impossible, la lettre au
Triboulet sur Zola (dont j'ai parlé à sa date), la reprise
de *Jean Baudry* d'Auguste Vacquerie ; sur Ernest
Hello, Maxime Du Camp, Hubertine Auclert, Louise
Michel, et enfin, les petits papiers de Musset et de Sand :
« ... Nous nous dégradons de plus en plus, nous nous
abaissons et descendons jusqu'aux sentiments les plus
canailles... Cette curiosité malsaine n'a jamais été
poussée aussi loin que dans cette époque, où les plus
coupables sont les journaux, eux qui ont inventé le
reportage qui nous fait écouter aux portes ! » Et les
filles triomphent : la corruption règne. Pour régner sur
ce temps, il ne s'agit que d'être la première venue, sans
esprit, ni manières, ni manèges, ni chatteries, ni dia-
bleries : rien qu'être *fille*! Le critique défend le catholicisme insulté. Il approuve la suppression de la dot, qui
« atteindrait les mariages d'argent, cupides et dégradants,
dont nos mœurs sont déshonorées comme jamais mœurs
ne le furent... C'est l'abaissement universel ; on s'est
vendu et acheté, de part et d'autre : je ne crois pas qu'il
y ait jamais eu dans les mœurs d'un peuple un plus
ignoble spectacle !... Le mariage d'argent, dans une
société qui fut chrétienne, est cent fois plus odieux que
le marché des esclaves dans une société musulmane...
Et l'adultère, qu'engendre le mariage d'argent : prosti-

tution sur prostitution !... La loi ne se préoccupe plus
que des intérêts matériels, et les êtres que la loi régit
sont comme elle : ils éteignent en eux la vie, qui y fut si
longtemps et qui se composait de ces choses sublimes :
la religion, l'enthousiasme et l'amour ! » Le livre se
ferme sur Victor Hugo acclamé par le monde, sur le
meurtre d'Alexandre II, le régicide devenu universel,
« un des produits du gouffre de l'égalité qui doit peut-
être engloutir le monde moderne. »

Voici quelques réflexions qui s'agrafent bien à ce
temps-là ; elles sont de Charles Gidel, dont l'*Histoire de
la Littérature française* est cependant farcie d'erreurs
ou d'injustices, soit contre des Gilbert et des Hégésippe
Moreau, soit pour des Scribe et des Ponsard : «... Barbey
d'Aurevilly s'est montré analyste subtil et ingénieux,
bien avant que nos romanciers modernes eussent fait si
grand bruit de l'analyse... On pourrait aisément accommoder à la mode d'aujourd'hui les scènes principales de
ses romans ; il n'y aurait qu'à reproduire, en un langage
libre de toute décence, les idées qu'il voile par respect
pour les convenances et pour le goût. »

Littérature étrangère (LES OEUVRES ET LES
HOMMES, 12e volume, Lemerre, 1891). — Par touches
vives et habiles, Barbey d'Aurevilly dépeint Shakespeare, au travers de jugements sur la traduction de
F.-V. Hugo, la meilleure que l'on ait, et dans cette

langue d'après 1830 qui sut retrouver celle du 16ᵉ siècle
où écrivit le dramatique ; mais le traducteur aurait dû se
priver de ses préfaces faites en imitation de son père. Un
des attributs du génie absolu est la variété dans les
chefs-d'œuvre, l'identité du même génie dans des sujets
différents ; le fond et l'unique mobile de Shakespeare
était aussi l'insatiable besoin de peindre sous tous ses
aspects la nature humaine. Lawrence Sterne eut le rire
et la tristesse, l'observation fine et voluptueusement
délicate, l'esprit tout âme. Voici Avellaneda, qui essaya,
médiocrement, de continuer *Don Quichotte* ; Topffer,
faiseur de silhouettes rapides, au tournant desquelles
il allume une goutte de lumière, sensible, et cependant
superficiel ; Hebel, le Burns allemand, très peuple d'inspiration, mais parfois ingénieux comme un lettré ;
Valmiki, et son *Ramayana*, poème d'un peuple immo-
bile, de vie végétale ; Tourgueneff, observateur, fantaisiste ; Henri Heine, sceptique s'agitant dans l'image,
virtuose de l'ironie, rose et triste partout ; Hoffmann,
dont le succès est digne d'une société abîmée et névrosée
comme la nôtre ; Gœthe, génie plastique, de sensibilité
littéraire, « qui tient bien plus aux facultés spéciales du
cerveau qu'à l'essence même de l'âme ; » Nicolas Gogol,
offrant quelque humour, une certaine observation, mais
beaucoup d'imitation, comme tout ce qui est russe :
« L'imitation est le génie de la Russie... Cette faculté

d'imitation, si facile qu'elle en paraît instantanée comme
l'éclair... » Nous remontons jusqu'à Dante, dont on a
fait un théologien, un philosophe, un historien, un
homme politique, un savant, et qui n'est qu'un poète,
d'une sensibilité terrible : « Les grands poètes sont leur
propre expression à eux-mêmes avant d'être celle de leur
temps ; il faut que la critique réclame enfin pour l'individualité beaucoup trop sacrifiée des grands poètes. »
Nous redescendons vers Swift, observateur profond et
sincère, mais détourné par les questions éphémères de
son temps ; vers Macaulay, abondant, calme, utilitariste,
et le principal *essayste* de la *Revue d'Edimbourg* ; vers
G.-A. Lawrence, romancier byronien, au rire saccadé,
dévoreur de larmes. Et voilà Byron même, qu'il ne faut
pas toujours croire sur lui-même ; Byron, le plus pur
classique comme poète et le plus chaste de nature comme
homme ; rien qu'artiste, mais si peu anglais, quoi qu'ait
dit Taine dans son beau chapitre sur lui. Ce fut seulement en abordant en Grèce que naquit son génie ; il est
mort pour la Grèce et non pour l'Angleterre : il est mort
pour sa vraie patrie. Son esprit de contradiction permet
d'expliquer sa vie. Stoïcien de nature et de crispation
bien plus qu'un épicurien, il mit la poésie du mystère
dans sa vie, et le mystère a été une mystification, dont
on est dupe encore. Le critique démonte le triste et froid
Léopardi : « On n'est pas un prophète, on n'est pas un

grand poète, de cela seul qu'on est un grand triste ; il
faut encore que la tristesse ait un caractère, une puissance, une fécondité. » Il montre Lessing, démêleur des
pièces les plus touffues, comme avec une herse d'acier,
esprit haut, puissant de souplesse, de pénétration. Il
analyse à fond Edgar Poe, un voyant, d'une induction
audacieuse, emporté vers le fantastique, contrarié et
enserré par l'action funeste de la société américaine. Son
imagination foule aux pieds la raison ; l'angoisse est
mystérieuse, soutenue, invincible, terrifiante, jusqu'à ce
que l'américain, proie du réel, donne rationnellement le
mot de l'énigme, et étrangle le poète : « Le merveilleux
expliqué n'est plus du merveilleux. » Il a les combinaisons d'esprit et le manque d'entrailles de sa race. Il pro-
duisit chez nous, quand Baudelaire l'eut traduit en
pénétrant également la pensée de l'auteur et sa langue,
l'étonnement, « qui n'est pas une sensation d'un ordre
littéraire bien élevé, mais qui est peut-être le seul succès
à espérer dans les vieilles sociétés à bout de fécondité
intellectuelle et blasées de littérature... Tout est, en ce
grand déclassé, sinistre, noir, terrible, d'un désordre
profond et tragiquement volontaire. » Mais il ne sort
jamais des sensations ; et sa vie fut pareille, de misère,
dans la brutalité sourde de cette Amérique encore plus
cruelle que nos pays devant le poète : « L'Amérique, ce
monstrueux sac de dollars, n'a pas eu, pour le seul poète

et le seul conteur dont elle puisse s'honorer, un shilling,
un seul pence de pitié. » Edgar Poe fut un spiritualiste
refoulé et mutilé par le matérialisme de son pays et de
son temps. Mais ce poète dramatique, avec aussi du
Perrault en lui, n'a que ces deux bases : la curiosité et la
peur. Son originalité vraie n'est pas dans le fond et l'invention, à peine existants ; c'est dans son procédé
d'artiste énergique, de volonté acharnée, froidissant
l'inspiration pour y ajouter. Il possède l'analyse, qu'il
manie mieux que personne. — Cette étude pénétrante et
lumineuse clôt l'ouvrage, où, comme il lui arrive souvent, Barbey d'Aurevilly rappelle auteurs, critiques et
traducteurs à la vérité, et démolit les exagérations
voulues ou inconscientes.

C'est en avril de cette année 1891 que Charles Buet
publia, chez Savine, son livre d'impressions et de souvenirs sur *J. Barbey d'Aurevilly*. Il y racontait les années
de jeunesse, avec une description soignée de Saint-
Sauveur-le-Vicomte et des environs ; puis, la vie à
Paris. « Barbey d'Aurevilly fut un de ces causeurs
brillants à la fois et profonds, sachant dire les moindres
choses avec une sérénité d'olympien, d'une mémoire
prodigieuse qui lui faisait citer les auteurs les plus oubliés
et lui fournissait toujours à propos, le mot topique,
effroyablement juste. Sa phrase et sa prose n'avaient
jamais rien de vulgaire : l'une ou l'autre était à la fois

violente et parée, aristocratique et militaire. » Buet
citait des historiettes, des anecdotes, et de nombreux,
d'intéressants extraits de lettres à Trebutien. Il rappelait
et décrivait les portraits de Barbey d'Aurevilly, ceux
dont j'ai parlé, et d'autres, de Léon Ostrowski pour la
Revue Illustrée, de de Liphart, pour *la Vie Moderne*, de
l'aquafortiste Rajon, pour l'édition des œuvres de
Lemerre. Après des pages sur les amis, une diversion
sur quelques ennemis, dont Flaubert, que Léon Cladel
tenta vainement de réconcilier, Charles Buet rappelle le
journaliste, le poète, l'artiste, le critique, esquisse
quelques-uns de ses ouvrages et note des opinions sur
leur auteur. Il dit, de ce dernier, les habitudes, l'intimité,
et même des détails comme celui-ci : « On a beaucoup
parlé des encres de couleur de M. d'Aurevilly ; on a
souvent décrit ses manuscrits, enrichis de dessins bar-
bares, de majuscules enluminées, de rubriques, avec des
mots soulignés en jaune, et d'autres peints en vert, et
d'autres encore rehaussés d'or ou d'argent... Prédilection
pour l'encre écarlate... L'écriture est large, ferme, carrée,
très nette, un peu écrasée, fort lisible. Les mots se
suivent régulièrement... Sens esthétique, volonté,
raison, certitude... majuscules hardies, calligraphiées. »
Le romancier, le catholique, ont aussi leurs chapitres.
Des polémiqnes, des sympathies, des inimitiés, des
correspondances, des fragments d'articles, des notes

personnelles, appuient le récit de Charles Buet. Son livre offre beaucoup de documents ; c'est un bon travail de recherches, présenté sans grand souci d'une méthode. Les faits sont groupés comme ils se présentent, sauf cependant dans les chapitres sur l'artiste et le poète, sur le critique, le romancier, le catholique. Tel qu'il est, cet ouvrage, écrit avec l'émotion et le respect d'un ami fidèle, ne fait qu'effleurer l'œuvre ; mais il montre bien l'auteur, et sa vie. Quiconque veut connaître l'homme que fut Barbey d'Aurevilly, dans les détails essentiels et nombreux de son existence, doit lire ce volume.

Le Théâtre contemporain (tome 4, Tresse et Stock). — Cette quatrième série de théâtre, éditée au commencement de 1892, va de 1870 à 1883. Elle nous évoque d'abord *Michel Pauper*, de Henry Becque. « L'œuvre est un de ces êtres mal conformés, mais qui ont la vie. » Ainsi, Pauper est un génie tué par la passion : « ...Jamais, s'écrie avec raison le critique, la passion ne tue le génie ; ce sont les êtres secondaires, les talents relatifs, en enfance, qui se laissent **manger** vifs par ces ogresses de passions. » Et « le génie n'est jamais un voyou ; il a beau naître dans la fange et vivre dans la fange, il n'y pourrit pas : il est le diamant dans la fange. » Mais Becque, toutefois, lui plaît par sa main puissante, dure, par sa forte observation. On en est, d'ailleurs, à l'école brutale ; les faits de la passion et les actes de la sensibilité sont les seuls qui intéressent une société redevenue animale. On peut encore assister à certaines reprises de bonnes vieilles pièces... mais c'est juillet, d'ardentes préoccupations de guerre dominent tout, le vrai spectacle est à la frontière. Quelques pages encore sur la danse, talent d'expression comme celui du chanteur et du comédien, et qui peut être aussi grand, pages datées 7 août 1870, puis, un large fossé... La polémique ne reprend qu'au samedi 22 juin 1872. Le théâtre n'a pas changé ; nulle leçon pour lui ne s'est dégagée de cette Guerre et de cette Commune ! Le sale et ennuyeux vaudeville, le « mélo » vulgaire et bas, avec quelques pâles tentatives de drames historiques, bêlent ou meuglent sur la scène. On reprend cependant *le Mariage de Figaro*, qui toujours souleva des applaudissements ; mais l'effet ne se produit plus, les Figaros parvenus ne goûtent plus guère leur ancêtre. Les exhibitions à grand tapage, voilà ce qui convient à des gens sans caractère, petits et superficiels : « ...d'abominables spéculations sur la bêtise du matérialisme universel et contemporain, qui aime à se régaler de choses bêtes, pourvu qu'on les assaisonne des décors, des costumes et des nudités d'un spectacle fait uniquement pour les yeux. » Et Dumas, Augier, Sardou, les célébrités du jour, ont tant vieilli déjà, qu'ils paraissent ne plus œuvrer que pour nous faire leurs adieux, avant

le juste oubli. Ceci est souvent vrai : « C'est dans la
noblesse de ses amusements qu'on reconnaît la moralité
d'un peuple. » Et cela semble probable : « L'art dramatique touche à cette époque d'épuisement qui précède
l'anéantissement définitif... Le théâtre, qui a commencé
par le tréteau, finit platement par le tréteau. » Cependant, « vieux, rabâcheur, sans relief, sans passion, sans
esprit, l'art dramatique n'en règne pas moins despotiquement, intensément sur les spectateurs. » Mais « les
esprits élevés se détournent du théâtre avec mépris. »
On descend, pour gagner des sous, jusqu'à l'opérette,
inférieure encore au banal vaudeville. Puis, c'est la
fange, le théâtre naturaliste ! Oui, des *spectacles*, on en
aura toujours ; mais la conception théâtrale est épuisée.
« De la littérature dramatique, nous en sommes actuel-
lement au gâtisme ; la langue, les plaisanteries, les
situations, l'abjection des types, tout mérite ce nom
immonde. » Et l'on acclame Sarah revenant d'Amérique
comme une souveraine : farce, colossale badauderie,
ridicule, histrionisme, fétichisme. Il est beau, l'état intellectuel de la France ! — Le régime changé, le fond des
mœurs était demeuré le même. Le théâtre restait aussi
nul, aussi exécrable que sous le second empire. Il s'en
allait vers la chute définitive dans l'ennui, l'ordure et la
bêtise.

Littérature épistolaire (LES OEUVRES ET LES HOMMES, 13e volume, Lemerre, 1892). — Balzac est tout entier dans sa correspondance. On y voit que l'homme égalant l'artiste le rend plus grand et en explique mieux la grandeur. Balzac, comme beaucoup, avait souffert des anecdotes et des anecdotiers ; sa correspondance rendra impossibles ces commérages. C'était un organisme très équilibré, très accompli, et puissamment romanesque, qualité première de son équilibre et de sa plénitude. Ses lettres disent sa vie héroïque, incroyable, de luttes et de travaux sortis de cette tête inépuisablement féconde, et le plus touchant, l'inspiration, l'encouragement qu'il puisait dans l'amour de Mme de Hanska. Car le cœur humain est peut-être plus exigeant que l'esprit humain, et ce livre émeut surtout par les lettres du cœur, par cet amour qui exalta son existence et la soutint. — Le chapitre sur Abélard et Héloïse est une erreur : le libre dialecticien du moyen-âge, le personnage romanesque, est-ce là vraiment des états à reprocher ? et faut-il n'avoir que des cerveaux en esclavage, et qu'une vie plate, sans passions ? la raison et le sentiment ne sont-ils pas aussi des dons de Dieu ? et pourquoi les mesurer à Héloïse et Abélard, alors que vous en comblez les autres et vous-même ?... La correspondance de Stendhal révèle son matérialisme raffiné et pétri de contrastes, son attitude un peu bizarre devant le public. Ce capricieux de littérature, ce serpent, là comme en ses œuvres, ne se condamne ni ne s'absout. Il n'a pas de naturel véritable, mais une sincérité de seconde main, de mystificateur qui se mystifie lui-même. Les lettres de Mme de Créqui ont une trempe ferme et solide. Celles de Silvio Pellico, qui regrette son passé de révolte contre l'Autriche, sont approuvées. Lamennais est absout par sa correspondance des accusations d'orgueil, d'ambition, de haine et d'envie accumulées sur sa mémoire. On y a le vrai visage, qui resta caché sous « le masque éclatant et sombre de son génie. » Il y apparaît tendre de cœur, consolé de tous échecs par quelques amitiés, aimant à revenir à son coin de Bretagne, partageant son temps entre l'étude, la prière et la rêverie. On y reconnaît son désintéressement, et l'esprit, cette grâce française, certes imprévue. L'esprit, ce fut une belle part pour Mme du Deffand ; elle aimait tant la conversation, qu'elle réussit dans les lettres, ces conversations fixées. Le critique blâme un livre de souvenirs insignifiants sur Mme Récamier. Il ne voit pas davantage Nelson, homme tout de contrastes, mélange de bien et de mal, dans la correspondance qu'on a publiée de lui. Celle d'Alexandre de Humboldt montre ce beau parleur scientifique. Et c'est Tocqueville, d'autres encore, des livres inutiles. Prosper Mérimée, dans ses lettres, reste morose, empesé, boutonné, et grognon avec monotonie, Trissotin correct

et moderne, perfectionné et polygotte: «... Tous les secs
doivent périr par les lettres, et ils ont tort de toucher à
cette hache. » L'esprit d'Horace Walpole est un fruit
brillant, amer et glacé ; ce misanthrope ironiste, cet
égoïste du 18ᵉ siècle est sagace et pénétrant : il a le
portrait et le trait. Mᵐᵉ Geoffrin, raison et sagesse de ce
même siècle, Maintenon bourgeoise, est animée seulement
au fond de son âme vive et tendre. Et toujours des correspondances, parmi lesquelles, des lettres de Benjamin
Constant à Mᵐᵉ Récamier, qui le montrent autre que dans
ses œuvres, c'est-à-dire un sentimental, analytique
encore, mais ardent, voire larmoyant, humble, et en
vain ! Par ces lettres publiées, Constant gagne une
âme, et Mᵐᵉ Récamier perd de la sienne. — Le polémiste
a remarqué justement : « Dans une correspondance,
tant vaut l'homme, tant vaut le livre ; le sujet, c'est
l'homme même qui écrit ; c'est sa manière de voir et de
juger la vie, de sentir et surtout de dire, qui fait l'intérêt
d'une pareille publication. » Son ouvrage nous met en
garde contre bien des correspondances superflues,
médiocres : souvent des bouts d'invitation, de remercie-
ments, des riens ! Et c'est avec cela qu'on nous encombre.
Seules sont bonnes les lettres de gens d'esprit, et encore,
il faut y supprimer les insignifiances. Je ferme le livre en
me rappelant ce mot si vrai de son auteur : « Les lettres
sont d'ordinaire le triomphe des femmes. »

On parlait alors d'un projet de statue à Barbey d'Aurevilly. De son coin de borne à la *Revue des Deux-Mondes* (1ᵉʳ septembre 1892), Brunetière se mit à coasser sur ce « vieux paradoxe ambulant ! » On répondit, dans quelques publications, au suprême soutien de cette publication fossile. *La Plume*, dans ses numéros du 1ᵉʳ février, des 15 avril et 15 août 1893, publia, sous le titre : Pages retrouvées, plusieurs poésies de Barbey d'Aurevilly. La même année, parut chez Lemerre le 14ᵉ volume des ŒUVRES ET LES HOMMES.

Mémoires historiques et littéraires. — Saint-Simon nous apparaît tout naturellement à l'entrée de ce livre. Son succès, dans le 19ᵉ siècle démocratique, tient moins à son talent de peindre, qui est grand, qu'à son jugement contre la personne ou le gouvernement de Louis XIV. « Des aristocrates comme lui sont des démocrates par en haut. » Or, il ne démêla pas le genre de génie de ce roi. « Saint-Simon était un de ces esprits brillants, mais sans ductilité, contournés, difficiles à aligner, chimériques, destinés à une opposition éternelle. » Ses ressentiments, et Maintenon qu'il abaisse indignement, voilà ce qui le fait petit. Les rancunes, compréhensibles chez les poètes, ne le sont pas, d'un historien ; et « le mépris est tenu à voir clair et à voir tout. » Les Mémoires de Mallet du Pan sont aussi de quelqu'un qui a vécu les événements ; mais il juge de

haut la Révolution ; un parallèle entre lui et Mirabeau,
est très expliqué, serré, en relief. Avec la comtesse
d'Aulnoy, la vieille Espagne, faite des deux civilisations
arabe et chrétienne, et sa cour formée d'ennui, d'étiquette et de favoritisme, sont peintes avec naïveté par
une bonne observatrice ; Hugo, dit le critique, a dérobé
là tout ce que *Ruy-Blas* a de vrai et de vivant. La baronne d'Oberkirch raconte des anecdotes sur la cour de
Louis XVI. Le président Hénault revit avec sa distinction exquise et discrète. Le médisant duc de Lauzun, le
fat maréchal de Richelieu, le superficiel duc de Luynes,
offrent peu d'intérêt. Mme de Genlis a du bon sens, de
l'ordre, de la tenue, et Vaublanc un esprit lucide et
ferme. Puis, des futilités, de Garat, de Mme de Rémusat,
d'autres encore. Le comte de Ségur est à lire pour mieux
connaître le Napoléon de guerres. Les Mémoires de
Philarète Chasles ne donnent pas les rancunes passionnées attendues ; ce rieur et ce railleur s'y dit un
rêveur, un misanthrope ; les portraits ne sont pas assez
développés, appuyés, détaillés ; toutefois son esprit se
retrouve ici plus aiguisé, plus acéré que jamais. Le récit
du cardinal de Bernis est substantiel, et le montre occupé
des affaires publiques. Metternich apparaît clair, précis,
froid, pas artiste ni écrivain ; sa figure est bien établie.
Joubert enfin, par ses souvenirs, reportage rétrospectif
sur la société d'autour 1830, clôt ce recueil où l'on

trouve, malgré la pauvreté fréquente des sujets, la **verve**
habituelle du polémiste.

Vers la fin de 1894, Léon Riotor publia aux éditions
de *la Plume* deux articles parus dans *la Minerve* en
1884 : *Sur deux Nomarques des Lettres* (Barbey d'Aurevilly et Léon Cladel). La réunion de ces représentants
d'idées extrèmes indique, chez Riotor, un instinct sûr de
critique. Il part d'un paysage valognais pour nous révéler
l'âme de Barbey d'Aurevilly, et son procédé: « Le ciel
natal, dit-il, a dès le premier jour jeté sur Barbey
d'Aurevilly ce manteau de froideur étrange et de mysticisme bizarre qui devait s'amplifier avec l'âge et devenir
l'orgueil spirituel le plus solide de ce temps. » Mais « il
ne tient pas seulement son originalité propre de son
tempérament et de son éducation, c'est aussi le fruit
d'une grande tension d'esprit dans ce sens, d'un travail
acharné à y parvenir... L'allure romantique du maître
est remarquable, fièrement drapée dans des conceptions
magnifiques et fortes qu'on croirait des rêves longtemps
bercés dans les brumes glaciales de la mer du Nord et de
sa sœur la Manche... La ligne de démarcation de ses
œuvres de roman à ses œuvres de critique n'est pas si
grande qu'on le croirait : il y a beaucoup de roman dans
sa critique comme il y a beaucoup de critique dans ses
romans. » Riotor dégage le souci de la force qui préoccupait Barbey d'Aurevilly : « ...Ce qu'il veut avant

tout, c'est la puissance, une, indivisible : c'est le pouvoir aux mains d'un seul... De cette exaltation farouche de l'idée autocratique devait résulter forcément un désespéré politique. » Mais le pays d'origine était le solide appui de l'écrivain : « Ce qui éclate dans ce style prodigieux, dans chaque période, dans chaque ligne, c'est une admiration insatiable et pleine de respect pour le sol natal. » Cette courte et expressive étude de Léon Riotor a pour conclusion : « ... Il faut que la veine tragique de notre littérature surmenée soit bien tarie pour qu'avec un tel maître elle n'ait repris son éclatante auréole d'effroi spirituel... Aussi, saluons respectueusement celui qui fait revivre en plein 19e siècle les plus belles conceptions de l'esprit avide d'horreur et de beauté, et les drames poignants, et les épopées sanglantes... celui qui dédaigne la basse envie et les viles moqueries, forgeur d'airain qui sonne fort et vrai, lord Byron français ! »

Journalistes et Polémistes, Chroniqueurs et Pamphlétaires (LES OEUVRES ET LES HOMMES, 15e volume, Lemerre, 1895). — Au seuil du livre, Eugène Hatin précède Armand Carrel. Le critique, à propos de celui-ci, montre que le journalisme est une chose passagère. Ces écrivains d'un jour laissent à peine un souvenir quand la circonstance de l'article est passée. Cela se voit nettement pour Carrel, « qui se donne exclusivement au journalisme, y perd son talent, s'il en a, et

mange en herbe le blé de sa gloire, s'il était vraiment
fait pour recueillir cette noble moisson. » La littérature
n'est pas là ; d'autre part, « le journalisme n'est jamais
de l'histoire, et quand elle commence, lui n'est déjà
plus. » Avec Camille Desmoulins encore, on voit que le
journalisme est peu de chose hors des passions quoti-
diennes ; des exagérations qui parurent naturelles et
furent acclamées tel jour, ne sont plus que vaines et
ridicules quand on les exhume. Emile de Girardin, talent
qui n'est plus dès qu'il sort du journal, a une logique
d'homme à systèmes, une érudition de preneur de notes.
Edmond About manque de profondeur, d'enthousiasme,
d'humour ; Auguste Vacquerie, dans ses *Profils et
Grimaces*, offre de la fantaisie et de la contradiction. Et
voici les honnêtes gens du *Journal des Débats* : que
sont donc les autres gens ? Auguste Vitu passe. Xavier
Aubryet (*les Jugements nouveaux*) se préoccupe de l'idée
qu'exprime tout génie spécial et toute œuvre ; ce n'est
pas un critique de sensation, mais d'intelligence, et
dominé par un poète raffiné et sentimental. Philarète
Chasles est un bel esprit, aux phrases bien tournées...
et un bas-bleu avec des affectations ; il haussa toute sa
vie les épaules devant les idées communes, pour s'y
plonger dans ses souvenirs de la fin. Voilà Cormenin,
au sujet de qui le critique émet cette constatation, si
fréquemment possible sur tant d'autres : « Chose mélan-

colique, qu'après quelques années, en se retournant, on
s'aperçoive que ce qu'on croyait du talent n'était que de
l'influence, et l'influence, de l'illusion ! » Jules Levallois
est un critique militant, délié, nerveux, presque aigu ;
Eugène Pelletan, un écrivain que le journalisme a
dévoré. Crétineau-Joly chouanna dans les quotidiens
pour l'Eglise et la monarchie ; A. Grenier est un polémiste net, vigoureux, et Granier de Cassagnac, un
journaliste en tout et avant tout. — En somme, ce livre
est maigre, malgré le talent de son auteur ; cela tient
évidemment au sujet, si factice et fugitif.

En juillet-août-octobre 1895, *la Revue indépendante*
publia des lettres de Barbey d'Aurevilly au vicomte
d'Yzarn Freissinet (1845-1856), qui évoquent la période
où il commençait réellement son œuvre. Vers le milieu
de l'année suivante, parut la dernière série du *Théâtre*.

Le Théâtre contemporain (tome 5, P.-V. Stock).
— Parmi tant de salles de spectacles, le polémiste
distingue le cirque, théâtre de la beauté et de la force
plastiques et visibles, où l'art a la dignité du danger, où
« la médiocrité est menacée incessamment de se rompre
le cou, tandis que dans les autres théâtres, elle se
prélasse, se porte très bien et ne risque absolument
rien. » Le cirque l'emporte sur l'hippodrome, dont les
masses sont d'un intérêt plus vulgaire ; la personne
humaine y est en rapport exact et en harmonie avec

nous ; on ne devrait y représenter que des jeux d'ensemble, ou qui exigent de l'espace : c'est, en somme, un raccourci des champs olympiques. Quant aux autres théâtres, ils périssent par les rabâcheurs. Voici pourtant une reprise intelligente : *Œdipe-Roi*; la salle n'était pas l'habituelle, mais des gens venus là pour un grave plaisir. Joué comme on le jouait à Athènes, et de plus réalisé et pensé par un moderne, l'*Œdipe* a été interprété par Mounet-Sully, de taille avec ce rôle athlétique, ce décor où il évolue majestueusement. Et voilà le socialisme au théâtre : un ratage ; et des reprises, des traductions, rien de bon, sauf *les Enfants d'Edouard*, de Delavigne, « romantique adouci, nuancé, velouté. » Puis, le hideux naturalisme s'installe, et l'adultère continue, et la banalité règne partout ! Le drame tourne en « mélo », le vaudeville en ennui bête, et le rire est fini depuis Labiche. « Tout espoir du rire est perdu ! » Quelle comédie possible dans un temps égalitaire ? « Il n'y a plus qu'un ridicule, c'est d'être différent des autres, et celui-là, c'est bien souvent l'envie qui le donne à la puissante originalité, c'est bien souvent la bassesse qui le donne au génie ! » Pour finir, finir le théâtre ! les directeurs sont de plus en plus incapables et mercantiles. Nous eussions été le pays le plus dramatique de la terre, pays de théâtre comme il l'est d'action ; mais les directeurs, avec des auteurs médiocres et un public satisfait d'apparences, ont abîmé cela. « Pour un directeur de théâtre, à part ce que ça rapporte, qu'est-ce qu'un chef-d'œuvre ? » — Ces cinq volumes du *Théâtre contemporain* nous lèguent à peu près toute la vérité sur la déchéance de la scène française. Ceux qui croient encore à sa vitalité trouveront là de quoi se désenchanter ; ceux qui font semblant d'y croire et qui vivent sur ce bazar ne se relèveront pas de ce réquisitoire tristement véridique. D'autres, qui préfèrent un tableau de mœurs d'un temps donné, en possèdent, dans ces quelques recueils fidèles, tout un lot, un lot de hâillons de l'histrionisme, que pousse devant lui le polémiste à grands coups de balai.

Poussières (Lemerre, 8 juin 1897). — Ce sont de bonnes poussières, des poussières colorées, parfumées, qui reposent des stations énervantes devant la rampe des théâtres. Ce sont vingt-sept poésies, écrites aux diverses saisons de l'écrivain. Quelques-unes, on s'en souvient, avaient été imprimées par les soins de Trebutien (*les Nénuphars*, *l'Échanson*, *le Voyage*, *la Maîtresse rousse*, *Saigne, mon cœur*, etc.) D'autres étaient inédites. Parmi ces dernières, *le Vieux Soleil* (nouveau titre : *la Haine du Soleil*) est une poésie véhémente ; c'est tout lui, exaltant sa pensée avec une vigueur, une attitude d'athlète :

. . . .
L'œil bleu, le vrai soleil qui nous verse la vie
Un jour perdra son feu, son azur, sa beauté,
Et tu l'éclaireras de ta lumière impie,
    Insultant d'immortalité !

Disparais donc enfin !...

Nous n'aurons plus alors que la nuit et ses voiles...
Plus d'astre lumineux dans un ciel de saphir !
Mais n'est-ce pas assez que le feu des étoiles
    Pour voir ce qu'on aime mourir ?

Pour voir la bouche en feu par nos lèvres usée
Nous dire froidement : « C'est fini ! laisse-moi ! »
Et s'éteindre l'amour qui dans notre pensée,
Allumait un soleil plus éclatant que toi !
Pour voir errer parmi les spectres de la terre
Le spectre aimé qui semble et vivant et joyeux,
La nuit, la sombre nuit est encore trop claire...
    Et je l'arracherais des cieux !

Voici un beau geste : *le Cid*, tout brillant, fait l'aumône
à un lépreux, qui baise son gantelet d'acier...

Mais il fixa longtemps le lépreux, — puis soudain
Il arracha son gant et lui donna sa main !

Le cœur robuste, ou qui veut l'être, conseille :

Si tu pleures jamais, que ce soit en silence !
Si l'on te voit pleurer, essuie au moins tes pleurs.
. . . .

> Mon orgueil t'obéit sans risquer un murmure.
> A ce monde sans cœur je cache mes regrets ;
> Sous un dédain léger je voile ma torture,
> Et si bien — que toi-même aussi t'y tromperais !

La Beauté n'est pas tout, déclare-t-il. Oui, l'homme s'est trompé... sinon, pour me convaincre, dis-moi ce que tu sais...

> Ah ! plutôt ne dis rien ! car je sais tout, madame.
> Je sais que le bonheur habite de beaux bras,
> Mais il ne passe pas toujours des bras dans l'âme...
> On donne le bonheur, on ne le reçoit pas !
> La coupe où nous buvons n'éprouve pas l'ivresse
> Qu'elle verse à nos cœurs, brûlante volupté !
> Vous avez la beauté, — mais un peu de tendresse,
> Mais le bonheur senti de la moindre caresse,
>   Vaut encor mieux que la beauté.

Le Buste jaune est une pièce assez étrange : dans le clair-obscur d'un soir de sombre pensée, se détache un buste de femme, d'un blond pâle, qu'il vit là dès ses premiers ans, qui fut le premier amour de son cœur solitaire, et qui subsiste, alors que les bustes vivants pressés sur son cœur se sont brisés, usés. *Le Vieux goëland*, blessé, pris par des marins, rigide, en une cour déserte, se précipitait sur les passants pour leur percer les pieds, s'acharnant surtout sur les pieds de jeune fille. Rêvait-il que c'étaient des ailes ?...

Vieux pirate échoué sur cette horrible grève,   [d'Eve]
Ces pieds,—ces pieds charmants qui passaient, — ces pieds
Que l'on prend dans sa main et qu'on met sur son cœur,
Mais qui n'y restent pas, légers, prompts, infidèles,
Faits pour nous fuir aprés être venus à nous,
O mon vieux goëland, c'étaient bien là des ailes !
        Et toi, — tu t'en sentais jaloux !

Voici des pages effeuillées :

    A qui rêves-tu si tu rêves,
Front bombé que j'adore et voudrais entr'ouvrir,
Entr'ouvrir d'un baiser pénétrant comme un glaive,
Pour voir si c'est à moi, — que tu fais tant souffrir !...

du sentiment intime, délicat :

    Débouclez-les, vos longs cheveux de soie...

et encore :

    Oh ! les yeux adorés ne sont pas ceux qui virent
    Qu'on les aimait, — alors qu'on en mourait tout bas !
    ....
    ... Les plus beaux amours que l'on eut dans la vie
        Du cœur ne sont jamais sortis.

On les croit disparus, ces rêves plutôt qu'amours, et même en la vieillesse, c'est eux seuls qui ont résisté au temps, ces riens de la première jeunesse ! Le plus fort souvenir est toujours le plus lointain...

> Une étoile planant sur les mers débordées
> Se mire dans leurs flots et rit de leurs combats...
> Combien donc nous faut-il de femmes possédées
>   Pour valoir celle qu'on n'eut pas ?

Des pièces diverses, rêveries, coquetteries, souvenirs, tendresses, alternent jusqu'à un amour de jupe : jolie chose en sourires et nuances de marivaudage. *A Valognes :*

> C'était dans la ville adorée,
> Sarcophage pour moi des premiers souvenirs,
> Où tout enfant j'avais en mon âme enivrée
> Rêvé ces bonheurs fous, qui restent des désirs !...

La passante qu'il y croisa et qui ne le devina pas, n'est qu'un regret vite évaporé, auprès des spectres des amours finis, assis perpétuellement dans son cœur. Une chanson mélancolique le montre voulant s'écarter du monde, masquer ses amours. Tu t'en vas ! s'écrie-t-il ensuite...

> Va ! je sais trop comme s'achève
> Le rêve que les cœurs épris font ici bas...

Tête pâle de ma chimère, murmure-t-il encore, c'est mon sang qui t'anime, qui monte en toi ! Te souviens-tu ? demande-t-il enfin...

> Mon cœur était trop vieux, trop glacé, trop hautain
> Pour parler à ton cœur ; mais, prophète farouche,
>   Je te prédisais ton destin.

. . . .

> Nuit, ciel, jardin, massifs, dehors, tout était sombre,
>   Et tu regardais dans ce noir,
> Mais ton cœur de seize ans avait encor plus d'ombre
> Et là, comme dehors, tu ne pouvais rien voir !

. . . .

> Pour être aimé de toi, j'étais venu trop tard.
> Tu ne m'as pas trahi. Je n'ai rien à te dire.

Ainsi donc, cela se termine sur une séparation sentimentale, qui clôt, en somme, bien et juste, ces souvenirs du cœur et de l'esprit, ces poussières d'amour et de fierté. « Chez Barbey d'Aurevilly, écrivit Louis de Saint-Jacques dans un intéressant article de *la Plume* du 15 août 1897, la poésie, le besoin de s'exprimer en vers, résulta toujours de la passion. Il rima quand il fut amoureux. Les trois femmes que je signale (Clary, marquise du V., baronne de B.) ont été successivement ses trois inspiratrices, et il les aima avec la fougue sentimentale de tout son romantisme attardé... Barbey d'Aurevilly était de ces hommes d'exception qui n'ont jamais consenti à atténuer leurs pensées, race que l'aveulissement moderne tend à faire disparaître et pour les derniers représentants de laquelle on ne saurait avoir trop de respect. » Ajoutons que *Poussières*, simples étincelles de tant de flamme enclose dans une œuvre considérable, suffiraient cependant à consacrer un poète.

Rythmes oubliés (Lemerre, 8 juin 1897). — Et en voici d'autres, d'étincelles ! Celles-ci sont moins vives, moins brûlantes, mais elles ont leur valeur digne d'être remarquée ; moins de passion, et plus d'art. *Quand tu fus partie* est le premier de ces dix poèmes en prose. Elle fut longtemps suivie dans sa pensée ; ses regards la suivent dans ses rêves à elle ; mais les regards d'hier, qu'elle a vus, excepté dans sa pensée, elle ne les retouvera plus. Cette prose songeuse appelle celle-ci : *Quand tu me reverras.* Si tu ne me retrouves plus tel que j'étais, dit-il, pleure sur moi, pleure sur nous deux, mais non sur notre amour, qui subsistera même au delà de la mort. En *Niobé*, Vellini a une rivale ; c'est le pâle camée de son diadème. « Tu es comme le piédestal de cette douleur muette qui me regarde. » Niobé fut la seule triste, la seule pâle, qui lui plut dès son enfance. « Je ne savais pas ce que c'est que la beauté, la douleur, l'orgueil... Depuis, je vous ai connus, j'ai appris que vous étiez la vie... Image de la force morale, ô femme antique, qui pense à ce que ton nom rappelle, dans nos jours légers et oublieux ?... Les hommes ont profané toutes choses. Tu n'es plus qu'un camée dans deux bandeaux blonds. » Ce poème amer, triste, est d'une sévère pensée. *Les Quarante Heures*, écrites le dimanche de carnaval 1859, sont une sorte de ballade mélancolique adressée à son frère : « ... Je rêve, et toi,

tu pries. Seulement ta prière est plus vive et plus
longue que les autres jours, et moi, ma rêverie plus
amère. C'est le jour des masques pour moi, pour toi, le
jour des Quarante Heures... O mon ami, mon cher
Léon, ce jour, sinistre dans sa gaîté, pour moi, est
rempli, pour toi, de joies saintes !... Tu n'as jamais
fermé une seule fois le missel orné de rubans, et baissé
le front sur ta poitrine, couverte du surplis tranquille,
pour rêver aux jours de ta jeunesse, — et à moi, ce jour,
comme un bourreau masqué, apporte la tête de la
mienne ! — C'est le jour des masques pour moi, — pour
toi, le jour des Quarante heures ! » Suivent, *les Yeux
caméléons*, et le *Sonnet* des trente-six ans, deux des
Rythmes oubliés de 1857. *Les Arabesques d'un tapis* lui
font songer, tristement, aux pensées qui avaient couru
sous l'aiguille distraite ou préoccupée, mais sans les
pouvoir retrouver. *Les Bottines bleues :* « Nous avions
attaché avec des agrafes d'un or très pur à des pieds
d'une argile grossière des bandelettes idéales et stupides,
faites, hélas ! avec cette étoffe outremer des plus beaux
rêves ! » Sotte rêverie ! Elles appartenaient à une
pédante, impie, prétentieuse, qu'un grand cœur commit
l'erreur d'aimer. « C'était un de ces esprits immortels qui
doivent éternellement reproduire l'histoire de ces anges
de lumière, qu'on vit aux premiers jours de l'univers
quitter le ciel pour les filles des hommes. » Un jour,

« elle tomba du cœur qui l'avait portée et qu'elle avait fini par briser sous son poids inerte. » Et nous lui arrachâmes en riant ses bottines bleues, dit le conteur, à cette titane de nos inventions ! Il y a là de la passion, plutôt qu'en les autres pages. C'est même une satire ardente, colorée, expressive, le poème le plus vivant et le plus fort du recueil. *Les Trois Tasses de Thé*, variant de l'or pâle au rouge éclatant et à la pourpre sombre, lui symbolisent en une douce et fière amertume la brûlure d'un premier amour, la blessure de l'amour qui suivit celui-là, la flamme dévorante du dernier amour. *Laocoon*, dont j'ai parlé en son temps, finit ce petit livre curieux, bien nuancé, bibelot d'art autour duquel se tordent des figures touchées par l'amour ou mordues par le désespoir. « Il serait intéressant, remarqua Louis de Saint-Jacques dans *la Plume* du 15 août, de comparer les *Rythmes oubliés* aux poèmes en prose de Baudelaire. Ils en diffèrent surtout par un romantisme plus intense et par un mouvement plus passionné... La manière de Barbey d'Aurevilly est plus oratoire que celle de l'auteur des *Fleurs du mal*, d'une tournure plus emphatique, visant surtout à l'effet par la vigueur des images et l'ampleur des périodes... Les *Rythmes* de Barbey d'Aurevilly sont des explosions de son âme. C'est pourquoi ils émeuvent plus que les poèmes en prose de Baudelaire, et ils vous donnent constamment ce que j'appellerai la grande secousse... Ses rythmes sont les cris spontanés et farouches d'un magnifique athlète touché par la douleur. »

Paul Festugière publia en 1897, à la maison Lecoffre, sous le titre : *Un Ecrivain normand : Barbey d'Aurevilly,* une bonne étude de quarante-six pages. L'année suivante, en février, parut chez Lemerre le 16ᵉ volume des Œuvres et les Hommes.

Portraits politiques et littéraires. — Un remarquable parallèle, neuf, hardi, entre Shakespeare et Balzac, ouvre hautement ce recueil. Balzac est le Shakespeare français, et non pas Hugo. L'imagination toute puissante, cette maîtresse faculté de Shakespeare, Balzac la possède aussi complète. Tous deux offrent de rudes pages à avaler. Ils ont l'invention et le ressouvenir, l'observation et l'intuition, la passion et la couleur, et l'esprit. En étreignant la nature humaine, ils ont fait la même chose sans se ressembler. Leurs types et caractères sont vrais et profonds. Shakespeare est peintre et sculpteur, Balzac architecte et à la fois peintre et sculpteur. La figure de Mazzini, après ces deux géants, apparaît chétive ; c'est le révolté qu'un parti a trop grandi : il faut lutter contre ces admirations contemporaines qui fausseraient l'histoire plus tard. Le cardinal Maury est encore plus effacé. Guizot, talent digne, avait des instincts d'ordre ; il raconte l'histoire comme s'il l'avait faite, mais avec un goût exclusif pour l'histoire anglaise, où il a vu des identités avec la France, ce qui le montre, en cela, superficiel. Taine a établi une opposition erronée entre la fable philosophique et la fable poétique, lesquelles sont inséparables. Sa *Littérature anglaise* repose sur un système faux : l'influence du climat, qu'il triple de l'idée de la race et de l'idée du moment, mais du climat surtout, du milieu, ce qui fut déjà l'idée de Montesquieu. C'est dans la lumière, l'émotion reçues des faits racontés, que le talent de Taine s'affirme. Ce critique sagace, ce biographe renseigné, ce paysagiste, a bien compris l'esprit anglais. Passent, et disparaissent, Charles de Brosses, la princesse des Ursins. « La jeune génération traite d'une manière inouïe de sottise et d'impertinence » Châteaubriand, à qui l'on a reproché surtout la forte personnalité de son génie. « La littérature personnelle se compose de tout ce qui est lyrique et élégiaque, la plus immense part de la poésie humaine. » Aussi, le critique aime *René* : « le plus court de ses ouvrages, mais le génie ne se mesure point aux proportions de la matière. » Nous avons ensuite le rival d'esprit de Voltaire, Piron, improvisateur bouillonnant, moqueur cynique, et Pélisson, un succès d'époque. Sainte-Beuve, homme d'étude et homme du monde, aime vraiment la littérature : « Elle a été pour lui une brillante maîtresse,

et la maîtresse s'idéalisant est devenue sa meilleure amie.»
Il a des faiblesses pour les morts, et il leur invente des
gloires posthumes. « C'est par l'analyse qu'il a fait faire
un progrès à la critique... Il aura l'honneur d'être une
date. » Avec lui surtout, « la critique a cessé d'être
abstraite et grammaticale, pour devenir humaine. »
Voici Machiavel, ironique, profond, équivoque à le
croire mystificateur ; Anacharsis Cloots ; Berryer, qui
ne fut point une tête, mais une voix politique ; Dumas
fils ; Jules Favre ; Benjamin Constant, littérateur sans
imagination, politique de petits raisonnements. Beaumarchais fut un esprit complexe et multiple, qui
s'éparpilla trop, mais laissa heureusement ses deux
chefs-d'œuvre de comédie, et même ses mémoires.
Ironique, gai, personnel, il s'est incarné entier dans
Figaro. Le portrait est alerte comme son modèle, d'un
vif, d'une légèreté dignes de lui. Paul de Molènes, qui
eut la distinction de pensée et la bravoure d'action, clôt
ce recueil, important dans la série : les chapitres sur
Shakespeare et Balzac, Taine, Sainte-Beuve, Beaumarchais, suffiraient à en établir la valeur.

Voici quelques lignes extraites de *la Plume* du 1ᵉʳ
avril 1898, sur Barbey d'Aurevilly : « ... Intrépide chevalier de ses croyances, debout jusqu'à la fin pour les
défendre avec le glaive de son esprit qui était terrible et
la cuirasse de son mépris que les plus atroces injustices

ne parvinrent pas à entamer. » Elles sont encore de Louis de Saint-Jacques, qui, avec Léon Riotor, a bien exprimé le genre d'impression que produisaient, sur la jeunesse de la fin du 19e siècle, l'œuvre et l'homme dont j'évoque l'histoire. — Je note la publication, vers ce temps, dans la *Revue hebdomadaire,* du *Premier Memorandum* (1836-1838).

Les Philosophes et les Ecrivains religieux (3e série, LES OEUVRES ET LES HOMMES, 17e volume, Lemerre, 1899).— Ce livre devait être dédié au chanoine Charles Lefoulon, curé de Montebourg. Nous y rencontrons d'abord : Crétineau-Joly, apologiste des jésuites ; un docteur, des abbés, et Francis Lacombe, puis Dargaud, dont *la Famille* est un livre d'impressions et de souvenirs, tombé du cœur plus que du cerveau : « Nous avons tous plus ou moins dans notre âme un livre écrit par l'expérience » ; celui-ci, d'un talent ému, coloré et pur, redit les joies et les tristesses du foyer ; il est touchant comme une élégie. L'abbé Gratry a de la souplesse, de la logique. Michelet, c'est une imagination qui s'élance dans la physiologie comme elle s'élança dans l'histoire, un talent troublé par le sujet, et troublant par ses audaces. Il oppose une famille nouvelle, moderne, à la famille chrétienne: œuvre de casuiste. Il a plus de grâce que de science, se lit davantage pour l'expression que pour le renseignement. Victor Cousin (*Introduction*

à l'*Histoire de la philosophie*), excellent vulgarisateur
de divers systèmes allant de la philosophie écossaise à
celle de Kant et d'Hegel, possède de la sagacité, de l'érudition, mais faussées, parce qu'il voulut avoir des idées
à lui et qu'il y fut impuissant. Fait pour l'enseignement,
il désira être créateur de système et s'y perdit. Eclectique
stérile, aux travaux énormes, au petit résultat, il acquit
un succès d'époque et de parti. Ce fut un lettré philosophique et non un philosophe. Après Caro, nous abordons
Barthélemy Saint-Hilaire (*Mahomet et le Coran*), historien tranquille, pondéré, d'une critique impartiale, où
l'on retrouve le Mahomet véritable, désaltéré dans la
Bible et l'Evangile, qui lui ont donné la force de créer
une religion, un peuple et un empire. Nous retrouvons
Taine (*De l'Intelligence*), sérieux, abstrait, trop, avec
cette erreur : la sensation transformée de Condillac, et le
matérialisme épais du 19ᵉ siècle ; puis Guizot, qui, dans
un livre de sa vieillesse, sur la dualité catholique et
protestante, est moins sûr de rien qu'il ne fut jamais.
Et nous fermons le volume sur divers écrivains contre
ou pour Mᵐᵉ Louise de France, et sur Ernest Hello, le
théologique Hello qui s'agite au milieu des égoïsmes et
des platitudes de son parti.

Le Roman contemporain (LES OEUVRES ET LES
HOMMES, 18ᵉ volume, Lemerre, 1902). — Octave
Feuillet est là, sans doute à titre de contemporain. Les

Goncourt s'y inscrivent pour quatre romans : *Madame Gervaisais*, analyse sans amour, sans action, sans caractères, étudiée à la loupe et rendue avec leur saillie de style qui déforme ; *Renée Mauperin*, livre dangereux, car il mêle leur poésie à eux aux façons de dire abaissées et vulgaires, qui tendent à propager le bas réalisme dans une société déjà presque perdue par cela ; *les Frères Zemganno*, de description exclusivement physique ; *la Faustin*, notations sur la vie des comédiennes, insignifiantes. Les trois derniers livres de Gustave Flaubert révèlent un esprit ni facile ni fécond, sec, sans passion, sans enthousiasme, sans profondeur : « Il y a dans le monde assez d'âmes vulgaires, d'esprits vulgaires, de choses vulgaires, sans encore augmenter le nombre submergeant de ces écœurantes vulgarités. » Les *Lettres de mon Moulin*, d'Alphonse Daudet, ont de la légèreté de main, un vif coloris, de l'originalité : cette goutte de vie de nos œuvres : « Poète et peintre de terroir comme tous les peintres et les poètes pénétrants, la loi étant de ne bien peindre que les choses qu'on a vues, qui se sont enfoncées en nous dès l'enfance. » *Jack* est un livre cruel, où toutefois la colère et la pitié ne sont guère que par l'accent de sensibilité qui y perce mais n'y éclate pas. D'autres romans offrent une langue de poète, une morale sans amertume, une pensée fière. Barbey d'Aurevilly aime Daudet, qui a su relever le réalisme

jusqu'à l'art vrai, à la poésie du cœur et de l'expression,
et il en dit bien le charme, la sincérité, la fine lumière.
Il salue Ferdinand Fabre, dont *l'Abbé Tigrane* est un
livre hardi et robuste, d'un artiste un peu sec, mais
réfléchi. Et voici Zola. Son œuvre est la plus avancée
dans le sens de vulgarité et de matière qui nous emporte
de plus en plus. « Si ce charmant mouvement intellectuel continue, la littérature française a chance de mourir
asphyxiée derrière la porte infecte du cabinet d'Hélio-
gabale. » Zola peint n'importe quoi, avec la fureur glacée
du parti-pris. « Les mots lui mangent son talent, et c'est
d'autant plus exact que les mots sont *bêtes* quand ils
n'expriment pas des sentiments ou des idées. » Il ne
peut sortir de l'animal. Indécent, entasseur d'élucubra-
tions, crapaud bavant contre l'idéal. Zola est à Balzac ce
que Restif de la Bretonne (ah ! vous aussi ?...) fut à
Diderot. Voilà qui touche très juste. Sur *l'Assommoir* :
« On sort de la lecture de ce livre comme, du bourbier,
sortent les cochons. » C'est la fange puante, l'immonde
absolu, l'art taillé dans l'excrément ; c'est trivial, crapuleux, et sans littérature. Mais Barbey d'Aurevilly trouve
de l'imagination et de l'observation à Jean Richepin. Il
accorde un chapitre à Catulle Mendès. Le dernier mesure
Huysmans, dont l'*A Rebours* est un livre de névrosé,
bien du moment, affreux et puéril. — Ce recueil est
précieux à consulter ; c'est une charge robuste, victo-

rieuse, contre le bas réalisme de l'époque. Puisse cette ignoble littérature ne jamais s'en relever !

Mais revenons à notre temps. Au cours de 1902, L. M., le vaillant polémiste de langue et de conversation si vivement françaises, me fit communiquer les œuvres complètes de Barbey d'Aurevilly. Quelques semaines plus tard, dans *l'Eclair* du 23 octobre, Eugène Ledrain, répondant à *la Revue des Deux-Mondes* qui, dans sa haine tenace, avait chargé M. René Doumic de rééditer certains commérages, rétablit la vérité sur la vie et l'œuvre du « connétable des lettres ». « Son moral, concluait-il, ressemblait à son physique : il marcha toujours dans la droiture la plus parfaite, sans aucune concession, sans aucun regard à ses intérêts, et ne considérant que la vérité. Tant pis si cette attitude lui suscite des ennemis et des détracteurs ! »

En juin 1903, parurent à la Société du *Mercure de France* des *Lettres de J. Barbey d'Aurevilly à Léon Bloy,* avec un autographe de Barbey d'Aurevilly, et son portrait sur son lit de mort, portrait qui garde la mâle envergure de cette face de lutteur et qui affirme la forte courbure aquiline du nez. Les lettres vont de 1872 à 1878. Au début, on voit que leur écrivain pense encore à son *Gentilhomme de grand chemin.* Dans ces billets, il s'agit beaucoup de corrections d'épreuves recommandées à Bloy, pour *le Constitutionnel,* et d'appréciations généralement rudes, sur les journalistes, y compris ceux de son parti : des médiocres, et même pires. « Défiez-vous, écrivait-il de Valognes, le 18 décembre 1873, dans vos premiers articles, de l'éclat de votre style et même de l'éclat de vos opinions. Rappelez-vous qu'à moi (même à moi !) Veuillot, qui craignait mon trop de race, parlait de me mettre un joli petit mors d'acier fin. Je n'en ai pas voulu, mais il l'a peut-être gardé pour vous. »

Les 15 mai et 15 octobre de la même année, *la Renaissance latine* publia le *Second Memorandum* (de 1838-1839).

Je signale ici un gros travail d'Eugène Grelé, en deux volumes : *Jules Barbey d'Aurevilly*, pour lequel il s'est entouré de nombreux documents et renseignements. Le premier volume (Jouan et Lanier, Caen, 1902) raconte la vie. Grelé suit pas à pas Barbey d'Aurevilly, et cela forme un enchaînement lent, par fragments précis et éclairés, mais qui entravent ces larges élans dont ardait la nature bigarrée et pittoresque du romantique. Les chapitres sur l'enfance, l'adolescence, la jeunesse, expliquent bien les origines intellectuelles ; toutefois, ces périodes-là, qui sont les moins importantes d'une vie, sont traitées longuement, tandis que du jour où l'écrivain devient considérable, Grelé active, abrège, passe vite. — Le second volume, avec une préface de

Jules Levallois (H. Champion, Paris, L. Jouan, Caen, 1904), est consacré principalement à l'œuvre. Il en recherche les caractères, en souligne l'individualisme. Mais voici une réflexion : «... Il est en quelque manière l'artisan de ses propres déboires, » qui est inadmissible. Elle légitimerait cette regrettable tendance qu'ont certaines gens, à rendre responsables les bons auteurs de leurs déboires, et à innocenter les coupables tenanciers du pouvoir et de la richesse qui, au lieu de pensionner et de protéger ces auteurs-là, aident plutôt à les étouffer, et taxent encore d'orgueil leur grand caractère, pour s'arroger le droit d'être brutes sans remords. Grelé rappelle des anecdotes. En voici une à conserver, de Barbey d'Aurevilly disant à un poète quelconque : « Allons, mon cher monsieur, prenez ce fauteuil en attendant l'autre. — Le poète, radieux, se voyant déjà sous la coupole : Et vous, mon cher critique, pourquoi ne seriez-vous pas *des nôtres* ? — Qui donc vous jugerait ? » Grelé étudie, dans l'écrivain et dans l'homme, le romantisme, l'aristocratie, le catholicisme, la Normandie. Il examine la langue, décrit l'esthétique, montre Barbey d'Aurevilly devant la littérature classique, au milieu des romantiques et des réalistes, note son influence, rassemble des opinions de contemporains, des jugements de critiques nouveaux. — L'étude, en ces deux forts volumes, d'Eugène Grelé, ne peut aller à la foule ; mais elle se recommande aux gens de lettres mûris par l'étude, aux critiques, aux professeurs de littérature moderne. Grelé fractionne Barbey d'Aurevilly en aristocrate, catholique, romantique, normand, etc. ; par un procédé presque uniforme, il le reprend sous chacun de ces aspects dès ses premières publications et en montant graduellement à travers toute l'œuvre. Cela produit plusieurs portraits rangés en file. C'est très long, mais avec une rigueur soutenue de méthode, d'ordre, de symétrie. Le style est coulant ; les phrases s'enfilent l'une après l'autre, sans cesse : à peine y sent-on des transitions, ou, si l'on préfère, tout l'ouvrage est comme une lente transition, étant admises seulement les démarcations du plan, c'est-à-dire les portraits successifs. Le travail est bon pour la mémoire de Barbey d'Aurevilly : mais, je le répète, devront le consulter surtout les gens pour lesquels E. Grelé a écrit, j'entends les lettrés vieillis sous le harnais de la lecture et du savoir : c'est un mets cuisiné pour eux, présenté sous cette forme planante et studieuse qui plaît à leurs esprits dépouillés du naïf et primitif enthousiasme, affamés des longues digressions rhétoriciennes.

Cet ouvrage fait penser à celui de Charles Buet, bien qu'il soit tout différent, et que, de plus, Buet, écrivain de race, cœur simple et humain, anime ses pages de cette bonne affection, de cette amitié qui nous rend si précieux un recueil de souvenirs. Ce sont les deux travaux les plus importants publiés sur Barbey d'Aurevilly, jusqu'à ce jour. Celui de Buet, forêt vierge de documents, apprend surtout la vie et l'homme ; celui de Grelé, étudié, méthodique, analyse principalement les écrits, la technique et l'esprit de l'œuvre. Buet donne un buste primitif, et Grelé plusieurs portraits différemment vus et éclairés. Le premier est trop long sur les amis, le frère Léon, etc. ; le second, trop appuyé sur les romans, et sur la Normandie : par instants, nous croyons n'avoir qu'un écrivain normand, au lieu d'un écrivain français. En somme, chacun des deux biographes a ses qualités et ses vues, mais très divergentes ; si *l'homme* que raconte Buet, si *l'œuvre* que décrit Grelé, étaient fondus en une seule étude, on aurait un Barbey d'Aurevilly complet.

Romanciers d'hier et d'avant-hier (Les OEuvres et les Hommes, 19e volume, Lemerre, 1er trimestre 1905). — C'est un livre vigoureux de l'œuvre critique de Barbey d'Aurevilly. On y voit, comme dans les précédents recueils, que l'écrivain ne traitait pas sèchement la matière des ouvrages ouverts sous ses yeux : il en mesurait la portée, recherchait la vision des auteurs, parlait hautement à ceux-ci des défauts et des qualités de leur opinion foncière, et ne négligeait pas les observations incidentes qui s'agrafent aux publications littéraires. C'est ainsi que, dès le 13 juillet 1853, il écrivait ceci, qui a toujours sa rigueur d'actualité : « Depuis longtemps la librairie méconnaît les plus nobles conditions de son existence ; intermédiaire entre ceux qui écrivent et ceux qui lisent, mais avant tout marchande comme son époque, elle ne tient compte que des profits à faire... Ecouler des livres mauvais parce que le goût dépravé du public les demande, voilà tout pour ces marchands d'opium en ballots, qui ont remplacé les grands libraires d'autrefois... Le libraire qui, comme l'écrivain, se fait la courtisane des fantaisies de son époque, encourt un peu de ce mépris qui revient aux hommes littéraires, profanateurs de leur génie, qui ont mis en petits morceaux, dans des compositions proportionnées à la taille de leur époque, cet arbre merveilleux que Dieu leur avait planté dans la tête et qui devait s'épanouir et fleurir dans quelque beau livre. » Ces remarques faites d'un coup de griffe ineffaçable, il passe au *Traité de l'Amour*, de Stendhal, « ce mélange de dandy, d'officier, d'artiste, d'homme du monde, de penseur original, d'humoriste, de touriste, d'excentrique et d'ironique, » et aux *Contes drolatiques*, écrits par Balzac dans cette langue du 15e siècle, touffue, feuillue, verdissante et rayonnante dans ses obscurités. A côté de sa *Comédie humaine*, Balzac eut de ces ouvrages qui le font un initiateur de courants divers. Il eut la propension au rire, et la bonhomie : « Ni dans les arts, ni dans les lettres, pas de

mérite suprême sans la naïveté et sans une bonhomie
profonde ; la simplicité même, cette étoffe du sublime, ne
suffit pas... Plus l'œuvre et le talent seront profonds,
plus nous retrouverons ces deux qualités divinisantes. »
A propos d'*Elle et Lui*, de George Sand, et de la réplique
de Paul de Musset : *Lui et Elle*, Barbey d'Aurevilly
regrette ce scandale. « Tout cela est horrible et infect...
Le roman doit être la peinture idéalisée de la vie...
Quelle voie ouvrez-vous ? Que va devenir la littérature ?
De quels livres ne sommes-nous pas menacés ? » Le
recueil continue avec des noms oubliés ; mais le polémiste éparpille généreusement ses pensées en tout ce
qu'il écrit ou décrit ; on regrette qu'il ait égaré tant de
perles à propos de tant d'écrivains banals. J'en sauve
quelques-unes : « Par ce temps de délabrement et de
philosophie épuisée, l'histoire est le dernier mot et la
dernière ressource de tous les esprits vigoureux. — Tout
romancier doit être moraliste, sous peine de forfaire
même à son art. — Le scepticisme qui nous déborde, et
qui n'a pas fait de foi aux plus grandes âmes, a versé son
ombre et sa misère sur les fronts les mieux nés pour être
sereins. » Le critique estime qu'Erckmann-Chatrian se
trompèrent lorsqu'ils firent du fantastique ; ce sont des
hommes de la réalité, du plein-jour, des coloristes naïfs
et parfois vaillants, avec la cordialité allemande, la
bonhomie des conteurs. Son étude sur Paul Féval, très

complète, sculpte ce romancier d'aventures et explique
sa conversion ; il le fait trop grand ; du moins, s'il
exagère, c'est avec cette sincérité aquiline qui plaît
toujours aux âmes fortes. Il note, dans l'étude suivante :
« Que cela plaise ou non aux esprits incapables d'en
produire un seul, le roman est le livre des sociétés qui
périssent en proie aux extrêmes civilisations. » Il présente Gustave Droz, léger, trop maquillé ; Léon Gozlan,
Paul Meurice, Xavier Aubryet, Arsène Houssaye,
d'autres encore. *Manon Lescaut*, rééditée, lui procure la
joie âpre d'affirmer qu'il ne partage pas l'engouement
général pour « cette ignoble Hélène qui, pour quelques
écus, fait, à toute minute, de son Pâris, un Ménélas...
Il fallut le dévergondage de l'imagination romantique
pour voir dans ce livre, des beautés qui n'y étaient pas.»
On trouve Manon touchante parce qu'elle est sincère :
« Les chiennes aussi sont sincères. » *Manon Lescaut* « a
inauguré l'avènement de la *fille*... Balzac aussi a peint
des *filles*. Il faut bien les peindre, puisqu'elles sont
partout, puisqu'elles envahissent tout, puisqu'elles
grimpent à tous les étages de la société moderne, dans
cette crue montante des mauvaises mœurs ! Mais il les a
peintes à la flamme de son génie, et cette flamme brûle
tout et purifie tout. » De l'abbé Prévost, le critique passe
à Le Sage, qui donne des reflets de l'Espagne, et non
l'énergie espagnole. Le volume se termine avec deux

romans de femmes, et offre ces réflexions, sur l'un : « En général, les romans écrits par les femmes sont beaucoup plus faits par la mémoire qui se souvient que par l'imagination qui invente », et sur l'autre : « ... Cette littérature de terroir, qui est moins et plus que de la littérature, et qui donne l'accent le plus spontané et le plus intime, tout à la fois, des sentiments et des mœurs d'un pays... Rappelez-vous *le Bouscassié* de ce vigoureux paysan de Cladel. Ce livre a réussi, comme réussiront toujours les livres vrais dans les sociétés décadentes qui meurent de leurs mensonges, chez qui la langue littéraire est usée à force d'avoir servi, et où les esprits, brûlés par les piments d'une littérature à ses dernières cartouches, reviennent aux livres qui apportent la sensation rafraîchissante du naturel, du primitif et du simple. » — Le volume achevé, on réfléchit de nouveau que Barbey d'Aurevilly aurait pu relever les lettres de son temps, si trop d'éléments bas n'avaient pesé sur elles. Sa manière large et haute entraîne les approbations. Nous nous éparpillons trop souvent en de petites passions, de petits courants d'écoles, de petites querelles. Cette critique-là rend plus actif, plus sévère, plus ferme. Parfois, l'intransigeance du polémiste vous heurte, vous irrite ; mais sa sincérité vous désarme, et sa véhémence est une rude accoucheuse d'indépendance littéraire et de fières préférences intellectuelles.

De l'Histoire (Les OEuvres et les Hommes, 20e volume, Lemerre, fin 1905). — Ce recueil débute avec *Innocent III et ses contemporains*, étude curieuse à lire, parce qu'elle fut écrite quelques années avant le ralliement de son auteur à l'absolutisme papal. Barbey d'Aurevilly s'y désigne enfant du 18e siècle, qu'il combattra tant par la suite, en Diderot, ses philosophes et ses tribuns ; et il ne croit pas à l'infaillibilité du pape. Certes, si la chronique n'était pas datée 1844, on ne reconnaîtrait pas l'intransigeant fondateur de cette *Revue catholique* qui devait paraître le 4 avril 1847. Mais toutefois on y retrouve l'esprit qui veut juger de haut, et qui, incidemment, énonce une bonne estimation de l'Allemagne au milieu du 19e siècle ; il la montre tendant, non aux spéculations intellectuelles exclusives, mais plutôt à l'unité et à l'action politiques : pronostic que la Prusse s'est chargée de réaliser, à son avantage. Ce révolutionnaire déclare : « Tous les papes, sans exception, ont été moins grands que leur situation. » Ils n'ont pas su se servir des circonstances, et se sont trompés souvent sur les faits et les courants d'esprit. Or, « les hommes donnent leur mesure par leurs admirations, et c'est par leurs jugements qu'on peut les juger. » Jamais la pensée occidentale n'a créé à la papauté une position plus forte qu'au temps d'Innocent III ; et dans ce large cadre d'événements, les résultats

de son pontificat sont bien petits. « La persécution des
Albigeois, les horribles massacres qui dévastèrent le midi
de la France, il ne les voulait pas ; mais on est solidaire
du crime commis, quand, ayant le pouvoir du châtiment,
on l'a laissé impuni. » Innocent III échoua aussi par
faible intelligence. Constantinople avait été prise par
les croisés en 1204 : il donna dans la chimère de son
temps, l'idée exaltée de la possession du Saint-Sépulcre,
au lieu de l'idée positive qu'il fallait serrer de près, la
possession de Constantinople et la fin du schisme. Ce
fut un manque de pénétration, une grande faute, qui,
jointe à celle de l'approbation au moins tacite du
massacre des Albigeois, devait faire un mal profond à
l'Eglise. Les philosophes et les historiens démocratiques
ne diraient pas autre chose. Mais à quelques années de
là, quel changement !... Barbey d'Aurevilly assure que
Granier de Cassagnac a bien vu les causes de *la
Révolution française*, et que celle-ci, non nécessaire,
aurait pu être étouffée au berceau : mais on laissa vivre
le monstre ! Le livre de Cassagnac le flétrit et en montre
les viletés. Nous ne doutons pas qu'au contraire il est
un tissu d'erreurs, et ne fait pas plus à la Révolution
qu'un coup d'ongle sur du granit. Les pages sur *la
Révolution d'Angleterre* sont fort belles. Le critique
loue la forme biographique employée par Guizot : « La
biographie est le dernier mot de l'histoire. » C'est que

les plus grands événements cachent cette toute petite
créature : l'homme. « Il n'y a, au fond de l'histoire, que
des cadavres qui se remuèrent quelques jours. » Suivent
de hauts et véridiques aperçus sur la méthode historique.
Le chapitre ultérieur se maintient dans ces larges vues.
C'est à propos de *la Grèce antique*, où Lerminier a su
séparer l'art de l'histoire, qui, chez les Grecs, « ressemble
au thyrse de leurs prêtresses, pour emprunter une
image juste au symbolisme qu'ils aimaient. » Notez ce
mot : symbolisme, employé dès 1853 ; les disciples de
Mallarmé n'ont pas inventé leur titre. Barbey d'Aurevilly
marque la différence profonde entre la Grèce et nous, et
que toute imitation est insensée, tandis qu'au sujet d'un
autre livre : *les Césars*, il indique que l'auteur, bien que
très insuffisant comme juge politique, montre en
décrivant la famille romaine, plus tard fortifiée par le
christianisme, le lien qui nous unit encore à Rome ; cette
centralisation du pouvoir familial, puis gouvernemental.
On voit ensuite que Macaulay, ce talent brillant en des
vues de détail, est inférieur dans sa vue d'ensemble sur
l'Angleterre depuis Jacques II. On rapprend le nom
de Pierre Clément, qui, dans son ouvrage sur *Jacques-
Cœur et Charles VII*, met en grand honneur la belle
figure du génial commerçant, que Charles VII, roi sans
vertu, laissa condamner comme concussionnaire. Notons,
sur deux essais médiocres : « L'histoire se rabougrise

dans toutes ces divisions » ... « Il y a moins de grands historiens que de grands hommes. » Charles Weiss, dans sa *Révocation de l'édit de Nantes*, redit que ce fut une faute économique. Soit, riposte le critique ; mais ce qui domine surtout dans cet acte, c'est la question d'unité de l'Etat. Soit, dirai-je à mon tour, mais ce fut une faute même contre l'unité de l'Etat, au point de vue despotique, puisque, du jour où il n'y eut plus qu'un roi et la France, il suffit de frapper le roi pour faire la France libre. Viennent divers ouvrages, offrant peu d'intérêt. Le volume s'achève avec *le Roi René*, travail consciencieux de Lecoy de la Marche, qui ranime avec droiture cette triste destinée ; *la Cour de France* au moment de la Révolution, ce « monstre » que le critique attaque une fois de plus ; *Léon XIII et le Vatican*, de Louis Texte, biographie que résume Barbey d'Aurevilly, en prédisant que ce pontificat, « c'est peut-être le dernier combat que livrera l'Eglise. » Vue singulièrement juste, pages amères et de haute et claire vision sur les profonds déchirements de notre temps. — En ce livre comme dans les autres recueils, le point de vue, sauf à propos d'Innocent III, est immuablement catholique et monarchique. La haute histoire est celle principalement des auteurs ayant cette opinion, et la basse, celle des écrivains révolutionnaires. Ce principe personnel admis ou écarté, il reste de grandes et saines idées sur la

méthode historique, que Barbey d'Aurevilly préfère
basée sur la biographie, mais qu'il exige aussi fortifiée
d'un jugement habile et dominateur. Puis, toujours, le
polémiste est un restituteur du principe d'autorité. « Rien
qu'au style de M. d'Aurevilly, a noté Alcide Dusollier
(*Nos gens de lettres*), rien qu'au tour de sa phrase, à son
emploi du mot, on le reconnaît tout de suite autoritaire ;
il prodigue les expressions hautaines, les comparaisons
impitoyables ; les substantifs, sous cette plume, prennent
des airs souverains de commandement, et parfois de
bravade. »

A côté de la Grande Histoire (LES OEUVRES ET
LES HOMMES, 21ᵉ volume, Lemerre, 1906). — Si les sujets
de ce recueil sont à côté de la grande histoire, certains
aperçus qui les émaillent y rentrent profondément. « Dans
l'histoire, dit le critique aux consommateurs de menus
détails, rien n'est isolé, tout se tient, tout s'enchaîne, et
le devoir de l'historien est de montrer ces enchaînements
des jointures, ces articulations qui constituent l'ensemble
de l'histoire et de son unité. » Il nous parle de Law,
produit normal d'un temps pire que lui, « puisqu'il l'a
gouverné » ; de la Chine, sujet encore mystérieux, qui
n'a guère tenté que des compilateurs ; de l'empire russe
depuis le congrès de Vienne, autre mystère, protégé par
sa police et sa diplomatie : « question qui contient, en ce
moment, l'avenir du monde… Dans cet empire singulier,

inachevé et vieux déjà, le creuset est prêt, la matière chauffe : un peuple viendra, sans doute, mais il n'est pas venu. » C'était écrit en 1854 ; la prévision s'accomplit aujourd'hui. Un remarquable chapitre remet à leur place inférieure les bavardages de Tallemant des Réaux ; c'est l'occasion de fortes et saines idées sur son temps et sur la façon d'entendre l'histoire. A propos de *la Société française pendant la Révolution*, des Goncourt, il montre que notre époque considère trop cette société à Paris seulement ; on oublie la France, que les Mémoires du 18ᵉ siècle avaient déjà tant négligée. Voici de nouveau l'empire chinois, bien observé par l'abbé Hue, et le christianisme en cet extrême-orient : de curieuses réflexions qui seront justes tant que la Chine ne sera pas transformée ; puis, le Sahara algérien, de vive actualité ; les Kœnigsmark, épisode de l'histoire du Hanovre ; *l'Ancien Régime et la Révolution*, de Tocqueville, n'offrant rien d'éclairé, de net, pas de conclusion : « C'est toujours de haut que les révolutions descendent, et les gouvernements se trahissent longtemps eux-mêmes avant d'être trahis par les peuples. » Cette vérité serait parfaite si Barbey d'Aurevilly avait écrit : « renversés par les peuples. » Il nous entretient de l'insurrection fédéraliste normande en 1793 ; des Philippiques de La Grange-Chancel, ce faux Juvénal de la Régence ; de deux livres d'Amédée Renée, peintre pénétrant, brillant

parfois, vivant toujours : *Louis XVI et sa cour*, et
Mathilde de Toscane, l'auxiliaire du pape Grégoire VII
contre l'empire allemand. Le polémiste en veut aux
Bourbons ; il est satisfait de Capefigue, qui a montré
Henri IV moins grand et moins bon, donc plus vrai,
dit-il. Et il reste immuable en sa fidélité à l'absolu
Joseph de Maistre. Au sujet des Royalistes et Répu-
blicains, de Thureau-Dangin, livre petit, succès d'un
jour, il observe qu'aucun exemple, aucun enseignement
ne peut faire renoncer les partis à leurs ambitions, si
folles et pernicieuses qu'elles soient. Quelques chapitres
encore, sur les civilisations : le mot de l'orgueil moderne ;
la Diplomatie, chose inférieure, qui pourra disparaître
sans laisser de regrets ; des papiers inédits qui nous
révèlent l'homme en Saint-Simon ; le marquis de
Grignan, par Frédéric Masson, puis, le temps exécrable
de Philippe II, que ce fanatique aurait seul sauvé du
mépris de l'histoire ! — et voilà un curieux volume de
plus inscrit dans la galerie célèbre.

Femmes et Moralistes (LES OEUVRES ET LES
HOMMES, 22ᵉ volume, Lemerre, 1906). — Les premières
pages sont à Mercier : « un La Bruyère de bas étage,
qui ne manque ni de perçant dans l'observation, ni de
nerf dans le style » ; un excentrique qui inventorie, et
qui, pareil à son temps, était le descripteur qu'il lui
fallait. Madame de La Fayette eut de la grâce dans son

histoire d'Henriette d'Angleterre. Avec le 19e siècle, nous retrouvons le lourd matérialisme ; s'il s'occupe de la femme et l'enfant, c'est poussé par la manie d'économie politique, du bien-être mis au-dessus du bien moral. Mais voici un superbe chapitre sur Madame de Maintenon et sa fondation de Saint-Cyr, « la hauteur de sa raison, la fermeté de son esprit, les qualités décisives et souveraines dont elle était douée » ; cette noble figure est dégagée des inimitiés de Saint-Simon et des philosophes du 18e siècle ; c'est une des femmes les plus supérieures de tous les temps : « Pourquoi ne le dirions-nous pas ? insiste l'écrivain en ce bel article. La critique doit-elle s'arrêter à l'épiderme des choses ? N'a-t-elle pas une initiative à prendre contre les préjugés d'opinion, les injustices et les jugements absurdes entretenus par les livres ou que les livres ne redressent pas ? » Il rappelle combien le dogme le gouverne, lorsqu'il abîme de fond en comble les *Lettres portugaises* attribuées à une religieuse passionnée, et qu'au contraire il exalte sans limites Sainte Thérèse et ses œuvres. Michelet, dans ses Femmes de la Révolution, est resté le partisan, le propagandiste qu'il fut toute sa vie. Les Femmes de l'Evangile eussent été un beau sujet à lui opposer ; mais ce livre du Père Ventura n'est guère qu'un recueil d'homélies. Quant aux Femmes d'Amérique, racontées par certain auteur agenouillé devant le veau d'or et n'admi-

rant les Américaines que pour leur amour du lucre,
sont-elles matérielles à ce point qu'elles accepteraient
un pareil éloge ? Un retour au 17e siècle nous montre
La Bruyère, une des réputations les moins contestées :
cependant elle attend encore le critique qui établira sa
mesure juste. Mis en présence d'un livre sur Laïs
de Corinthe et Ninon de Lenclos, le polémiste déclare
qu'il ne faut parler qu'en moraliste et en observateur
« des célèbres courtisanes qui ont fait boire les grands
hommes ou les sots de leur temps dans cet abreuvoir de
bêtes à cornes qu'on appelle la coupe de Circé. » Il
remet à leur place ces créatures sans esprit, sans pensée,
êtres de désordre, pauvres idoles devant lesquelles
se courbent tant d'espèces de niais. Des livres, des
études, se succèdent, ranimant les œuvres et les
écrivains du second empire : les nièces de Mazarin,
Madame de Montmorency, par Amédée Renée ; Marie-
Antoinette, par les Goncourt, qui, après avoir peint de
menus détails du 18e siècle, ont été ici touchés par le
sujet et se sont haussés jusqu'à l'histoire ; des vues
rétrospectives, très fouillées, sur Vauvenargues, et
d'autres, actuelles, sur Francis Wey. Madame de Sévigné,
prude sous ses airs de page, honnête sans effort, vaine,
mutine, gaie, capricieuse, coquette d'esprit, de coiffure,
de corsage, et même de maternité, fut une Française
accomplie. Jules Vallès, ce peintre amer, féroce, accom-

pagne ici un Henri Rochefort qui, dans ses *Français de la Décadence*, est comique, sans gaieté : de bonnes pages différencient la gaieté, svelte, prompte, pétillante, rose, si française, et le comique, gaieté réfléchie, qui peut être grave ; c'est même parfois le meilleur comique. Rochefort a la plaisanterie anglaise, crue et froide, mordante et exagérée. Encore quelques auteurs : Dumas fils ; Blaze de Bury, dilettante imaginatif, dans ses Femmes au temps d'Auguste ; les Goncourt et leur livre pailleté, étincelant, sur la Femme au 18e siècle ; un plumitif qui a ramené au jour cette légende du moyen-âge : la papesse Jeanne, — et nous possédons, une fois de plus, la certitude que le critique serre toujours de près la vérité, car il a pour criterium ceci, qui est juste : le matérialisme mène notre temps à l'abîme, tandis que les hautes croyances d'autrefois donnaient tout : la beauté, le jugement, le goût, ces forces intellectuelles et morales qui élèvent les sociétés.

Au cours de cette année, le *Mercure de France* publia des lettres de Barbey d'Aurevilly à Baudelaire, et le *Deuxième Memorandum* (1838) fut édité par P.-V. Stock, avec, à la suite, le *Memorandum* de 1864. En novembre, parut un nouveau recueil de critique.

Poésie et Poètes (LES OEUVRES ET LES HOMMES, 23e volume, Lemerre, 1906). — Alfred de Vigny fut mieux qu'un poète ; il fut une poésie, et cette poésie se

retrouve en sa prose. Toutefois, *Cinq-Mars*, premier
effort du prosateur, est un roman bien plus inspiré par
Walter Scott que vraiment spontané. Mais *Stello* apparaît comme « une de ces choses dont les foules ne voient
pas tout de suite la valeur » ; c'est qu'il s'agit de poètes,
d'êtres exceptionnels, dont « la cause est plaidée dans
un langage exquis contre la société » ; le critique
reproche à Vigny de n'avoir pas accusé l'esprit humain,
plutôt que les gouvernements : cependant les chefs sont
plus responsables que les foules. Ce qu'il aime, c'est son
humour inspirée, son art savant et volontaire, son tragique et son comique froids et saisissants. Vigny, dans
Grandeur et Servitude militaires, est influencé par le
scepticisme du siècle ; mais il a le charme de la pitié, il
est le Racine de la pitié, plus tendre que l'autre, « car la
pitié est plus tendre que l'amour, puisqu'elle est ou sa
sœur, ou sa fille, ou sa mère. » Le *Journal d'un poète*,
pensées et fragments de mémoires, « intime, sincère,
vécu... miettes d'une vie exquise et malheureuse », nous
l'a fait mieux connaître ; on évoque la métaphysique de
Pascal : le problème de la destinée humaine fut leur
grande anxiété à tous deux. Vigny même est plus désespéré ; son cri toutefois fut moins poignant, parce qu'il
« avait apprivoisé le désespoir, l'avait rendu doux et
aimable. » — Si le 19e siècle abonde en poésie, il déborde
véritablement de vers ; en voici quelques recueils esti-

mables, du comte de Gramont, « sans fougue, mais non sans élévation et sans profondeur » ; de Bathild Bouniol, Emile Augier, Louis Bouilhet, qui a de l'accent ; de Reboul, de Charles Monselet, ce « panier fleuri » d'érudition littéraire, à propos duquel Barbey d'Aurevilly écrit d'excellentes pages de défense de la critique, en réponse à des assertions légères de ce poète très fugitif ; Théodore de Banville, « le poète du rythme », artiste surtout, qui « infusa dans la poésie quelque chose de fin, de délicat et d'aimablement enfant. » Banville nous apprend mieux qu'un autre « comment les écoles finissent », ces écoles qui l'ont rendu froid, monotone, et que le polémiste combat avec vigueur : « La vraie poésie est essentiellement individuelle et solitaire. » Charles Baudelaire, en ses *Paradis artificiels*, est « le poète de l'ironie retorse. » ; il a, par lui-même et par Edgar Poe, « l'art amer et hypocrite de la mystification implacable » ; mais il met si bien en scène son idée, ce Satan qui va jusqu'à être moraliste, puisque c'est plus comique ainsi : Maurice de Guérin (*Reliquiæ*), « ce rêveur triste, chaste et doux, n'a souffert que de la pensée... il a eu le mal de l'idéal » ; le critique nous ranime l'âme panthéiste, la faculté picturale de Guérin, que Sainte-Beuve, dans la préface, a montré mollement, « en un profil fuyant et énervé. » Voici des vers encore, de Lefèvre-Deumier, Henri Cantel, Louis Wihl, Roger de Beauvoir, talent fraternel de celui de Musset, mais qui aurait dû abandonner les castagnettes de sa jeunesse pour la poésie des sentiments. Gérard de Nerval, gloire romanesque, bohème amateur, imagination plus savante que dévorante, fut la dupe d'une érudition funeste ; le rêve emporta le rêveur : « Le vrai poète est toujours le maître de son rêve » ; sur cette valeur trop grandie, sont rectifiées les opinions de Jules Janin et de Gautier. Passent encore les visages de Gustave Rousselot ; Jules de Gères, un cœur humain ; Achille du Clésieux ; Auguste Vacquerie, du Hugot tout net, et c'est conté en en un très curieux article, qui pourrait s'intituler : le pastiche de soi-même, signé par un autre. La *Biographie* d'Alfred de Musset, par son frère, est trop atténuée, sans rien de neuf, de profond ; d'ailleurs, « Musset exhale son histoire avec ses soupirs, et quand il a chanté, toute son histoire est finie », observe le critique, qui ajoute un court mais expressif parallèle avec Byron. *Le Faust moderne*, de Maurice Bouchor, lui plaît ; sous des surcharges, il y voit un vrai poète : de l'athéisme qui souffre, se désespère, chose jusqu'ici peu connue. Belmontet, d'une fougue âpre et non sans fierté, par ses *Poésies de l'empire*, a évoqué ce temps épique qui a influencé tant de poètes du 19ᵉ siècle. José-Maria de Heredia, comme les Parnassiens, relève de Gautier ; mais sa couleur flambe et fume. — Un autre poète, et

non des moins beaux, s'affirme à chaque page du recueil : c'est son auteur lui-même. Devant la poésie,
Barbey d'Aurevilly oublie volontiers la cause défendue
âprement ailleurs ; c'est là qu'on le reconnaît bien, dans
sa nature essentielle d'écrivain de race, c'est-à-dire
d'enthousiaste. « La poésie est une superbe force personnelle qui subsiste quelque soit l'emploi qu'on en fait, »
dit-il alors sans réserves. Certes, si comprendre est
égaler, il atteint les plus grands de ceux qu'il comprend
si bien ; mais il fait mieux encore, dès qu'il reconnaît la
plus belle des muses : *il aime.*

Dans son livre sur *Eugénie de Guérin intime*, publié
en 1907, le comte de Colleville a consacré toute une
partie à Barbey d'Aurevilly, que la lecture du Journal
d'Eugénie avait singulièrement remué. « Je veux remplacer Maurice, lui écrivait-il. Je veux que vous ayez le
fil de mon âme, je veux que vous puissiez vous dire ma
sœur de prédestination autant que d'adoption volontaire
et réfléchie. » C'est pour lui qu'elle continua son
journal : « ... Il faut bien que vous vous soyez fait mon
frère ! A un frère on dit tout, tout ce qui vient en
pensée. » Il est redevenu religieux par raison, mais elle
lui voudrait aussi la foi du cœur. Colleville lui attribue
même cette conversion. Celle-ci eut plusieurs causes ;
toutefois on peut décider avec lui qu'Eugénie fut la cause
persuasive.

Je signale une notice de G. Walch, et des poésies de Barbey d'Aurevilly qu'il a reproduites, dans son *Anthologie des Poètes français contemporains*, et une édition de *Léa* par la Société normande du Livre illustré. C'est la nouvelle parue dans *la Revue de Caen* en 1832. Une préface de Louise Read évoque bien cette « œuvre de jeunesse, marquée déjà de la sincérité qui caractérisera Barbey d'Aurevilly et équilibrera si merveilleusement sa raison et son imagination. » Elle donne plusieurs lettres inédites du « jeune impatient d'alors », et les vers qu'il inscrivit plus tard sur le portrait d'adolescent publié dans cette jolie réimpression :

> Ce fut moi, comme au soir le jour. Ce fut l'aurore.
> Ivre de vie alors, je foulais tout aux pieds.
> Peut-être que mon front se reconnaît encore,
> Mais mon cœur... si vous le voyiez !

Au cours du deuxième semestre de 1907, parurent les *Lettres à une amie* (Société du Mercure de France). « Je ne voulais pas donner ces lettres maintenant, inscrivit Louise Read dans un Avant-Propos; je les réservais pour le temps plus ou moins prochain où d'autres achèveraient sans moi la tâche interrompue. Il me faut céder aux affectueuses instances d'amis plus pressés, mieux avertis peut-être. Après ceux de jeunesse et du milieu de la vie, ces lettres, d'une si confiante intimité, ne sont-elles pas le *Memorandum* des dernières heures ? » — Les cent quatre lettres vont du 4 juillet 1880 au 1ᵉʳ décembre 1887. Barbey d'Aurevilly écrit de Valognes, le 16 septembre 1880 : « … Les départs sont tristes, les arrivées encore plus, quand surtout il n'y a personne pour vous recevoir. Or, je suis l'*isolé*. » Il lui parle, les années suivantes, de ses ouvrages en cours, de la presse, de plusieurs écrivains, de ses amis surtout, en touches rapides, sans s'attarder. Sauf qu'il se dit devenu modeste, il n'a pas varié : actif, robuste, un peu anxieux, et toujours dans son fier isolement intellectuel des *choses* vulgaires poursuivies par tant de gens, le tout confié en mots vifs à « la plus profonde et la dernière de mes amitiés », et sans phrases : « … Les lettres, ce n'est pas de la copie littéraire ; c'est, entre amis, de se voir vivre. »

En 1908, ont reparu chez P.-V. Stock les deux premières séries du *Théâtre contemporain* (Edition du Centenaire), avec une préface de Lucien Descaves, et la librairie Sansot et Cⁱᵉ a publié des *Lettres à J. Barbey d'Aurevilly*, de Maurice de Guérin. Ces lettres sont précédées d'une Notice, reproduction de l'article que fit paraître Barbey d'Aurevilly au *Pays* du 1ᵉʳ février 1861, sur *Reliquiæ*. « Il aimait beaucoup de choses avant la gloire, remarque le critique ; car pour les esprits très hauts et très purs, il y a beaucoup de ces choses-là qui doivent passer avant elle... Il n'a souffert que de la pensée, mal très précis, mais exceptionnel : le mal de l'idéal. »

A propos de la réédition du *Théâtre contemporain*, Henri de Régnier a donné un article judicieux au *Journal des Débats* du 3 août. Quelque temps auparavant, le *Mercure de France* avait édité *l'Esprit de J. Barbey d'Aurevilly*, Dictionnaire de pensées, traits, portraits et jugements tirés de son œuvre critique, avec une préface par Octave Uzanne. Ce travail adroit et patient rassemble cent soixante-deux portraits, et deux cent six jugements sur l'histoire, la philosophie, la politique, l'art et la littérature. Voilà une intelligente vulgarisation de l'œuvre de Barbey d'Aurevilly ; elle est dûe à M. Léon Bordellet. Puis, ce sont les *Lettres de J. Barbey d'Aurevilly à Trebutien*, éditées chez Blaizot, et un nouveau recueil de critique qui paraît à l'instant, — à l'instant du centenaire de la naissance.

Voyageurs et Romanciers (LES ŒUVRES ET LES HOMMES, 24ᵉ volume, Lemerre, fin 1908). — Dans ses *Lettres satiriques*, Hippolyte Babou a montré de l'esprit, mais de l'esprit qui le possède plus qu'il ne le possède. A propos de Feuillet de Conches, le critique nous prouve que le conte doit être cueilli dans la vie et non dans les livres. Et voici de la littérature de voyages, genre pittoresque, facile, à la portée de tous les médiocres ;

Eugène Fromentin y met du naturel, de l'esprit : pourtant son récit sur le Sahel ne laissera pas plus de trace que celui de Maxime Du Camp sur la Hollande, car c'est le genre même qui est devenu banal, éphémère. Dans le roman, Francis Wey, esprit dédaigneux de l'improvisation, veut « que toute œuvre ait ses escarpements et son labeur »; il soigne le détail, « sans lequel il n'y aurait pas d'artiste ; il n'y aurait que des penseurs. » Les derniers romans d'Ernest Feydeau n'ont plus l'effort concentré de *Fanny ;* il persiste à voir la beauté de l'art dans la seule exactitude, cette nomenclature ennuyeuse et parfois répugnante. Un nouvel ouvrage de George Sand, réponse démocratique au vague catholicisant Octave Feuillet, tous deux faibles, sans coloris, continue de révéler que « l'inspiration de 1830 est désormais épuisée. » Ecartons l'abbé Michon, et un de ses romans à tapage, nul comme tous les livres n'ayant que cette visée, et parvenons à Hugo. Il s'agit de *l'Homme qui rit,* où il ne bâtit pas ; il plaque : « accent, style, manière, aujourd'hui décadents, d'une dépravation systématique.» Et ces longues dissertations ! « Hugo ne s'ennuie jamais quand il s'entend parler. » Dans *Quatre-vingt-treize,* il a su, il a osé célébrer l'héroïsme d'un émigré, d'un Vendéen ; ce livre est d'un intérêt souvent très pathétique et très profond, gâté cependant par la manie des dissertations. « La puissance de Hugo est plus dans les images et dans les mots que dans les choses. » *La Fête votive* de Léon Cladel suscite un fier article ; je l'ai signalé lors des *Dernières polémiques* d'où cette belle étude est tirée. Avec le comte de Gobineau, des bergeries sans banalité, de la misanthrophie qui voit clair, et Mᵐᵉ Paul de Molènes, talent original, fortifié d'observation, orné de grâce sentimentale, nous quittons le recueil où le polémiste s'est montré, une fois de plus, invinciblement pareil à lui-même.

La célébration du centenaire, au pays natal, vient de susciter un *Essai sur Jules-Amédée Barbey d'Aurevilly*, étude descriptive, dont l'auteur, Pierre de Crisenoy, dégage surtout le catholicisme de l'écrivain. Et au début de 1909, devant la popularité s'affirmant enfin autour du nom de Barbey d'Aurevilly, un Comité annonce qu'au printemps un monument va s'ériger à Saint-Sauveur-le-Vicomte.

La somme d'ouvrages parus depuis la mort de Barbey d'Aurevilly est considérable. Vraiment, s'est-on aperçu, dans le public, de la disparition de l'homme, quand la présence de l'écrivain est si réelle, si prolongée ? On ne saurait trop reconnaître le zèle courageux de l'amie fidèle, et cette modestie à s'effacer tellement derrière l'œuvre, qu'il semble que celle-ci continue par la seule force acquise. Ce chapitre lui doit tant, que son dernier mot ne peut être que le nom de Mˡˡᵉ Louise Read.

VIII

Barbey d'Aurevilly avait le souci, très évident, d'une mission à remplir. Cette attitude, organisée autant que vocative, n'a jamais faibli. Il la voulait même dans ses ouvrages : « L'écrivain, disait-il, calcule ses effets pour ses livres comme le comédien pour la scène. » (*Littérature épistolaire*, Lamennais). Mais une sincérité intime non moins fondamentale que la recherche de l'effet extérieur, l'emportait vers les vérités artistiques jusqu'au fond des abîmes de la pensée, jusqu'à ces extrêmes limites où nous devons avouer notre ignorance. Il nous rapportait, de ces fonds inexplorés, des preuves qu'il les avait atteints, comme celle-ci : « En art comme en religion, il y a des mystères impénétrables aux artistes les plus aigus comme aux théologiens les plus subtils, et c'est même là ce qui fait la *divinité* du génie. » (*Sensations d'art*, J.-M. Millet). Il allait toujours vers l'art affirmatif quoique varié, bouillonnant quoique ordonné, vers l'art des passions fortes, à facettes brillantes et résonnantes, et son impulsion naturelle vous y entraîne avec lui. Quant à l'argile de la pensée, à la forme du vase, il ne

s'en inquiétait que pour lui-même et dans son temps :
« La langue de l'avenir vers lequel nous dérivons, je
l'ignore et ne m'en soucie. » (*Littérature étrangère*,
Shakespeare). Ce qui lui importait, ainsi qu'à nous,
c'était le fond, les idées ; la langue littéraire française,
de Villon à Lamartine, de Rabelais à Hugo, de Ronsard
à Baudelaire, de Racine à Verlaine, nous suffit, et il est
probable que l'avenir aura des missions plus importantes
que des renouvellements de prosodie et de métrique.
D'être ainsi orienté vers le destin principal des hommes,
lui suscite de ces mots spontanés autant que justes : « Le
cri pathétique chez l'écrivain, c'est l'expression ; ce n'est
plus l'art, c'est le génie ! » *Philosophes et Ecrivains
religieux*, 2e série, Pascal). On comprend dès lors que,
pour lui, le but de l'art ne soit pas un simple arrangement de lignes ou de phrases, mais « la beauté morale
et sensible. »

Une nature ainsi constituée doit être amoureuse de
poésie. En Barbey d'Aurevilly, cet amour éclate avec le
plus bel enthousiasme : « Ni peinture, ni musique, ni
statue, ni monument en pierre ou en prose, ne valent
cette chose surhumainement adorable: de beaux vers ! »
(*Les Critiques ou les Juges jugés*, Lacretelle). Il paraît
même subjugué par le lyrisme : « La poésie lyrique
l'emporte de toute sa hauteur et de toute son intensité
sur les délicatesses, les mollesses et les grâces naïves,

mélancoliques ou riantes, de la poésie élégiaque et de la poésie bucolique. » (*Les Poètes*, 2ᵉ série, André Chénier). Et son admiration devient un véritable culte : « Le poète n'est peut-être que l'expression la plus intense de toutes les espèces de génies. » (*Historiens politiques et littéraires*, Ferrari). Il en oublie le don religieux, ou, sans doute, le reconnaît trop sublime pour n'être que génial.

Qu'au lieu de beaux vers, il aperçoive une page philosophique, et sa pensée se fronce. Voilà le plaisir changé en douleur. Ceci n'est pas exagéré : il souffre dans sa volonté d'affirmer la foi indiscutable et de toujours rencontrer la philosophie discuteuse. Il ne croit pas à celle-ci, il nie sa nécessité autant que sa valeur : « Moi, dit-il, qui suis athée à la philosophie comme les athées le sont à Dieu. » (*Philosophes et Ecrivains religieux*, 2ᵉ série, Athanase Renard). Il a porté de rudes coups à tous les philosophes, principalement à ceux d'Allemagne, où, tous les dix ans, s'en dresse un dans une gloire retentissante et menteuse, pour être culbuté bientôt par un autre qui subira prochainement le même sort. Ce qui est exact : nous en sommes à Nietzsche, à l'heure actuelle ; qui nous vantera-t-on dans cinq ans ? Ce sera un des bons résultats de la campagne littéraire de Barbey d'Aurevilly, d'avoir montré la banalité de ces philosophes d'outre-Rhin et de leurs ouvrages énormes, longs, ennuyeux. Il combat la science de la sagesse jusque même en la morale philosophique : « La morale ne peut pas exister par elle-même, et où elle est seule, avec ses principes tirés de soi, sans le Dieu personnel et rémunérateur qui punit ou qui récompense, elle n'est plus qu'une sotte et intolérable dérision. » (*Philosophes et Ecrivains religieux*, Auguste Martin).

Il aime l'histoire, mais s'y montre exigeant. Il démonte les historiens du 19ᵉ siècle, et fait remarquer, chez la plupart, de grandes faiblesses, des incapacités telles, que certaines célébrités ne tiendront pas devant un siècle de postérité. Cependant, il leur reconnaît des facultés d'investigation : « La gloire et le mérite de l'historien moderne n'est pas seulement de décrire, comme ces grands enfants d'anciens, les faits et les gestes des héros, mais de pénétrer dans l'âme de ces hommes. » (*Sensations d'histoire*, Napoléon). Mais il estime, non sans raison, que l'histoire est souvent faussée par la passion : « La vérité, il n'y a plus que ce dernier pas à faire en histoire. » (*Historiens politiques et littéraires*). Ce qu'il reproche surtout aux historiens modernes, c'est le manque de foi, cette lumière qui éclairerait tout : « Dans l'histoire, l'action de Dieu est latente ; on l'oublie et l'on croit à la force causatrice des hommes. » (*Historiens politiques et littéraires*, Amédée Thierry). Ceci rappelle qu'il n'admet pas la liberté humaine ; mais il admet la responsabilité, ce qui est une contradiction. D'ailleurs, la nécessité pour lui, — il faut bien qu'il y vienne ! — de reconnaître partout l'autorité divine, le mène jusqu'à dire du puissant effort populaire sous la Révolution : « Excité par la Providence, seul, ce terrible souffle de l'esprit du peuple mit à flot ces chétifs brûlots humains, porte-noms, porte-enseignes et porte-flammes d'une Révolution signée : Dieu ! » (*Historiens politiques et littéraires*, Michelet). Les événements allant de la prise de la Bastille au Dix-Huit brumaire, accomplis par la volonté de Dieu, voilà un fait surnaturel que les sectaires du catholicisme (il a aussi les siens) proclameront difficilement, mais on y reconnaît que Barbey d'Aurevilly comprend et juge l'histoire largement, et d'assez haut pour échapper souvent aux mesquineries des partis, pour indiquer souvent la bonne voie historique.

Ces incursions fréquentes dans les domaines des philosophes et des historiens, devaient conduire aux politiques. La politique est une science ou une action, et parfois les deux ; science, elle résulte de la philosophie et de l'histoire, et devait tenter Barbey d'Aurevilly. Il en fit peu, extérieurement, mais en traita volontiers dans ses œuvres. Selon ses principes, il la préféra soumise entière à la volonté divine, qui semble laisser les nations suivre leur fantaisie, mais reparaît aux jours fatidiques : « C'est cette réserve de Dieu, quand les peuples sont à bout de malheurs et de fautes, et qui est peut-être toute la question des temps modernes dans ce qu'ils ont de passé déjà et ce qui leur reste d'avenir, c'est cette nécessité et cette grandeur qu'il n'est pas permis aux esprits fermes en politique de méconnaître. » (*Mémoires historiques et littéraires*, Saint-Simon). On voit si les politiques contemporains agissent d'après de telles croyances, et le fossé creusé entre eux et Barbey d'Aurevilly dégage bien la physionomie solitaire et sourcilleuse de celui-ci, son aspect — à ce partisan de l'autorité — de révolté !

Critique, il a traité toutes ces manifestations de la pensée, il a creusé et taillé dans tous les genres, avec passion, reprochant d'ailleurs aux esprits froids leur indifférence, que l'on prend souvent pour de la justice : « Pour qui ne tient à rien, il est aisé d'être impartial ! » (*Sensations d'histoire*, Grégoire VII). Il veut d'abord évaluer un livre, un objet d'art, sous l'angle des facultés et des lois spirituelles, avec une intelligente pénétration dans la pensée de l'auteur, de l'artiste : « l'observation qui cherche et l'intuition qui devine. » (*Poésie et Poètes*, Monselet). Se soustraire à toutes influences lui semble non moins nécessaire. « La critique, dit-il, est le jugement d'un esprit ferme et sagace sur les œuvres de l'esprit, d'après la connaissance des lois qui le régissent et les principes qui en découlent. » (*Les Critiques*, Jules

Janin). Il admet cependant — et comment sa nature passionnée ne l'eût-elle pas admis ? — que l'admiration ne gêne pas le vrai critique ; au contraire : « ... L'enthousiasme, une des facultés premières du critique, aussi nécessaire au critique que sa sagacité, mais à la condition que cet enthousiasme n'aveuglera jamais la sagacité de sa flamme. » (*Sensations d'art*, Courbet). Il démolit cette analyse endormante, à peu près inutile, qui se voue à disséquer, à triturer, à effilocher un livre, une œuvre, par la méthode universitaire, par ces déductions, comparaisons et explications à perte de vue dont il ne peut rien subsister, et que leur savoir apparent ne destine qu'à deux ou trois centaines de confrères accoutumés à ces jeux de rhétorique. Il préfère la vie, et « l'ordre chronologique, le seul qui mette bien l'œuvre d'un homme dans sa véritable lumière et nous donne les développements successifs de son génie... L'ordre chronologique est comme une sorte de biographie de la pensée. » (*Littérature étrangère*, Shakespeare). Il goûte peu les anecdotiers, aime à reconstituer plutôt l'écrivain au moyen de l'œuvre : « La critique littéraire, quand elle entre dans l'homme par ses œuvres, est au-dessus, pour le connaître, de toutes les anecdotes de la biogragraphie. » (*Les Critiques ou les Juges jugés*, Nisard). Or, les critiques faisaient, et font encore, généralement le contraire, c'est-à-dire du commérage, allant volontiers

jusqu'aux révélations scandaleuses ; ils se condamnent
eux-mêmes, par ces petitesses, à une courte postérité.
Barbey d'Aurevilly regrette aussi l'encre perdue à
critiquer des médiocres ; c'est peu, que d'aborder les
bons auteurs, « après avoir peint tant d'esprits dont les
proportions ne font du peintre qui les reproduit qu'un
faiseur de pastels ou de miniatures, quelle que soit
d'ailleurs la supériorité de son art... » (*Les Critiques*,
Sainte-Beuve). On peut lui faire entendre le même
regret ! Heureusement, lui comme Sainte-Beuve, a peint
mieux que des médiocres, et quand il a dû présenter ces
derniers, sa personnalité nombreuse et substantielle a
trouvé toujours moyen, en présence même de riens, de
dire des choses à retenir. C'est alors, souvent, qu'il
recomposait l'ouvrage sur de bonnes et vraies bases.
« La critique, observait-il à ce sujet, refait à sa manière
ce que l'artiste n'a pas su faire, et, ici, elle devient
inventive, elle crée. » (*Gœthe et Diderot*, Diderot, la
Critique). Mais en général, il la voulait dogmatique :
« La critique est la fille légitime de l'intelligence savante
et réglée, et, dans une société chrétienne et française,
elle a pour blason la croix, la balance et le glaive. »
(*Les Critiques*, Villemain). La balance, oui, puisqu'il
s'agit de récompenser ou de punir ; mais avec la croix
et le glaive, voilà Barbey d'Aurevilly spécialisé, obligé
de récompenser les auteurs catholiques et monarchistes,

et de punir les autres. Il est vrai que son ferme tempérament d'artiste sincère, de lecteur enthousiaste des poètes, d'approbateur de toute passion franche comme de toute vie droite, l'emportait presque toujours hors de sa spécialité, pour le montrer la balance seule à la main.

Cette figure simple et fière, altière et sérieuse, avec généralement une pose et généralement, aussi, une ironie suspendue au fil du regard sur tout le monde, puis, sincère, quoi qu'on ait dit, jusqu'à compromettre sans cesse son existence, se détache nettement dans les lettres françaises. Cependant la race originelle persistait là-dessous. Dans notre nation fondue, unifiée jusqu'à l'effacement de la plupart des saillies raciques, Barbey d'Aurevilly a gardé en lui la sève normande. Son œuvre est de celles qui ont préludé aux renaissances régionales. « La province où l'on est né, dit-il, patrie concentrée, patrie dans la patrie, peut-être plus profonde et plus chère encore que l'autre patrie... » *Philosophes et écrivains religieux*, Buffon'. Il a même prétendu : « Romans, impressions écrites, souvenirs, travaux, tout doit être normand pour moi et se rattacher à la Normandie. » Ce qu'il a bien en lui, c'est l'impulsion conquérante de l'ancien Normand. Il songeait à lui, à ses désirs de domination, en affirmant : « L'unité humaine seule est toute puissante. » (*Le Théâtre contemporain*, le Comité du Théâtre-Français). Ce robuste acharné, toute sa vie, à l'unique besogne de combattre littérairement, devait prononcer encore: « L'homme n'est jamais fort que dans une chose. » (*Sensations d'art*, Millet). Ne pensez-vous pas à Corneille, son compatriote ? Et ces sentiments-là comme cette vigueur soutenue ne sont-ils pas des producteurs de cette autorité qu'il aimait ? Une telle nature est disposée à l'action bien plus qu'à la pensée. S'il veut célébrer l'héroïsme, il le compare à la poésie qu'il préfère à tant de choses : « Les héros sont aussi des poètes, les poètes de l'action. » (*Philosophes et Ecrivains religieux*, Pascal). Il a dit aussi, lui qui désira toujours agir : « L'action est la vraie grandeur de l'homme ; l'action l'emporte sur la pensée de toute la beauté de la volonté accomplie. » Mais son âme liée aux traditions, autant que la vocation littéraire si exigeante de solitude, l'attachaient au rivage : «... Cette abominable faculté d'adhérence m'a toujours fait beaucoup souffrir et me rend tous les départs quelconques insupportables. Ah ! si on pouvait voyager sans partir ! » (Lettre à Léon Bloy, 29 août 1875). Et maintenu au port, au port qui lui pèse mais auquel il s'efforce de s'accoutumer, il se cherche, s'invente des méthodes, veut organiser en lui et autour de lui ce qu'il ne peut organiser publiquement : « Je ne fais cas que de la régularité, de l'exactitude, de la solidité dans la vie et dans les relations des hommes ».

(Lettre à Léon Bloy, 18 septembre 1875). Ainsi, sous la forêt vierge de ses productions, sous l'aspect outrancier de sa vie et de son style, la vérité rigoureuse de son être s'affirme, s'établit, s'arc-boute, base solide et ordonnée qui fera l'œuvre durable. D'abord, il reconnaît aux esprits supérieurs le privilège et la faculté, dont il a usé, de s'occuper de toutes choses humaines : « Le génie a le droit de parler de ce que tout le monde sait, parce qu'il y ajoute quelque chose que ne sait pas tout le monde. » (*Journalistes et Polémistes*). Mais il sait ce qui manque au génie, et peut-être songeait-il aussi à lui, en écrivant mélancoliquement : « Pourquoi le génie ne se juge-t-il pas ? pourquoi ne sait-il pas s'employer dans toute la largeur de son étoffe ?... Le génie voit tout, excepté lui, et c'est ainsi qu'il préfère tant de choses inférieures à son trésor, pour lui seul invisible. » (*Littérature étrangère*, Henri Heine). D'ailleurs, comme tous les vrais forts, que leur force soit intellectuelle ou physique, il revient à la modestie, jusqu'à s'annihiler sous l'ordre divin : « La personnalité ne s'atteint pas parce qu'on la vise ; Dieu vous l'envoie ; on l'a ou on ne l'a pas. » (*Journalistes et Polémistes*, Edmond About). Il invite la collectivité, avec lui-même, à perdre cette présomption qui nous fait croire à la plus grande importance de notre temps, lorsqu'il dit : «... L'antiquité, sous laquelle nous nous débattons tous. » (*Les Poètes*,

2ᵉ série, La Fontaine). Et voyez comme il se sent atteint au cœur, et comme il l'avoue : « L'homme n'est jamais assez intellectuel pour pouvoir se passer de sentiments, et les plus forts sont les sentiments blessés. » Orgueil renforcé ? ou profonde modestie ? Les deux, plutôt. En tout cas, il faut qu'il sache bien, soit par une bonhomie de sa nature, cette bonhomie qu'il aimait trop pour n'en rien posséder, soit par sa réflexion d'artiste, la valeur exacte de l'âme humaine, pour lancer de ces mots si vrais : « La pierre de touche de la vertu, c'est l'humilité. » (Lettre à Léon Bloy). Et il prouve qu'il a en lui une des plus précieuses qualités des grands hommes : l'harmonie du beau et du bien, quand il déclare : « C'est presque une poétique pour moi que la nécessité de tenir compte de l'union de la moralité et du génie dans toute œuvre d'art et de littérature. » (*Littérature étrangère*, Shakespeare). S'il défend le dogme catholique, c'est encore pour certains motifs élevés qui appartiennent plus au poète qu'au fidèle strictement lié à la lettre : « L'Eglise n'est point un tas de pierres, c'est l'union des âmes dans le bon vouloir. » (*Historiens politiques et littéraires*, de Chalambert). Mais ces belles compréhensions de l'art, du sentiment, de l'Eglise, ne lui font jamais perdre de vue la défense des personnalités supérieures en général, et de la sienne en particulier, qu'il eut si souvent à maintenir envers et contre tous. « La supériorité, dit-il avec raison, est toujours une exception parmi les hommes, et une exception haïe, ou enviée, ou peu écoutée ; à la manière dont elle est méconnue, on la reconnaît. » (*Les Bas-Bleus*). Il avait fort à faire contre les envieux et les indifférents de son temps, et il remarquait durement : « A cette époque, les sots, qui à toute autre époque n'étaient que des sots, se sont épaissis et sont devenus grossiers. » (*Les Critiques*, Paul de Saint-Victor). Mais il gardait toujours ses hautes manières avec les personnalités des autres, et ne se gênait pas pour les rebaptiser : « Léon Cladel est un catholique sans le savoir, comme il est un rural. » (*Dernières Polémiques*, Un Rural écarlate). Ce qui nous autorise à prétendre que lui-même fut un révolutionnaire sans le vouloir, à sa façon bien entendu. C'est le contredire, lui, le partisan de l'autorité ; mais, en vrai normand, il aimait aussi la contradiction, voire exercée contre lui. Il annonçait dans la préface de *l'Ensorcelée* : « Le personnage de l'abbé de la Croix-Jugan est inventé, ainsi que les autres personnages qui l'entourent... » et proclamait, au neuvième chapitre du livre : « Que si, au lieu d'être une histoire, ceci avait le malheur d'être un roman... » Sa manière de vieillir, à ce lutteur qui semblait infatigable, fut de se retrancher dans la solitude où l'enfermait son temps : « La vie intellectuelle ressemble à la vie morale ; on ouvrait, on tendait beaucoup sa main dans la jeunesse ; on la ferme et on la retire en vieillissant : progrès amer ! » (*Philosophes et Ecrivains religieux*, Philosophie politique). Son existence eut de l'éclat pour une phalange intelligente ; elle obtint aussi la justice d'amitiés choisies, clairvoyantes ; mais elle méritait un éclat plus large, une justice plus générale, et il devait y songer un peu lorsqu'il disait : « Pour beaucoup de ceux dont la vie fut une lutte et un mérite sans éclat et sans justice, les quelques jours qui suivent immédiament la mort sont les meilleurs de la vie. » (*Les Critiques*, Jules Janin). Mais, pour lui, ces jours-là durent et dureront longtemps encore ; c'est véritablement pour son œuvre qu'il a pu écrire : « D'ailleurs, la mort, est-ce la mort ? » (1886). Il savait si bien, lui qui traitait toute chose amplement, que « la gloire n'agit pas comme l'avide peseur d'or fin qui en pèse jusqu'à la poussière ; la gloire vraie y va de plus pleine main. » (*Les Poètes*, André Chénier). Sa personnalité, si affirmative, si absolue, pouvait hausser les épaules devant son époque désordonnée, mesquine, et attendre.

Mais s'il haussait les épaules devant certaines médiocrités, certaines banalités, comme, par exemple, vers 1855 à 1858, il exprima son mépris du monde (entr'autres dans l'article sur Mme du Deffand), il ne pouvait supporter les vices et les crimes du siècle. « Nous, disait-il pour avoir un droit personnel de les flageller, les décadents d'une race qui s'éteint dans les amollissements convulsifs et la pourriture de sa propre civilisation... » *(Les Poètes*, Maurice Rollinat). Il souffrait aussi de la décadence des lettres : « Les formes littéraires sont épuisées ; elles sont toutes permises peut-être, parce qu'il n'y en a plus de nouvelles à attendre de l'esprit humain affaibli. » *(Historiens politiques et littéraires)*. Il stigmatisait « l'insouciance de l'idéal, la grossièreté du procédé et l'abaissement de l'observation, ces trois caractères de la littérature contemporaine. » *(Poésie et Poètes*, Vigny). Et il ajoutait : « C'est dans le bavardage que s'évapore le génie littéraire des nations en décadence ; alors, la conférence pousse, fleurit et s'étale ; les Grecs l'eurent du temps de leurs sophistes ; et nous, qui en sommes aux nôtres, nous l'avons comme eux. » Lui, qui voudrait l'esprit humain occupé de hautes questions, doit constater que son temps analytique se soucie rarement des grandes vertus et des puissants caractères : « L'homme qui se cherche dans tout ne s'intéresse guère à ce qui est irréprochable. » *(Littérature étrangère*, Lawrence). Sa nature combative est prise de répulsion surtout devant le bas réalisme, le naturalisme : « J'appelle cela du matérialisme, du plus borné et du plus stupide, du matérialisme qui, exilé des littératures fortes, ne manque jamais de reparaître dans les littératures décadentes, quand le souffle divin de la spiritualité n'anime plus les peuples que les littératures expriment. » *(Le Roman contemporain*, les Goncourt). D'ailleurs, les lettres ne rampent pas seules dans la vase sociale ; toutes les mœurs s'y traînent, ou y trempent au moins un bout d'aile : « Aujourd'hui, les questions de subsistance, les questions du vivre et de l'économie, priment la question d'honneur dans une société dont l'âme a passé dans le ventre. » *(Historiens politiques et littéraires)*. Il distingue cependant : « Ce qui fait la différence du bourgeois et du peuple, c'est la passion ; le peuple en a, le bourgeois n'en a plus. » *(Le Théâtre contemporain)*. Sans doute, si l'aristocratie va au peuple, c'est qu'elle espère s'en servir contre la bourgeoisie ; mais enfin, qu'elle y aille, c'est un signe qu'elle y reconnaît encore une vigueur : cette vigueur-là ne servira pas plus l'aristocratie que d'autres oppressions, toutefois il faut retenir cette reconnaissance de la puissance populaire. Quant au savoir tant vanté du 19e siècle : « Nous sommes arrivés à une époque où les discussions tombent d'elles-mêmes, où ce qu'on appelle la logique en a tant fait qu'elle est déshonorée, et où les épouvantables fatigues de l'anarchie nous guériront peut-être de l'anarchie. » *(Philosophes et Ecrivains religieux*, l'abbé Brispot). Mais ce qui lui semble la dernière des décadences, c'est l'athéisme : « Les apostats modernes ne combattent pas, comme l'ancien apostat (Julien), pour un dieu tombé, pour des autels à relever, pour une tradition sacrée, pour une histoire ; ils combattent contre le surnaturel religieux, quel qu'il soit, et pour rien ! » *(les Prophètes du Passé*, nouvelle édition, Conclusion). Après cela, si les athées ont le dernier mot, il n'y a plus que la ruine d'un pays, pense-t-il avec raison.

Pour bien connaître Barbey d'Aurevilly, il faut creuser sous le catholicisme et le monarchisme, quoique ces deux éléments le composent en grande partie. Et le normand n'est qu'à la source de l'œuvre. Celle-ci repose sur un fonds universel de nature et d'observation, dont l'évidence s'est manifestée à un moment qu'il a daté lui-même. A propos de *l'Amour impossible*, il a dit, dans *les Romanciers d'hier et d'avant-hier :* « Cela était parisien de mœurs, de langage, de corruption raffinée et nauséabonde, d'ennui et de préciosité .Seulement, je m'aperçus bientôt que les plafonds sous lesquels je voulais vivre étaient trop bas, et je revins presque immédiatement à l'observation élargie et à la grande nature humaine, hors de laquelle il n'y a pas, en littérature, de salut. » Il était même revenu à la grande nature terrestre, qu'il voyait et comprenait bien : ses descriptions l'établissent. Mais ce combattant perpétuel puisait sa force principalement dans les facultés d'enthousiasme du cœur humain, et il l'avouait avec une superbe ingénuité : « J'aime les passions, n'importe où, dans les livres comme dans la vie. » *(Mémoires historiques et littéraires*, Philarète Chasles).

Barbey d'Aurevilly taillait à coups droits et francs dans les définitions comme dans les idées et les mœurs. « En littérature, disait-il, ce n'est pas comme en morale. Il faut faire, avant tout et de préférence à tout, ce qui plaît. En morale, il faut faire ce qui ne plaît pas. C'est précisément le contraire. » (Lettre à Léon Bloy, 18 décembre 1877). S'il s'agissait de lui, — car c'est lui qu'il aperçoit dans cette apparition équestre ! — écoutez-le décider avec une naïve ampleur : « L'homme n'est complet et magnifique qu'à cheval. » *(Sensations d'art*, Géricault). Quant a l'œuvre d'art, elle ne comptait guère à ses yeux si elle ne récelait pas une idée, surtout une grande idée, ou, du moins, un éclat spirituel : « Toutes les formes littéraires finissent par mourir... Rien un jour pourrait ne rester, si ce n'est l'observation qui transperce tout, les cris de nature bravement rugis et qui trouvent toujours le même écho dans les cœurs semblables, et enfin les vues inattendues de l'esprit, incarnées en des mots qui les rendent plus spirituelles encore. La durée ou l'immortalité, pour les œuvres, n'est pas une question de forme, mais d'essence, et c'est pour cela que tant d'œuvres meurent et disparaissent qui n'existaient que par un certain agencement de parties, un certain style, un certain art d'ensemble, mais qui, sans manquer de talent, manquaient de génie ou d'esprit. » *(Romanciers d'hier et d'avant-hier)*. Voyez sa manière originale de décrire l'œuvre justicière de la postérité : « Le temps a deux perspectives ; dans l'une, il y a les édifices qui grandissent à mesure qu'on s'en éloigne ; dans l'autre, il y a les édifices qui diminuent. » *(Portraits politiques et littéraires*, Guizot). Il ne ménage pas l'esprit d'imitation qui a gêné les 16°, 17° et 18° siècles littéraires et artistiques : « La civilisation chrétienne périssant sous la civilisation païenne, ressortie de ses ruines depuis le 15° siècle, le mort revenant tuer le vif, la tradition coupée comme une corde de harpe, les ancêtres niés, les langues retardées dans leur développement, l'imitation substituée à l'originalité et l'empêchant même de naître, tel fut le crime intellectuel de la Renaissance. » *(Historiens politiques et littéraires*, J.-M. Audin). Et il reconnaît que le 19° siècle a retrouvé et restauré la tradition : « Le romantisme était, dans les lettres, la légitimité reprenant la place usurpée par la bâtardise. » (Id.) Puis, il revient, assez souvent pour que cette insistance indique un élément réel et solide de sa nature, à la nécessité, si logique en effet, pour l'art véritable, supérieur, d'être moral, non certes dans son but, mais dans une des conséquences de sa conception initiale : « Je suis de ceux qui pensent que la force de la moralité dans un homme double la puissance de son esthétique... Je n'ai jamais cru au grand talent sans moralité... Le talent est une question d'âme tout autant que d'intelligence... S'il est possible qu'une âme basse ait quelque talent, il est impossible qu'elle ait du génie. » (*Littérature épistolaire*, Balzac).

On comprend que Barbey d'Aurevilly, mécontent de son temps si lourd de matérialisme, ait souvent plongé son regard dans le futur avec l'espoir d'y deviner une revanche de l'idéal, de la foi. Elle s'adresse autant à l'avenir qu'elle souligne une vérité du passé, cette déclaration ferme, précise : « Si le droit existe, il est un ; deux droits seraient une tautologie, une absurdité. S'il y a un droit, il est absolu et *divin,* comme la vérité est absolue et *divine.* L'homme ne le crée pas plus que la vérité. Il la reconnaît, la constate ou la subit. Voilà tout. Les mots ne font rien à la chose. Droit des peuples, droit des assemblées, droit des aristocraties, c'est toujours le droit divin. » (*Sensations d'histoire,* Jacques II). Son regard aigu a même vu ceci, et sa plume sincère a osé l'écrire : « A cette heure, il est évident que sans un coup de Providence qu'on n'a pas le droit d'espérer, la société chrétienne est morte. » (*Philosophes et Ecrivains religieux,* 2ᵉ série, Jules Soury). *Qu'on n'a pas le droit d'espérer !* Alors, si la société chrétienne meurt, ne voulez-vous pas qu'une autre société *religieuse* lui succède ? Etes-vous pour Dieu, ou seulement pour un dogme ?... Cette question très nette ne peut plus être adressée qu'à son ombre, puisqu'il est parti enveloppé dans les plis de son manteau dogmatique ; mais elle doit être posée aux esprits dignes de comprendre, d'aimer et de continuer son œuvre de croyant. Déjà, cependant, il avait reconnu qu'une fusion était possible dans quelque chose de plus vaste que tous les dogmes : « ... Opposés absolument en ce que nous croyons l'un et l'autre la vérité religieuse, nous nous sommes tendu la main et nous nous sommes unis de cœur dans ce sentiment de la conscience qui est au-dessus de tout. » (*Sensations d'histoire*, Dédicace à Ernest Havet, 1886). Qu'elle pesait peu, la prétention des artistes à détenir la plus haute faculté ! lorsqu'il disait : « Nous qui ne croyons pas que l'art soit le but principal de la vie et que l'esthétique doive un jour gouverner le monde... » (*Littérature étrangère*, Edgar Poe). Et qu'elle était proche, la déconvenue des politiques qui se croient seuls capables de traiter les affaires publiques ! quand il rappelait : « Le monde est ainsi fait qu'à ses yeux un poète ne peut jamais être un homme d'Etat, et Chateaubriand, en son temps, s'est assez plaint de cette sottise. » (*Littérature épistolaire*, Poniatowski et Mme Geoffrin). Il sentait tout crouler autour de lui, et remarquait avec une singulière

largeur de vue : « L'originalité des races et des institutions n'est plus. A une certaine hauteur, toutes les
sociétés se ressemblent. Quand on dit : *littérature
française, littérature anglaise, littérature russe,* etc.,
peut-être n'est-il plus temps d'entendre que LITTÉRATURE
EUROPÉENNE, tant, à l'exception des langues, qui entreront aussi un jour dans la mêlée universelle, les littératures modernes sont en train de *faire de l'unité
monstrueuse* dans leurs conceptions et leurs manières
de sentir ! » *(Littérature étrangère,* Préface). Il prévoyait cela avec découragement ; mais n'est-ce pas
beaucoup, d'avoir annoncé les Etats-Unis d'Europe au
moins littérairement ? Là encore, le critique pénétrant,
d'accord avec le poète qui était en lui, a devancé son
temps. Parmi les désordres des partis, le chaos des
idées, il proclamait noblement cette espérance : « Les
grands hommes sont les derniers rois de ce monde, ce
sont les rois d'après les rois, les rois éternels et qui ne
mourront qu'avec l'humanité. Il n'y a maintenant qu'un
de ces grands hommes qui puisse fouler aux pieds la
vile égalité humaine et nous sauver !... » *(Dernières
polémiques,* le Régicide universel). Je remarque seulement qu'il y a deux façons de comprendre l'égalité :
l'une harmonieuse, et celle-là est bonne ; l'autre, arbitraire, celle qu'il déclare vile. Il le voyait si bien,
l'avenir, ou du moins il l'espérait, le souhaitait si nette-

ment ce qu'il doit être, qu'il ajoutait : « Trois sortes d'esprits règnent sur le monde, aussi bien sur le monde de l'action que sur le monde de la pensée : l'esprit religieux, l'esprit social, l'esprit individuel... Il est évident que si un seul homme pouvait réunir en lui ces trois sortes d'esprits différents qui, isolés, sont de si grandes forces, mais qui, réunis, seraient la plus grande force possible, cet homme aurait une supériorité aussi absolue qu'une supériorité peut l'être dans ce monde relatif. » Si ce n'est là une prédiction, c'est au moins un acte profond de conscience, d'avoir pressenti en lui-même que l'avenir allait produire de ces génies nouveaux, à la fois religieux, sociaux et individuels.

Barbey d'Aurevilly, ainsi reconstruit et dépeint par lui-même, nous apparaît d'abord soucieux d'un rôle à jouer et d'une attitude à opposer à son temps souvent hostile ; mais l'artiste restait un ami perspicace de la vérité et un amant déclaré de la passion. L'écrivain avait une prédilection pour la poésie, qu'il admirait jusqu'à supporter l'idée athée en raison du feu poétique. En revanche, il détestait la philosophie, bien qu'il la connût à fond. Sa robuste nature de combattant goûtait l'histoire ; elle l'intéressait aussi comme partisan, et il savait en éclairer bien des bas-fonds. L'amour de l'histoire et la haine de la philosophie produisaient en lui une pensée politique basée à la fois sur un principe positif et un principe négatif : sa politique théorique était donc contradictoire ; quant à la politique pratique, il ne put y pénétrer. Sa critique est sincère avant tout, et dogmatique autant par vocation que par choix et volonté. Sa personnalité franco-normande, solidement armée pour l'attaque et la défense, offrait une attitude haute et une bonhomie cordiale ; il soutenait l'autorité, recherchait l'action, voulait et mettait la composition et l'ordre sous l'échevèlement fréquent et varié de l'œuvre ; il faisait penser à tant d'orgueil et affirmait tant de modestie, qu'au fond, il faut surtout retenir de lui l'ardent défenseur des supériorités, la sienne comprise, et le réfugié dans une solitude sourcilleuse dont son temps mercantile et banal était généralement responsable. Il se rendait, de ceci, un compte si exact, qu'il eut de bonne heure le dédain des platitudes et le dégoût des vices, des mœurs dégradées, de cette époque. Son inspiration, sous les dogmes, comme à travers le normand, puisait dans la nature et principalement dans la passion. Il tranchait de haut et à fond, préférait la pensée et l'idée vivantes aux formes froides et périssables, louait le romantisme, dont il était si constitué, d'avoir restauré la veine française dans les lettres et les arts, et ne comprenait pas ceux-ci en dehors de la moralité. Il échappait à ses contemporains par son retour au droit divin, par ses visions pénétrantes sur la

décadence chrétienne, sur la conscience plus large que
le dogme, sur les intellectualités et les sentiments euro-
péanisés, sur les grands hommes synthétiques de
l'avenir. Et parmi ses travaux comme dans sa vie, autour de son attitude, le poing sur la hanche, comme
autour de sa robustesse simple et flagrante, il drapait
un costume matériel ou spirituel, aux plis amples, aux
couleurs sombres ou ardentes, aux miroitements variés,
d'un geste large et cavalier qu'il a gardé jusqu'à ses
derniers instants, que l'on aperçoit toujours près de
l'œuvre et qui accompagne celle-ci dans la postérité.

IX

L'écrivain n'a pas toujours la physionomie de son
œuvre. Nous nous figurons volontiers un auteur sous
telle apparence, et quand des circonstances nous mettent
en sa présence, nous restons surpris de nous être
absolument trompés. Le physique et le moral ne sont
pas nécessairement d'accord. Aussi, l'individu, dans un
littérateur, n'offre qu'un intérêt très relatif ; ce corps,
cette enveloppe dont la mort nous débarrasse, n'est
utile que pour fixer une date, rappeler une apparition à
notre mémoire et des contingences à notre besoin de
comparaisons. Seule compte vraiment la part d'éternité
qu'une forme fugitive a pu contenir. C'est l'entreprise
apportée par l'âme, aimée par le cœur, accomplie par
l'esprit, qui doit nous retenir. En elle réside le véritable
portrait de son fondateur ; elle, principalement, nous
dit l'aspect de ce dernier parmi ses contemporains, nous
procure un agrément, un enseignement, et nous révèle
son effet immédiat sur l'époque, parfois son action sur
l'avenir. Pour connaître l'homme, il faut traverser
l'œuvre. C'est Barbey d'Aurevilly qui a proclamé ce

principe d'une critique désireuse de faire mieux qu'un recueil d'anecdotes et de commérages. J'ajoute que connaître l'homme resterait un but puéril, si cette expérience ne servait d'abord à nous améliorer sur quelque point, ensuite à mieux organiser le monde intellectuel, dont le matériel dépend.

Mais l'œuvre, est-ce les soixante ouvrages d'un auteur ? Non, ce n'est là que son travail. On produit des phrases et des pages, à mesure qu'elles poussent, parce que la vocation commande et que le plaisir persuade ; on entasse des chroniques, des romans, de la poésie, et le reste, parce qu'il faut encore gagner sa vie, exercer une fonction. Barbey d'Aurevilly a bien démontré cette différence entre l'œuvre et l'ouvrage, lorsqu'il a rappelé Milton, passant soixante ans à s'assimiler un grand savoir puis à le perdre, et à tenir des emplois subalternes, pour apparaître enfin, *le Paradis perdu* à la main. C'est l'histoire, textuelle ou relative, de la plupart des écrivains. Il faut donc, pour les juger clairement et selon leur valeur véritable, écarter les modes dont ils durent s'affubler, abattre les écrits faits principalement pour un plaisir personnel ou pour le payement des notes de fournisseurs ; même de larges fragments doivent être écartés, s'ils ne rentrent pas dans le cadre très limité de l'œuvre absolue.

Cependant, certains livres, sans être de ceux que

gardera la postérité, sont à lire par les gens soucieux d'apprécier un auteur plutôt que de s'y distraire ou instruire. Ils affirment une profession de foi et suffisent généralement à se faire une opinion. Ainsi, tous les éléments de Barbey d'Aurevilly sont représentés dans *les Prophètes du Passé*. Comme le normand Guillaume décida de passer la Manche et de planter sa lance dans le sol anglais, et comme il dut penser quand elle fut plantée : « Maintenant, quoi qu'il arrive, je n'en bouge plus ! » le suprême rejeton des Barbey, lorsqu'il décida d'écrire *les Prophètes du Passé*, dut penser : « Je ne bougerai plus de là ! » Or, les descendants de Guillaume et de sa troupe sont encore en Angleterre, et Barbey d'Aurevilly a maintenu jusqu'à sa mort l'opinion arborée en 1851. Ce livre, s'il n'a pas la flamme d'immortalité, renferme l'affirmation doctrinaire de toute une vie ; le simple lecteur peut ne pas s'y arrêter, mais le lettré, le savant, le critique, le philosophe, l'historien, le politique, le sociologue, auxquels lire ne suffit pas, qui veulent de plus comprendre la destinée de l'auteur et se documenter pour leur science ou s'armer pour la lutte, doivent étudier cet ouvrage, qui est un programme à l'œuvre, le flambeau qui va éclairer les pages du polémiste et même celles de littérature directe.

Barbey d'Aurevilly, guidé par sa vocation et par sa volonté, contraint aussi par les influences tentantes des relations et par les barrières brutales des partis adverses, a choisi son camp, puis a combattu pour ce camp, pleinement, parfois même aveuglément, ne reculant pas devant des arguments atroces qui, d'ailleurs, s'équilibraient avec des excès de parole ou d'écriture de sectaires démocratiques. L'homme intérieur, le seul important, avait reçu comme destinée de soutenir intellectuellement la tradition de l'ancienne France, et il la soutint par la littérature qui formait sa nature, mais aussi par la religion qui domine tout et par la politique qui commande les intérêts des partis. Dès lors, son choix était indiqué, monarchisme et catholicisme personnifiant l'ancien régime et demeurant encore inséparables. Il y fût venu peut-être aussi pour de seuls motifs d'impulsion native, à cause du principe d'autorité qui logeait dans son cerveau. Il avait enfin pour le rejeter dans l'opposition un sentiment de supériorité qui s'accordait mal avec l'effort de nivellement des sociétés nouvelles ; l'ordre hiérarchique lui semblait nécessaire contre la montée des incapables : « La gloire est une hiérarchie, et non pas une égalité, » (*Portraits politiques et littéraires*, Pélisson), répondait-il hautement à la cohue des médiocres rués aux fonctions publiques et aux honneurs. De ces poussées de l'instinct et des obstacles du temps, sortit cet écrivain dont on peut dire, comme il l'a dit lui-même de Proudhon, qu'il a rendu impossible un autre Barbey d'Aurevilly ; cet écrivain surprenant au premier coup d'œil, mais très compréhensible, très logique dès qu'on l'a pénétré, dès qu'on a reconnu cette âme héroïque, sans plus, ce cœur ardent : tout l'art chez lui en vient, et cet esprit conquérant, — l'esprit, qui domine tout ici, et qui presque seul fut catholique et monarchique.

L'époque, démocratique et sceptique, se ferma devant ce tenace adversaire, ce frère mécontent plutôt, car il avait la constitution générale de ses contemporains. Barbey d'Aurevilly s'est élevé dans le 19e siècle, tantôt pareil à ce siècle, tantôt debout contre lui. Sous la Restauration, il dédie une ode à Casimir Delavigne ; sous Louis-Philippe, il décrit une courbe salonnière, à côté des romantiques ; sous le second empire, ses romans sont du plus évident romantisme, mais sa critique est dirigée autant contre ce courant des lettres qu'elle l'est contre l'ensemble du temps ; après 1870, il se maintient sous ce double aspect, et combat les dernières évolutions littéraires. Il a donc traversé, s'y mêlant ou les attaquant tour à tour, et souvent mêlé par sa forme mais en dehors par son principe, la transition de deux grands siècles de littérature, le romantisme le plus échevelé, le réalisme, auquel il tient par bien des phases de ses romans, l'idéalisme, dont il est par sa préférence donnée à la foi et à l'enthousiasme ; il a vu naître et dépérir parnasse et naturalisme, et même les écoles décadentes, symbolistes, ont eu le temps de montrer leur peu de profondeur avant qu'il disparaisse. Il est, vraiment, une des organisations les plus solides et les plus vivaces du 19e siècle, et s'il avait pu s'accommoder aux idées nouvelles, nul doute qu'il n'eût tenu de ces charges importantes où le vulgaire voit des preuves de talent. Mais il s'était installé lui-même en marge de son temps, autant par le souci de la vraie gloire que par une nécessité de son opposition. « Qui vit trop de la vie de son époque la partage, et passe avec elle, observait-il. Le génie lui-même, malgré sa force, perd quelquefois de sa vigueur dans l'énervement corrupteur d'une gloire contemporaine. » (*Portraits politiques et littéraires*, Pélisson).

Barbey d'Aurevilly s'est livré deux fois, dans ses romans, dans sa critique, et chaque fois il apparaît le même : c'est encore une preuve doublée de sa sincérité, qui a été mise en doute, et de l'unité de son type, qui reste indiscutable.

Allez, dans son œuvre, droit aux productions les plus personnelles et les plus parfaites : cette sincérité et cette unité n'y faiblissent jamais. Sous le pittoresque, sous l'échevèlement, sous les multiples miroitements de la forme composite de l'écrivain, ces deux qualités foncières vous passionnent et ne vous trompent pas. Que ce soit, dans *Une Vieille Maîtresse*, la Vellini, ce récit de

M. de Marigny à Mme de Flers (première partie), ou les lettres de Vellini à Marigny, de Marigny à Mme de Flers, ou encore les diverses descriptions du Cotentin : Carteret et ses habitants, la lande de la Haie d'Hectot, le cabaret du Bas-Hamet (deuxième partie), le romancier passionné et le peintre coloré vous plaisent par leur vérité droite et leur singularité soutenue. *L'Ensorcelée*, — ce chef-d'œuvre des romans de Barbey d'Aurevilly, parce que, romantique autant que les autres, il est de plus supérieurement ordonné, — *Une Page d'Histoire*, vous maintiennent dans la même impression. Revoyez les portraits des demoiselles de Touffedelys, du baron de Fierdrap, de l'abbé de Percy, de Mlle de Percy, d'Aimée de Spens, dans *le Chevalier des Touches*, et relisez la première expédition, à partir de : « ...C'est midi sonnant que les Douze entrèrent dans Avranches... » la deuxième, de : « ...C'est entre onze heures et minuit que nous quittâmes la ferme... » à : « ...L'abbé a raison : ils mourront comme les Stuarts... » et vous retrouverez votre auteur immuable dans sa variété. Il apparaît toujours aussi vrai, avec les mêmes couleurs précises et puissantes, et sa narration pareillement entraînante, lorsque, dans *Un Prêtre marié*, il peint la Malgaigne (chapitre IX, de : Elle était debout sur la route... à : la pourpre de sa pauvreté) ; la course de Néel de Néhou (chapitre XV, de : Le but de Néel n'était pas Lieusaint...

à : Je veux vous aimer jusqu'à la mort) ; la Gamase
(chapitre XVIII, de : Pour Sombreval, Julie la Gamase...
à : quand il lui tournait les talons) ; la mort de Sombreval
(chapitre XXXI, de : Il y avait à peu près une heure...
à : il fit retomber la terre sur l'amour de sa vie). Voyez-
le encore dans ses paysages de *Ce qui ne meurt pas* :
Septembre (première partie, chapitre XVI, de : On
arrivait à la mi-septembre... à : Naples et ne pas
mourir) ; les Marais (deuxième partie, chapitre I, de :
Avez-vous jamais... à : il n'y a plus rien à sauver) ; le
Printemps (chapitre X, de : Le printemps dont ils
désiraient... à : rendu bleuâtre par la distance). Voyez-le
enfin dans le Rideau cramoisi, des *Diaboliques* ; dans
quelques-uns de ses *Rythmes oubliés* : les Quarante
heures, les Bottines bleues, Laocoon ; dans plusieurs de
ses *Poussières* : le Vieux soleil, le Vieux goëland,
Débouclez-les vos longs cheveux de soie, Oh pourquoi
voyager ? Si tu pleures jamais, l'Echanson, Saigne, mon
cœur, les Nénuphars, la Maîtresse rousse, les Spectres,
Tête pâle de ma chimère ; dans un millier de pensées
choisies parmi l'œuvre entière où elles sont disséminées
prodiguement (et qu'on devrait recueillir, comme il
désirait qu'on le fît pour Balzac). Suivez-le dans toutes
ces voies diverses, et vous apercevrez toujours un des
esprits les plus entiers, les plus nets, les mieux tranchés,
dans un siècle si peuplé d'ombres vagues et d'œuvres

inégales, trompeuses, disparates.

Opérez de même devant sa critique. Ecartez un moment ces nombreux comptes-rendus nécessités par la fonction du chroniqueur, allez surtout aux pages écrites avec une passion qui n'entravait pas la composition ni le style. Lisez enfin ces études exceptionnelles sur Pascal, Sainte-Thérèse, Richelieu (*Historiens politiques et littéraires*, 1re série, dans l'article Michelet, de : Dieu a livré le monde aux sages... à : il a pour lui Pierre le Grand) ; sur Amédée Thierry, Vigny, Marceline Desbordes-Valmore, Baudelaire, Stendhal, Flaubert, Mme de Staël, Mme de Girardin, Sainte-Beuve, Rivarol, Millet, Berlioz, Louis XI, Henri IV, Catherine II ; sur Lacordaire, Michelet, La Fontaine, Lamartine, Byron, Lessing, Edgar Poe (à partir du chapitre II) ; sur Horace Walpole, sur Stendhal encore (*Littérature épistolaire*) ; sur Saint-Simon, sur Armand Carrel, Shakespeare et Balzac, Taine, Beaumarchais, Victor Cousin, Barthélemy Saint-Hilaire, les Goncourt (III à VII, *Renée Mauperin*) ; sur Alphonse Daudet (I à III, *Lettres de mon Moulin*), Le Sage, Guizot, Tallemant des Réaux, Mme de Maintenon, Gérard de Nerval, Léon Cladel. Joignez-y les Chevaliers de la Table Ronde au 19e siècle (*les Ridicules du temps*) ; Gœthe, chapitre IV, la Philosophie, et Diderot, chapitre V, la Critique (*Gœthe et Diderot*) ; du *Théâtre contemporain* : les Directeurs de théâtre, Frédérick Lemaître (tome 1), Ma Reprise, à moi (tome 2), l'Anniversaire de Corneille (tome 3), Pas de feuilleton de théâtre aujourd'hui, Histrionisme et Fétichisme (tome 4), le Cirque, OEdipe-Roi (tome 5) ; aussi, les Réfractaires de Jules Vallès (*Polémiques d'hier*), Sans dot (*Dernières Polémiques*), — et vous aurez, non seulement un choix rare de belle et haute critique, mais encore la certitude indestructible que Barbey d'Aurevilly, toujours semblable à lui-même dans sa multiplicité, est un des écrivains les plus énergiquement sincères et les plus nettement définis du 19ᵉ siècle.

N'oublions pas cependant la marque particulière de son œuvre, cette véhémence éclatante du style et des mots et cette originalité de la phrase, qui régnaient aussi dans son écriture, et dans son paraphe, lequel souvent ne file pas avec l'y, s'y raccorde, et dessine, large, long et fougueux, le serpent d'un éclair : c'est comme un ruban de feu, précipitant sa vigueur vers la pointe aiguë, frémissante, qui le termine, dont il orne son nom, et lui-même, et son œuvre. Il n'a peut-être pas une seule page où ne frémisse la pointe de ce serpent-là, tendu et fulgurant.

On reconnaît aussi dans le romancier un peintre évident, très mouvementé, chaud, robuste, bien ordonné. Ce peintre, fréquemment, s'essaye même, et reparaît parfois entier, dans le critique.

Nous avons vu que deux principes dominent sa polémique : le dogme qui l'oriente, l'art qui lui plaît hors de tout. Généralement il part de là, et d'une phrase, d'un mot, pour rebondir, souder un anneau à l'autre, en une spirale d'idées et de style ; une chose lui en suscite une autre, et celle-ci une autre encore, et ce procédé, qui lui est si naturel, semble infini ; on le retrouve même dans le plan des séries où il a groupé ses chroniques, puis dans le recueil complet. Souvent, il fait peu connaître l'auteur critiqué ; il ne tient qu'à être intéressant, même en parlant des médiocres, et toujours il offre de l'intérêt, parce qu'il part de l'idée de l'œuvre manquée, de la source (religieuse ou athée surtout) dont elle est sortie, pour faire acte d'inventeur, exposer ses principes et sa pensée personnels. Or, sa personnalité étant prête sans cesse à monter sur la brèche, et, au besoin, à l'ouvrir, on ne peut que se passionner avec ou contre ses sentiments absolus. D'ailleurs, on est rarement contre, quand on fait la part du dogmatique, qu'on s'attache plutôt à tout le reste, qui est considérable, et qu'on sait, de plus, qu'il a la mesure de ne sortir jamais des limites de son tempérament.

Comme il aime à parler ! et à discuter ! Ses articles sont des conversations entre lui et l'époque, surtout avec les adversaires de son parti, mais l'époque tenue presque au silence, et lui s'emparant souverainement de

la parole, et la gardant, et disant tout ce qu'il a à dire,
avec des ressauts, des surjets. Tout ? Non, on devine
qu'il dirait bien d'autres choses encore. Mais il possède
en lui un cadre, qu'il a en dehors même des obligations
du feuilleton, et ce cadre le garde. C'est dans ces limites
qu'il va, acharné, jusqu'au bout. Par une première
courbe, l'auteur est situé dans son temps, avec l'indica-
tion des opinions sur lui, et la déclaration de l'opinion
du critique ou des causes qu'il attribue à l'œuvre cri-
tiquée ; par un second élan, il fond sur le sujet, le saisit
par le côté des idées foncières, des principes, évoque le
dogme, et par conséquent, prononce beaucoup plus de
condamnations que d'approbations ; en une dernière
exécution, il se substitue volontiers au patient, pour
refaire partiellement, et parfois entièrement, l'ouvrage à
son idée, et achever de consacrer le mérite des siens ou
de réduire ses adversaires. Tout le long, s'agrafent des
aperçus généraux sur l'auteur, des blâmes imprévus aux
coreligionnaires, des louanges loyales à l'ennemi, d'un
coup d'énergie, qui fait songer au chef normand levant le
pied de Charles le Simple : blâmes et louanges portant
sur le plus ou moins de vie, d'émotion, de sensibilité, de
sincérité, de passion, tout l'art et la littérature pour lui,
qui repousse avec dédain le professoral et l'académique
comme non viables.

Est-ce bien de la critique proprement dite ? Un critique,

lisant, peut s'abandonner à ses préférences personnelles ;
mais quand il est près d'écrire son jugement, il doit se
prendre à la nuque, se dompter jusqu'à l'impartialité,
dire devant des idées qu'il aime : Il y a là cet affreux
défaut ! et devant des idées qu'il déteste : Voici ce qui
en est superbe ! Barbey d'Aurevilly, sauf pour les cas
d'idéal et de vérité intellectuels et moraux, est tout d'un
côté : ceux qui ne sont pas de ce côté ont un principe
mauvais démolissant leurs qualités ; les autres ont tellement raison d'abord que leur plus médiocre talent semble
perdre tous ses défauts. Barbey d'Aurevilly agit d'après
la passion plutôt que l'impartialité ; ce n'est pas un critique dans le sens précis du mot, c'est un *critique-
polémiste*.

Alors, tout s'arrange. Cette passion qui nuit au
critique strict, est au contraire nécessaire au polémiste.
Les adversaires même peuvent l'aimer et l'admirer,
comme, sur un champ de bataille, on peut applaudir aux
actes héroïques ou étonnants de l'ennemi. Et plus il est
sincère dans ses emportements, plus il est frénétique
dans ses rigueurs, plus il devient remarquable au titre
de combattant.

C'est l'antipode de Sainte-Beuve, qui opère scientifi-
quement, veut rester froid, impersonnel, et cherche
l'auteur dans sa biographie plutôt que dans l'œuvre.
Barbey d'Aurevilly l'estimait peu critique, et Sainte-

Beuve se tenait à l'écart de lui. C'est qu'ils occupaient deux domaines bien distincts. Sainte-Beuve, dans le sien, ne pouvait franchir les bornes de son talent particulier ; Barbey d'Aurevilly ne pouvait briser les limites d'un dogme qui n'appartenait pas qu'à lui. Le premier était plus libre mais isolé dans son intellectualité ; le second avait à obéir mais il bénéficiait d'une grande cause à défendre. Sainte-Beuve est tenu à ce contre-poids : *l'impartialité*, car, parlant au nom de lui seul, il est sujet à bien des erreurs, et surtout, il serait souvent entraîné à tromper le nombre social et intellectuel où il existe ; Barbey d'Aurevilly profite de cet autre contre-poids : *l'autorité*, puisqu'il parle au nom d'un groupe, et que, officier d'une armée, devant obéir, il peut aussi commander : mais ce droit l'oblige, en retour, à faire que son opinion s'accorde avec l'opinion, les tendances du groupe où il s'est enrôlé. L'impartialité, qualité principale du critique, en est aussi la marque; l'autorité, faculté prépondérante du polémiste, en est aussi la distinction. Si, un jour, la critique doit se constituer par ces deux principes, dont le premier explique des objets, dont le second apprécie des résultats, elle aura été fondée principalement, dans sa facture définitive, par Sainte-Beuve et Barbey d'Aurevilly. Ils sont bien les deux grands juges littéraires qui dominent toute la critique du 19e siècle, et si l'auteur des *Portraits* et des *Lundis* est

le premier des critiques, celui des *Œuvres et les Hommes*
est le chef des polémistes.

Je ne puis m'empêcher de songer, en considérant la
nature absolue de Barbey d'Aurevilly, son intransigeance initiale et voulue tout ensemble, à ce qu'il eût
été, à ce qu'il eût fait, s'il était né de petits bourgeois,
ou surtout d'une famille de paysans, d'ouvriers. Sans
particule nobiliaire, même toute récente, obligé de forger
son éducation lui-même, débutant parmi des démocrates, reçu peut-être dans les salons de la noblesse,
mais dédaigneusement, puisque, malgré son haut caractère, son mérite personnel, son génie, il n'y eût été
qu'un manant ! je me le figure volontiers, lui plus fougueux que Diderot, ayant en lui du Danton, se rejetant
en plein courant républicain, et devenant un des plus
farouches défenseurs de la tradition révolutionnaire. On
ne compte pas assez, devant un littérateur, animé par
l'enthousiasme, ayant la conscience de sa valeur et la
retraite prompte sous d'injustes dédains, avec sa naissance, la situation de sa famille, ses relations inévi-
tables, les circonstances enfin où il se développe. D'autre
part, bien des reproches tombent, bien des défauts qui
éclataient deviennent insignifiants, devant l'explication
des influences si fortes sur toute nature humaine. On
rend aux circonstances ce qui est aux circonstances, et
l'homme et l'auteur, dégagés de cette enveloppe

empruntée, de cette gangue étrangère, apparaissent non seulement tels qu'ils furent dans leur être intérieur, mais encore tels qu'ils auraient été si les contingences se fussent présentées contraires. Leur vrai type est entre ces deux états : celui qu'ils ont vécu, celui qu'ils auraient pu vivre.

Barbey d'Aurevilly, de ce camp démocratique, aurait attaqué son époque en ses préjugés au lieu de l'attaquer en ses nouveautés. Prophète de l'avenir, il eût continué directement Lamennais. Homme croyant, il aurait lutté pour le triomphe de la foi renouvelée. Car il fût resté religieux, celui qui, connaissant bien l'humanité et l'ordre de sa marche vers le futur, a gravé cette lumineuse et parfaite vérité : « Il n'y a qu'une grande division en histoire, et c'est la croix de Jésus-Christ qui l'a faite... Le monde ancien finit à cette croix qui s'élève ; le monde moderne y commence. »

X

L'action littéraire de Barbey d'Aurevilly s'est manifestée de diverses manières. Conservateur du passé, il
rejoint au couchant de l'ancien régime les Joseph
de Maistre et les de Bonald qui, vainement, ont combattu les temps nouveaux. Physionomie vivante et haute
du présent, il a, par son romantisme, par sa campagne
longue et acharnée, occupé une des plus grandes places
dans les lettres du 19ᵉ siècle. Précurseur de l'avenir, il
ne ménagea pas les avertissements à son époque, et
soutint avec énergie le principe religieux, auquel il
faudra bien que la société revienne, si elle désire ne
pas sombrer prochainement.

Mais en voulant maintenir les traditions de la famille
chrétienne, du dogme catholique, de l'ordre monarchique, il n'était pas étroitement l'homme du passé que
des gens superficiels, ou intéressés à tromper la foule,
ont vu en lui. Il comptait parmi ses relations des esprits
très avancés en démocratie, et même des athées parmi
ses admirations : or, ceux que librement vous fréquentez
ou que vous aimez aident à faire deviner qui vous êtes.

Pour ne rappeler que certains noms, Baudelaire, Mme Ackermann, Ernest Havet, Gambetta, qui même le défendit devant les tribunaux de l'empire, Jules Vallès, Jean Richepin, et cet autre extrême : Léon Cladel, formeraient un étrange voisinage à quelqu'un de vraiment fidèle aux dogmes du vieux temps. Quand on possède un ferme caractère, on conforme sa vie à ses principes, on clôt sa porte aux détracteurs de sa pensée. Non, Barbey d'Aurevilly, ce caractère si accusé, n'a véritablement agi que selon ses idées ; il n'a donc de liens avec le passé, que le sens général des traditions gardé par toute âme saine, et que l'acceptation obligatoire d'un élément inséparable de son acte de foi religieux et politique.

D'autre part, des critiques arrêtés devant les seuls aspects extérieurs d'un écrivain, et d'ailleurs plus enclins à étudier des célébrités officielles ou universitaires, croient avoir tout dit lorsqu'ils ont prononcé les mots de fougueux romantique. Ils proclament un état que tout le monde sait. C'est facilement démontrable que Barbey d'Aurevilly fut un romantique, fougueux par la passion pittoresque de ses romans et la véhémence pittoresque de sa polémique, réaliste par ses descriptions picturales et son regard droit sur les vérités courantes, idéaliste par sa foi, son enthousiasme. Mais pourquoi le présent lui a-t-il tant pesé ? Comment le romantisme même s'est-il attiré ses attaques ? ce romantisme dont il était si largement, et que pourtant il a sapé dans ses bases, en amoindrissant Gœthe et Diderot. Il a combattu encore son siècle dans sa centralisation, en travaillant au réveil provincial ; dans l'égalité ennemie des hautes natures, dans la médiocrité qui triomphait des grands esprits, que ce fût à l'Académie française ou partout ailleurs ; dans les vices pourrissant la société, dans les ridicules de l'histrionisme éhonté et de la gloriole niaise, dans le scepticisme qui hâtait la ruine du pays. Enlevez, de cette attitude, la part d'état d'âme d'un héritier et d'un servant des castes noble et cléricale, et vous serez tout simplement en face d'un homme qui a lutté avec acharnement pour une élite. S'il la souhaitait choisie parmi les siens, tout, dans sa sincérité d'artiste, dans son génie littéraire, montre contre lui-même qu'il eût préféré une élite de mérite intellectuel. Sur ce point, il s'est affirmé aussi hostile à son temps qu'en la défense de son dogme contre la démagogie sectaire. Il n'appartient par conséquent au 19e siècle que par son romantisme, et par la date des œuvres contemporaines qu'il a critiquées.

Je viens de rappeler son dogme, ce prétexte qui servit aux hypocrites à le classer réactionnaire. Mais Chateaubriand n'a-t-il pas signé *le Génie du Christianisme, les Martyrs* ? et ne reconnaît-on pas aujourd'hui qu'il compte parmi les plus grands fondateurs des temps

nouveaux ? Voilà : on se fie au titre inscrit sur la carte
de visite, aux résultats immédiats des influences fami-
liales et éducatives, aux obligations de la vie quotidienne, et on ne creuse pas l'œuvre, au fond de laquelle
l'étincelle de vérité attend son chercheur de diamant.
Prenez ses romans, sa série des *Œuvres et les Hommes*,
et retirez-en les manifestes du dogmatique : ils ne sont
ni longs ni nombreux, et ce qui restera, l'œuvre presque
entière, cinquante-sept volumes peut-être sur soixante,
vous apparaîtra comme un bloc intact, d'art sincère, de
passion virile, de langue colorée, de style entraînant, de
conscience solidement trempée. La restauration des
hiérarchies, il eut raison de la vouloir, et nous la voulons
aussi, avec, il est vrai, une base d'égalité, c'est-à-dire
les suprématies dévolues au seul mérite ; mais c'est une
belle action que d'avoir hautement réclamé le principe
hiérarchique contre l'insolence, l'égoïsme et la tyrannie
des médiocres qui ont tant triomphé depuis un demi-
siècle. Le maintien des religions, il eut raison de
l'exiger, et nous l'exigeons encore, avec, c'est entendu,
une organisation inébranlablement démocratique ; mais
c'est une gloire que d'avoir soutenu le principe religieux
contre l'aveuglement, la haine et l'ignominie des sectaires dont l'athéisme traîne la France à la ruine.

On m'observera : La religion, pour lui, c'est le catholicisme. Eh bien ! pouvait-il en être autrement, avec sa

naissance, sa famille, son éducation, ses relations, et
son temps enfin resté catholique jusqu'à l'heure de sa
mort ? Remplacez, tout le long de son œuvre expurgée
des manifestes dogmatiques, le mot catholique par le mot
religion, et si vous êtes un croyant libre, rien ne vous y
blessera plus. Vous reconnaîtrez alors, en le suivant
jusqu'à son dernier retranchement, qu'au fond sa plus
large, sa plus haute pensée, la préférée, le diamant de
son âme, et la plus parfaite, d'ailleurs, de toutes les
pensées humaines, que d'autres ont eue et auront, mais
qu'il eut le bonheur aussi d'avoir et de bien exprimer,
qui le gouverne et est la clef ouvrant son œuvre, c'est
Dieu remis à la source de tout, Dieu replacé à l'origine
de tout, et, par conséquent, la religion comprenant et
dominant les plus vastes comme les moindres actions humaines, la religion, soleil spirituel éclairant et animant
la terre intellectuelle. Voilà le plus pur du legs tradi-
tionnel que, homme d'avenir, il nous a transmis. Ce
précurseur nous a rappelé que sans la foi, tout s'enté-
nèbre et meurt en nous. Il nous a remis l'idéal divin en
tête, puissamment, et les sectaires hérissés de basse
haine contre lui n'ont pu l'empêcher de nous transférer
cet héritage, et il a accompli cette destinée comme un
chevalier du moyen-âge, fidèle et invincible, railleur et
irréductible, le poing sur la hanche et la gravité de sa
mission dans le regard.

Les hommes, ces soumis aux circonstances quoti-
diennes, se servent d'institutions immédiates pour régler
leurs pas tremblants. Mais, sous les pactes momentanés,
frémit le principe lointain qui les anime. Sous le dog-
matisme catholique, est au fond la tradition chrétienne,
le retour inévitable et constant à Jésus. Or, Jésus est ce
qu'il y a de plus grand dans l'humanité, et quelles que
soient nos œuvres et réformes actuelles, nous devons
partir de lui. Barbey d'Aurevilly a donc, réellement,
aplani la voie nouvelle, en ranimant, au milieu des
athéismes du 19e siècle, l'idée de ce règne de Jésus qui
doit inspirer les directions et reconstitutions religieuses
jusqu'à la fin des temps terrestres. Qu'importe qu'il n'ait
pas voulu cette voie nouvelle ? Il y a travaillé, c'est
beaucoup ; il a même prédit, aux sombres heures du
découragement, la ruine de la société chrétienne, et
cette ruine est la moitié des réorganisations d'aujour-
d'hui. Ainsi, tout, au fond de lui, malgré lui parfois,
tendait, inconsciemment si l'on veut, vers la sublime
renaissance qui jaillit enfin de la cendre des vieux cultes
écroulés. Car les cultes passent, la religion reste, et
Barbey d'Aurevilly nous reste avec elle.

Un esprit comme le sien a fatalement deux rôles à
remplir : l'un d'affirmation, et ce fut la défense du catholicisme, avec le corollaire monarchique ; l'autre d'opposition à l'époque et souvent de ricochet dans le futur.

L'opposition fut la conséquence même de son catholicisme, dans un siècle organisé contre ce dogme. Le ricochet dans le futur, ce fut, d'une part, la transmission de son dogme spécial qu'il a espéré mais qui hâtera simplement la chute du fruit ridé de vieillesse ; d'autre part, cette transmission de la foi religieuse, sans son dogme, que nous avons signalée, qui lui eût paru fort insuffisante, mais enfin qui s'accomplit, de bon gré ou malgré lui.

Peut-être aurait-il mieux valu qu'il pût prendre part à la politique. Soit que dans sa hâte il eût inspiré des mesures draconiennes, qui eussent, à son dam, précipité la chute du vieux fruit ; soit que, entraîné par le mouvement des affaires matérielles, très différent de celui des spéculations intellectuelles, il se fût aperçu bien vite que la société a besoin d'une réforme fondamentale et résigné à cette tâche inévitable, — il aurait, si actif et si tranché, fait gagner bien des années sur les tergiversations de médiocres gouvernants. C'est évidemment sous cette poussée instinctive qu'il a toujours pensé à l'action d'Etat. Si, dès ses premières tentatives de 1848, il ne persista pas, ce fut par une volonté de refuser des approbations publiques qui ne lui vinrent pas immédiatement, autant que par le manque de cette patience et de cette souplesse indispensables aux politiques. Mais, j'y insiste, il y pensa toujours, sa critique en est tourmentée, et souvent il y laisse entendre, ou le dit nettement, que des littérateurs peuvent faire de bons politiques : ce qui est encore une prévision à l'adresse du 20ᵉ siècle, où l'on va voir fréquemment cette nouveauté. Certes, la politique des Chateaubriand, des Lamartine, des Hugo, des Lamennais, des Barbey d'Aurevilly, vaudrait toujours mieux que celle d'une foule de gens qui mènent les Etats aux misères, aux révoltes, aux guerres et à la ruine irrémédiable. Est-ce bien, ceci, de vrais politiques ? Et sait-on si les directions publiques des grands hommes de lettres n'eussent pas été meilleures, puisqu'en fait ils ne purent jamais s'en occuper foncièrement ni long-temps ? Les nations d'Europe, en pleine décadence, ne peuvent être remises en vigueur et en durée que par des hommes armés des lois gouvernementales et animés par les hautes vues de l'idéal dirigeant le réel. Là encore, par sa réclamation, le polémiste a travaillé pour l'avenir.

D'ailleurs, il est temps de révéler, après la vocation, après l'œuvre, après la personnalité de Barbey d'Aure-villy, son destin dans l'histoire littéraire. En rompant avec la critique d'analyse et de description, il a ouvert une large voie à la critique future, qui se vouera princi-palement à des causes à défendre, à la propagation active de principes intellectuels nouveaux et d'opinions personnelles, à des campagnes d'idées. Bien des cri-tiques, même remarquables, du 19ᵉ siècle, passeront,

ont passé déjà, pour avoir trop cultivé l'anecdote, trop commenté la pensée et la technique des œuvres et fort peu leur action, leur nécessité sociale dans l'époque dont elles sont ou dans les temps futurs. Or, cette critique de combat, qui a le nom spécial de polémique, revendiquera l'auteur des *Œuvres et les Hommes* comme son précurseur le plus direct et le plus grand. De même que Diderot fut, non pas le créateur de la critique, car elle existait sous d'autres formes avant lui, mais son organisateur, de même Barbey d'Aurevilly est l'organisateur de la polémique. Et puisque, pour la deuxième fois, ce nom du 18e siècle vient s'inscrire à titre de comparaison, je vais signaler une analogie beaucoup plus importante, pouvant aider à comprendre clairement le destin littéraire de celui que j'ai suivi jusqu'ici.

Diderot n'a pas seulement, par ses idées sur le théâtre, par sa critique d'art, préparé la voie au romantisme ; il a fondé aussi, pourrait-on dire, cet athéisme spécial, dirigé contre le catholicisme, employé par les sectaires de la bourgeoisie, et qui vient d'aboutir, après cent cinquante ans, à la séparation des Eglises et de l'Etat. De même, Barbey d'Aurevilly n'apparaît pas uniquement, par sa résistance au bas matérialisme des lettres, par sa polémique, un précurseur de la littérature du 20e siècle ; il a soutenu le catholicisme au temps de la chute, et, en le soutenant, a pu nous transmettre au

moins l'idéal divin qui inspirera une foi nouvelle aux
lendemains de cette séparation des Eglises et de l'Etat.
L'un a paru au début de cette longue querelle, l'autre à
la fin. L'un, Diderot, puisque l'œuvre de l'athéisme est
terminée, ne peut plus avoir d'action sur l'intellectualité
française ; l'autre, Barbey d'Aurevilly, puisque l'œuvre
de renaissance religieuse commence à peine, aura une
influence sur l'avenir de la foi française tant que durera
la période de fondation et d'organisation. Mais tous deux
se font équilibre, tous deux se répondent d'un siècle à
l'autre, en des camps opposés ; tous deux se disputent le
même enjeu, le premier plus froid et raisonneur, mieux
cramponné à sa base, le second plus ardent et affirmatif,
de plus large envergure, et si Barbey d'Aurevilly l'emporte sur ce prédécesseur de destin littéraire si différent,
c'est que l'idéal et Dieu doivent toujours avoir le dernier
mot sur la matière et le désordre.

MÊME LIBRAIRIE

Henriette DACIER. — *La Femme d'après Saint-Ambroise.*
in-12 illustré .... 3 fr. 50

Du même auteur. — *Saint-Jean Chrysostome et la Femme*
chrétienne au IVe siècle de l'Eglise grecque,
in-12 .... 3 fr. 50

Edmond BIRÉ. — *Ecrivains et Soldats* :

    1re série : Le Père Gratry. — Benjamin Constant. —
    Le Général de la Motte-Rouge. — Félix Arvers.
    — M. Cuvillier-Fleury et son Journal intime. —
    Le Maréchal Canrobert. — Temps passé, Jours
    présents. — M. Jules Simon, in-12 ...... 2 fr.

    2e et dernière série : La Jeunesse de Taine. — Un
    Anglais à Paris. — M. Thiers et M. de Marcère.
    — Mgr Freppel. — Ernest Lelièvre et les Petites
    Sœurs des Pauvres. — Les Années de Retraite
    de M. Guizot. — Le Duc de Nemours, in-12. 2 fr.

Victor RONDET (Ancien Chapelain de l'Ambassade française à Rome). — *Contribution à la mentalité*
religieuse contemporaine — I. *La Religion*
2 volumes in-8o .... 5 fr.

Du même auteur. — *Notre-Dame des Arts.* in-8o raisin. 1 fr.

BOYER D'AGEN. — *Comment est mort Léon XIII*, d'après
un « diario » d'Adriano Pierconti, in-8o. 0 fr. 50

Du même auteur. — Considérations sur le Génie du Christianisme. « Les Beaux-Arts ». Introduction aux
Mélodies Grégoriennes, in-8o, 1 planche. 8 fr. 50

Du même auteur. — *Album du Cinquantenaire de*
Lourdes, in-folio illustré. .... 1 fr. 50

MIOMANDRE (Francis DE). — *Ecrit sur de l'Eau,* roman.
Ouvrage couronné par l'Académie Goncourt,
in-18, 6e édition, 1908. .... 3 fr. 50

E. ANGOT. — Les rivalités dans la *Péninsule des Bal-*
kans .... 0 fr. 50

D'ALBERTIS. — *Une croisière sur le Nil.* Magnifique volume
in-8o, nombreuses illustrations, couv. ill. 5 fr.

Pour paraître prochainement :

L. BOIVIN. — *Le Secret des Ecrivains,* avec préface
d'Emile Faguet, in-12................. 2 fr. 50

Léon LESAGE, ancien Avocat à la Cour d'Appel de Paris. —
Souvenirs du Vieux Paris, in-8o raisin, avec
portrait.

SAINT-LO - IMPRIMERIE BARBAROUX - 67 09

www.ingramcontent.com/pod-product-compliance
Lightning Source LLC
La Vergne TN
LVHW011907180726
843502LV00003B/622